Amor
MAIOR QUE A VIDA

Amor
MAIOR QUE A VIDA

Pelo espírito de Marcus Vinícius

Psicografia de Tania Queiroz

LÚMEN
EDITORIAL

Amor maior que a vida
pelo espírito Marcus Vinícius | psicografia de Tania Queiroz

Copyright @ 2014 by Lúmen Editorial Ltda.

3-7-18-1.000-6.193

3ª edição – julho de 2018

Coordenação editorial: Ronaldo A. Sperdutti
Preparação: Roberta Oliveira Stracieri
Revisão: Sandra Regina Fernandes
Projeto gráfico e arte da capa: Vivá Comunicare *Impressão*

DADOS INTERNACIONAIS DE CATALOGAÇÃO NA PUBLICAÇÃO (CIP)
(CÂMARA BRASILEIRA DO LIVRO, SP, BRASIL)

Vinícius, Marcos (Espírito).
   Amor maior que a vida / pelo espírito Marcos Vinícius ;
psicografia de Tania Queiroz. -- São Paulo : Lúmen Editorial, 2014.

   ISBN 978-85-7813-157-9

   1. Espiritismo 2. Psicografia 3. Romance espírita
I. Queiroz, Tânia. II. Título.

14-11569   CDD-133.9

Índices para catálogo sistemático:
1. Romance espírita : Espiritismo   133.9

Rua Javari, 668 - São Paulo – SP - CEP 03112-100
Tel./Fax (0xx11) 3207-1353

visite nosso site: www.lumeneditorial.com.br
fale com a Lúmen: atendimento@lumeneditorial.com.br
departamento de vendas: comercial@lumeneditorial.com.br
contato editorial: editorial@lumeneditorial.com.br
siga-nos nas redes sociais:
twitter: @lumeneditorial | facebook.com/lumen.editorial1

2014
Proibida a reprodução total ou parcial desta obra sem prévia autorização da editora
Impresso no Brasil – Printed in Brazil

Sumário

	Prefácio	7
1.	O assassinato	9
2.	Em busca da verdade	23
3.	Sombras da culpa	39
4.	Por um fio	57
5.	O grande castigo	62
6.	As investigações continuam	76
7.	Jornada redentora	93
8.	Reencontro inesperado	110
9.	Marcas profundas	122
10.	Amor bandido	144
11.	Retorno ao passado	159
12.	Tudo por amor	171
13.	O preço da inconsequência	184
14.	A grande dúvida	201
15.	O milagre	213
16.	Pedaços de felicidade	222
17.	Restos do passado	231
18.	Milagres cotidianos	242
19.	Curando o passado	253
20.	Pequenos detalhes fazem toda a diferença	263
21.	Fatalidade	276
22.	Semeando esperanças	293
23.	Sempre haverá um novo amanhã	303

Prefácio

Dentro de cada coração humano, uma semente do amor divino foi plantada. Nós, conscientes ou não, em dado momento cumpriremos com o nosso propósito.

As mudanças no nosso coração ocorrem de forma natural e gradativa. Essa semente de amor, com ou sem a nossa permissão, em algum momento brotará e florescerá, ainda que leve muitas vidas, transformando a nossa natureza bruta.

Nosso processo de evolução espiritual leva algum tempo, precisamos cumprir inúmeras tarefas. Assim se faz necessário cultivar a paciência relacionada a nós e aos outros, pois chegará o dia em que floresceremos, nos tornaremos árvores grandiosas e fortes. E nesse dia teremos condições de oferecer a nossa sombra e os nossos frutos a quem deles necessitar.

Marcus Vinícius e Tania Queiroz

capítulo 1

O ASSASSINATO

"Cada um é herdeiro de si mesmo."
Joanna de Angelis

    Ninguém ouviu o som do tiro que ressoou por todo o beco e estourou os miolos de Murilo. Era uma madrugada chuvosa, fria e sombria do dia dezesseis de novembro de mil novecentos e noventa e seis. A luz da Lua estava encoberta por densas nuvens. Tudo aconteceu muito rápido, mal havia saído da boate das prostitutas, quando se viu no chão com a sua cabeça escorrendo sangue. E assim Murilo abraçou a fatalidade sem ter tempo para despedidas.
    O silêncio era absoluto. Algumas horas depois, uma única testemunha, uma mendiga que caminhava pelo beco à procura de restos de comida nas latas de lixo, viu o corpo de Murilo imóvel no chão. Chocada e apavorada, fugiu. Mas fez uma ligação anônima para a polícia informando sobre o cadáver.
    Murilo, um homem bonito, de estatura média, porte atlético, cabelos

loiros, olhos verdes que expressavam carência, durante toda a sua vida fez muito sucesso com as mulheres, mas sempre fora explosivo, traiçoeiro, grosseiro, egoísta e incrédulo em relação à vida após a morte. Nunca se importou em conhecer as leis divinas. Era ateu e acreditava que nada lhe aconteceria, ou seja, que os seus atos não teriam consequências, que a vida era para ser vivida louca e intensamente e que só se davam bem os mais ricos e os mais espertos. Ledo engano.

Após o seu assassinato, com muita dificuldade e lentamente se desligou do seu corpo físico e, passado um período inconsciente, aos poucos despertou, do outro lado da vida, com uma dor de cabeça terrível, agonizante, sem compreender ao certo o que acabara de lhe acontecer. Semiconsciente, apavorado, viu-se ao lado do seu corpo inerte, naquele beco imundo, sem se lembrar do ocorrido.

Em menos de duas horas a polícia apareceu no local do crime e constatou que o telefonema fora verdadeiro, não se tratava de mais um trote, como de costume.

Os policiais aproximaram-se do corpo do homem e imediatamente chamaram a equipe da perícia e dois investigadores da polícia civil para iniciarem as averiguações. Estava amanhecendo quando os peritos e os investigadores chegaram, e com eles muitos curiosos. Em pouco tempo juntou-se próximo ao corpo de Murilo uma pequena multidão que tentava desvendar a sua morte.

– Coitado... Que morte horrível! – disse uma senhora de cabelo branco colocando a mão no peito.

– Nossa, que horror! Só pode ter sido um assalto. Essa cidade está muito violenta! – disse um rapaz de uns trinta e poucos anos.

– Aqui se faz, aqui se paga! Acho que foi algum marido irritado. Conheço esse cara. Ele saía com muitas mulheres casadas! Cansei de assistir a cenas de brigas horríveis no bar – comentou uma garçonete.

– Para mim foi o pessoal do tráfico. Ele devia dinheiro para os traficantes. Com essa raça não se brinca! – falou uma prostituta para uma amiga.

Os investigadores ouviram atentamente todas as opiniões para iniciarem as investigações em busca de pistas do assassino.

Enquanto isso, Murilo, recém-desencarnado, atordoado, observava o seu próprio corpo caído no chão, o seu crânio estraçalhado com sangue escorrendo por todo o rosto, bem como todo o movimento dos policiais, dos peritos e dos curiosos. De repente, sentiu-se muito mal e desmaiou. Não teve condições de concluir nada sobre os fatos, pois em questão de minutos uma força misteriosa e fora do comum o atraiu. Sem ter consciência, ele foi arrastado por entidades trevosas para um vale sombrio nas zonas umbralinas. Durante o trajeto, recuperou os sentidos. Completamente zonzo, perguntou para onde o estavam levando; mas os homens altos, tatuados e estranhos que o carregavam, com vários tipos de piercings e vestidos de preto, deram-lhe socos na cara e mandaram-no ficar de boca fechada até que chegassem ao destino. Naquele momento, o rapaz passou a rever incessantemente a cena de um homem levando um tiro e caindo no chão. Ele estava muito confuso, não compreendia que o homem que via era ele mesmo, ignorava totalmente a sua atual condição de desencarnado.

Nesse momento, "retribuem-lhe outros Espíritos o mal que fez; à força de expiação e gemidos".[1]

Ao mesmo tempo, no plano terreno, os policiais e os dois investigadores da polícia civil, Francisco e Olavo, tomavam um cafezinho bem quente, sem nada dizer, enquanto acompanhavam o trabalho de investigação do perito ao lado do corpo.

– Pela temperatura do fígado, acredito que ele esteja morto há menos de seis horas – disse o perito Ronaldo para os investigadores Olavo e Francisco, após examinar detalhadamente o corpo.

– Vamos pegar as impressões digitais e verificar nos nossos arquivos algo sobre esse sujeito. Ele está sem documentos. Mas não foi roubado, tem dinheiro no bolso. Eu acho que isso foi uma questão pessoal – disse Francisco.

– Ele tem pele sob as unhas e está cheio de hematomas. Parece que

---

1 - Kardec, Allan. *O Céu e o Inferno*. Rio de Janeiro: FEB, 2005.

antes de morrer lutou com seu assassino. Vamos levar o corpo para fazer a biópsia e terminar a perícia no laboratório. Quem sabe esse corpo nos dê pistas concretas sobre o assassino e com sorte encontramos suas digitais. Recolhi próximo ao corpo uma bituca de cigarro com mancha de batom, e os policiais, depois de vasculharem tudo em busca da arma do crime, encontraram uma blusa feminina com sangue no lixão da rua de cima. Vou examinar tudo agora mesmo! – disse Ronaldo, empolgado em desvendar o crime.

– No final da tarde voltaremos às redondezas para investigar nos bares, nas lojas, na boate e descobrir se alguém viu alguma coisa – afirmou Olavo.

– Agora vamos voltar para a delegacia – ordenou Ronaldo, já entrando na viatura com os policiais.

Não demorou muito tempo e Murilo, no mundo astral, carregado pelos homens que volitavam em uma velocidade extraordinária, atravessou um longo túnel e se viu em uma dimensão tenebrosa, onde o céu era escuro, a terra era seca, o chão era escorregadio e imundo, e o ar, nebuloso e pesado, com um cheiro pútrido. Milhares de almas caminhavam sem rumo de um lado para o outro, blasfemando, gritando, gemendo e chorando, em profundo sofrimento. Havia centenas delas amontoadas umas sobre as outras, lideradas por espíritos cruéis e ferozes. Murilo tremeu ansioso com a impressão de que estava tendo um pesadelo e havia entrado no inferno, e não estava enganado. Aquele lugar o assustou. O suor corria-lhe pelo corpo. A visão foi tão forte que ele, sem conseguir controlar suas emoções, precisou segurar o choro para suportar o que acabara de ver. Em um relance, sem conseguir controlar os seus pensamentos, reviu os seus atos, toda a sua vida errante. Uma profunda dor acometeu-lhe a alma. Estranhou o choque emocional que sofrera com a visão do seu passado e daquele lugar, pois sempre fora um homem totalmente indiferente, insensível, com o coração vazio, preocupado apenas consigo mesmo, em ganhar dinheiro, sem valores morais, estúpido, cruel, incapaz de manifestar qualquer tipo de sentimento pelos outros.

Dessa forma, sem ter noção, ele começava a expurgar seu emocional negativo e a experimentar as consequências da sua maldade. Durante a sua vida, iludido pelas paixões e pelos prazeres carnais, pela ambição e pelo egoísmo, viveu sempre o momento presente, sem se preocupar com a dor que impunha aos outros e muito menos com o seu futuro espiritual.

Ao longo de sua vida, distraiu-se dos verdadeiros valores, vibrando, alimentando pensamentos e atitudes negativas e cruéis, ignorando os alertas do seu querido pai, que lhe dizia:

– Meu filho, não apague a sua luz com esse ódio em seu coração, deixe de ser tão violento, pare de bater na sua mulher e nos seus filhos, pense antes de fazer a sua família sofrer e pare de dar golpes nos outros. Seja um homem íntegro e ético. Não se esqueça: "O homem é o árbitro constante de sua própria sorte. Ele pode aliviar o seu suplício ou prolongá-lo indefinidamente. Sua felicidade ou sua desgraça dependem da sua vontade de fazer o bem". (Allan Kardec)

Paulo, pai de Murilo, era um homem bom, um trabalhador honesto, inveterado, que lutara muito para se erguer desde que fora abandonado por Isabel, sua esposa, quando Murilo tinha cinco anos. Decepcionada com a rotina do casamento e com a falta de romantismo do marido, iludida com a ideia de ainda não ser tarde para encontrar um novo príncipe, pois para ela seu marido Paulo transformara-se em um sapo, negligenciou o casamento, e principalmente o filho, saindo na noite em busca da realização das suas ilusões amorosas. Com o tempo, frustrada por não realizar o seu sonho, entregou-se à bebida. O alcoolismo a fez não suportar as obrigações da maternidade. Paulo a amava e no fundo alimentava esperanças de que ela abandonasse o vício e as ilusões e se tornasse uma boa esposa e mãe. Mas isso não aconteceu. Certo dia, sem aviso prévio, ela abandonou o lar e o seu único filho, quando se apaixonou pelo melhor amigo do seu marido, após flertar com ele algumas vezes em um barzinho. Em menos de um mês eles se mudaram de Sorocaba para uma cidade no sul do Brasil. Para Paulo, um homem humilde, fora um sofrimento muito grande, seu mundo caiu e por muito tempo ele ficou fora de si, sem conseguir dar atenção ao menino. Somente na espiritualidade ele encontrou amparo e forças para suportar o seu triste destino. Mas isso só aconteceu três anos após a partida de Isabel. Um amigo o encaminhou para um centro espírita. Desde então estudou profundamente a doutrina que lhe deu respostas para as suas dores, e daí em diante passou para o filho os novos valores, os conhecimentos adquiridos, a fim de que Murilo superasse os traumas do abandono. Mas, em função da revolta pelos maus tratos sofridos, o menino não quis saber de ouvir ou seguir as orientações do pai. Infelizmente, após o abandono da sua mãe, ele ficou sob os cuidados da sua tia Bernadete, a irmã do seu pai, uma mulher amarga, neurótica, sem paciência e sem o menor tato. Na ausência do pai, ela o agredia verbal e fisicamente. Quando era contrariada pelo menino, agredia-o de todas as formas, queimava os seus braços e a sua barriga com cigarros e trancava-o em um armário. Com medo de o seu irmão Paulo descobrir sua má índole, ameaçava o menino de morte, caso ele a denunciasse; afinal, ela não queria perder o dinheiro que ganhava do irmão para cuidar do menino. Paulo, depois que se recuperou do choque, passou a trabalhar muito, sonhava em ser um homem bem-sucedido e quem sabe conquistar Isabel novamente. Viajava e ficava ausente por semanas, e quando não estava viajando chegava à sua casa muito tarde. Muitas vezes ele não pegava o filho na casa da irmã. Assim, Murilo chegava a ficar com ela semanas após semanas. Demorou muito tempo para Paulo perceber os hematomas, as queimaduras, os ferimentos da violência sofrida pelo menino. Quando Paulo o visitava, ele implorava para o pai levá-lo para casa, mas ele ignorava as súplicas do menino.

A princípio, quando Murilo soube que sua mãe abandonara seu pai por causa de outro homem, ficou muito revoltado. Depois passou a se sentir um lixo, um rejeitado, um abandonado, alguém que não merecia amor. Aliás, essa palavra durante o final da sua infância e toda a sua adolescência e vida adulta passou a não existir em seu dicionário. Para vencer a revolta com o pai, com a tia perversa e com o imenso complexo de rejeição e de abandono da mãe, inconscientemente criou uma máscara de homem cruel, frio e distante, cultivando emoções superficiais, teatrais e falsas. Passou a ser frio, insensível, impulsivo, agressivo, muito violento, mentiroso, eliminando os bons sentimentos do seu mundo interior. Carregou a vida inteira um ódio dissimulado por Deus, pelo pai, pela tia e, principalmente, pela mãe. Ele a culpava pelas torturas da tia, pois se ela não o tivesse abandonado, ele não teria passado por tão dura prova. Assim, inconscientemente transferiu o ódio que sentia pela sua mãe e tia para todas as mulheres que passaram em sua vida e se vingou em várias delas durante os relacionamentos, abusando da sua beleza e do seu charme. Sua esposa, Valquíria, foi quem mais sofreu. Com suas traições e brutalidade, por muitos anos ela anulou a sua personalidade, a sua liberdade de pensar, querer, sentir e agir. Ele controlava as suas ações, os seus desejos e o seu comportamento lançando mão de maus-tratos, opressão, violência verbal e física, humilhação e ridicularização, manipulação e chantagem. Valquíria era obrigada a satisfazer todos os seus caprichos mediante coação, tapas, socos, pontapés, bofetões e xingamentos. Durante as discussões, ele chegou a fraturar o queixo de Valquíria, seus braços e suas pernas, machucar os seus olhos, cortar os seus lábios várias vezes, bem como rasgar sua roupa e quebrar toda a mobília da casa, não respeitando e agredindo também os seus três filhos. Valquíria suportava o péssimo gênio do marido em função das ameaças dele de matá-la e desaparecer com as crianças. Não raras vezes, Murilo espancou seu filho mais velho, Ricardo, quando ele tentava defender a mãe das suas agressões. Chegou a quebrar o nariz e o braço do menino.

Por tudo isso, sem sua autorização, Murilo fora arrastado para o submundo, lugar semelhante ao da sua vibração, da sua condição moral, dos seus pensamentos e sentimentos, palco da punição, da Lei de Causa e Efeito, para a depuração do seu espírito face aos graves delitos cometidos enquanto encarnado. Seu sofrimento duraria até o momento do seu profundo arrependimento e desejo sincero de reparar os seus atos cruéis.

Após percorrerem milhares de quilômetros naquela dimensão negra, assim que chegaram ao portão principal de um vale umbralino,

Murilo avistou uma mulher com uma beleza fria, com brilho maligno no olhar e aparência forte e decidida, vestida toda de preto, sem sorrir, com um chicote na mão direita, acompanhada por mais três mulheres esquisitas, parecidas com guardas de penitenciária, armadas até os dentes. Vieram recebê-los. Ela se aproximou dos homens e fitou Murilo de perto.

– Este é o verme que me enviaram? –perguntou com ar cruel por meio do pensamento para Valente, o chefe do grupo.

– Sim, Sara, este é o traste que me mandaram buscar e entregar aos seus cuidados – ele respondeu mentalmente, dando de ombros.

– Certo, considere a mercadoria entregue – ela respondeu secamente. – Pode deixar que na hora certa o encaminharei para o lugar determinado por nossa líder, Lúcia, mas por enquanto o coloque naquela cela.

– Está bem. Ah! Fale para Lúcia que mais tarde passo para receber pelo serviço. – disse Valente.

– Pode deixar, fique tranquilo que vou avisá-la – ela respondeu com um sorriso maldoso. – Venha bem mais tarde, pois ela está muito atarefada negociando com os grandões a permanência deste panaca nos seus domínios – continuou.

Os homens se retiraram, mas antes jogaram Murilo em uma cela que parecia uma jaula suja. Por um instante ele achou que estava tendo um terrível pesadelo. Aquilo tudo parecia um filme de terror. Ele confundia o real e o imaginário, seu pensamento desagregava-se, seu juízo estava confuso. Onde ele estava? O que havia acontecido com ele ao sair da boate com sua amante? Que diabo queriam dele? E que negócio era aquele que ninguém falava nada, as pessoas se comunicavam telepaticamente? Teria enlouquecido? Será que havia sido sequestrado por bandidos ou algum dos seus credores? Sim, só podia ser isso. Em breve alguém daria por sua falta e o procuraria. Seus capangas eram eficientes, afinal ele lhes pagava muito bem. Com certeza iriam atrás dos sequestradores e o libertariam. Com esses pensamentos, respirou aliviado e se acalmou.

Acomodou-se em um dos cantos da cela e, sentindo muito frio e medo, pela primeira vez sentiu-se sozinho, completamente abandonado, e começou a pensar que seria muito bom se de fato existisse um Deus para salvá-lo. Naquele instante lembrou-se de sua mãe e a culpou por seu destino.

Não é possível mensurar o tempo que Murilo ficou jogado naquela cela imunda. Uma semana, um mês ou um ano. Naquele lugar ele viveu horrores. Vez por outra gritava como um louco para que lhe tirassem dali, mas ninguém aparecia. Sem comer, ficou debilitado e sem forças. Durante as noites naquela prisão nojenta, sua cela era invadida por seres horrendos que lhe sugavam as energias. Ele não conseguia defender-se deles. Assim, bebia o veneno da violência que praticou a vida inteira. Na suprema dor, ele começava a dar às coisas valores novos. Algum tempo se passou e Sara apareceu com sua corja, dizendo em tom enérgico:

– Chegou a hora, levem-no para Lúcia. Entreguem-no para as suas servas. Andem logo! Ele já esgotou suas energias o suficiente. Não tem forças para reagir.

– Sim senhora. Pode deixar comigo! – respondeu prontamente sua comparsa Lílian.

– Para onde estão me levando? – perguntou Murilo com o tom de voz fraco e amedrontado.

– Ora, ora, o valentão Murilo está medrando? Quem diria, aquele homem autoritário, perverso, que adorava espancar a mulher, os filhos e as amantes, está com medo? – disse Lílian com tom sarcástico, lançando-lhe um olhar horrível. – Pensou que podia fazer o que bem entendesse e não seria punido? – perguntou ironicamente enquanto cuspia nele.

– Eu não fiz nada – Murilo respondeu limpando o rosto. – Saindo da boate vocês me sequestraram. Com certeza é dinheiro o que vocês querem. É só ligar para minha ex-esposa Valquíria que ela pagará o resgate. Por que ainda não ligaram para ela e estou aqui perdendo tempo?

– Otário! Você acha que ela vai querer você de volta? E saiba que você não foi sequestrado, por isso não queremos nenhum resgate. Queremos acertar as contas! Você morreu assassinado. Morreu! Entendeu? Está mortinho da silva e sob os nossos cuidados – ela disse gargalhando.

— Eu morri? Você está louca? Está falando com quem? Olha eu aqui, estou vivo, muito vivo! Para onde estão me levando, suas mercenárias? – ele perguntou em tom indignado e autoritário.

— Não lhe interessa. Quando chegar vai descobrir. Agora acho melhor calar essa sua boca nojenta, senão vai apanhar para aprender a ficar no seu devido lugar. E ponha nessa sua cabeça dura que você está morto! Você morreu com um tiro no meio do cérebro! Entendeu? – disse Sara em tom ríspido.

Murilo se assustou em saber que estava morto e com as ameaças daquela mulher. Não disse mais uma única palavra. Durante todo o trajeto tentou digerir a possibilidade de estar morto. Como ele podia ter sido assassinado se continuava vivo? Agoniado, pensou estar delirando. Bem que seu pai tentou lhe explicar sobre a vida após a morte, mas ele nunca lhe deu a mínima atenção. Naquele instante, duas lágrimas correram-lhe pelas faces.

— Ihhhh! O valentão virou um maricas! Está chorando lágrimas de crocodilo? – perguntou Sara com tom irônico.

Ele nada respondeu. Após caminharem por algumas horas por uma imensa escuridão, entraram em uma caverna sombria e profunda e chegaram ao destino. O lugar era degradante, escuro, fedorento, com o ar pesado, asfixiante, com celas rústicas, úmidas e negras, abarrotadas de prisioneiros de todos os tipos, com as paredes sem pintura, repletas de lâminas afiadas por todos os lados. Um lugar de desespero, sinistro e com condições sub-humanas para os brutos e orgulhosos em agonia serem vencidos, experimentando os mesmos comportamentos violentos que impuseram aos outros durante as suas encarnações passadas.

Murilo estava em um local parecido com um limbo, um vale dos inúteis condenados, e viveria um grande martírio em função da Lei de Causa e Efeito. Ali, naquele vale umbralino, teria tempo suficiente para refletir, aprender a dominar as emoções, rever a sua trajetória, descobrir como as suas atitudes o tornaram o seu pior inimigo. Sem dúvida alguma, estava em um local onde as doenças morais eram curadas por meio do sofrimento.

– Finalmente chegou! Agora você vai ver como é bom maltratar as mulheres, usá-las, abusar de sua confiança, sugando-as, material, física e emocionalmente. Você vai se arrepender de ter nascido, seu machão e louco imprestável! – disse Lúcia a Murilo assim que ele chegou.

– Quem é você? Por que está tão irritada comigo se nem a conheço? – ele perguntou.

– Mas eu conheço você há muito tempo. Esperei por anos a oportunidade de recebê-lo neste vale tenebroso. Negociei o seu passe. Quero ver se aqui você vai ter atitudes impulsivas e incontroláveis, desrespeitando as regras, agredindo as mulheres, como fez com a pobre da minha irmã Cristina no plano terreno. Quero ver se vai ser macho o suficiente para tentar matar alguém, enfrentar e ofender meus capangas. Ah! Quero ver se vai ter coragem de ser arrogante, intimidador, violento e nervoso como foi a vida inteira com todo mundo, enquanto estava encarnado. Experimente. Não vejo a hora de você tentar fazer aqui no meu reino o que fazia no plano terreno com aqueles fracotes!

– Do que você está falando, Cristina? Não sei quem é essa mulher. Não estou entendendo. Você está me confundindo com outro cara –respondeu Murilo indignado.

– Você vai entender tudo em breve, quando ela vir acertar as contas com você, seu lixo! Vai se lembrar dela... – explicou Lúcia.

– Uau! Por que uma mulher tão linda, tão atraente, com esse corpo flamejante, está tão nervosa comigo se mal me conhece? Vamos conversar, quem sabe descobrimos afinidades. Que tal bebermos alguma coisa para relaxar? Depois nos deixamos levar pelo álcool, você me tira dessa cela nojenta, me dá um banho, me leva para o seu quarto, me tira essa roupa suja, me dá outra... para conversarmos mais calmamente... – ele disse em tom sedutor.

– Imbecil! Cínico! Você vai entender o que estou falando e sentir minha afinidade no seu lombo! Com certeza vamos ter tempo para conversar calmamente no corredor da morte! Acho melhor calar essa sua boca imunda! Quero ver se depois do corredor da morte vai continuar frio,

19

indiferente e sem sentir remorso e culpa pelo que fez, seu idiota – ela disse dando-lhe um pontapé e um murro na cabeça. – Quero ver se vai me cantar novamente, seu canalha!

Murilo, assustado com a reação violenta de Lúcia, ficou mudo e chocho e se encolheu todo no canto da cela, como um rato na toca.

– Sara, verifique se o corredor da morte está pronto para recebê-lo – ordenou Lúcia ansiosa.

– Corredor da morte, o que é isso? – perguntou Murilo aumentando o timbre de voz, tentando enfrentar Lúcia, indo valente em sua direção.

Imediatamente três capangas horrorosos apareceram e impuseram respeito. Sem piedade, jogaram Murilo em uma cela e lhe deram várias chicotadas nas costas até ele esfacelar de dor. Com a surra que levou, pela primeira vez ele sentiu um verdadeiro pavor daquelas criaturas e percebeu que era melhor não deixar um único ruído sair de sua boca. Assim, simplesmente se calou, percebendo que estava sob a tutela de uma organização maléfica.

Após algumas horas, os capangas de Lúcia amordaçaram a boca de Murilo, colocaram um capuz na sua cabeça, ataram os seus pulsos com fios de arame, e ele foi levado para o corredor da morte. Ele não conseguia acreditar que estavam fazendo tudo aquilo com ele. O medo dominou todo o seu ser. Sentiu náuseas. O silêncio era absoluto. Os carrascos o jogaram em um corredor enorme, com filas de mulheres dos dois lados segurando nas mãos chicotes com as pontas cortantes. Um frio na espinha lhe subiu até a nuca. A vista embaçou. O medo se apoderou dele. Estremeceu, sentiu os nervos fracos. No começo da fila uma mulher gargalhava e gritava:

– Seu verme nojento, agora você vai sentir o quanto espancar dói! – ela gritou com os olhos esbugalhados.

Era a irmã de Lúcia, Cristina, ex-amante de Murilo e que ele, por ciúmes e sem motivo, espancou até a morte. A violência de Murilo a fez cair e bater violentamente a cabeça no chão. Quando a reconheceu, o rapaz estremeceu. Ela lhe deu uma forte chibatada. Ele, que sempre fora dissimulado e frio, sentiu na carne sua insensatez. Na medida em que ele entrava no corredor, levava fortes chicotadas nas costas, nas pernas, nos braços, na cabeça, enfim, no corpo inteiro. Ele gritava com todas as suas forças. Desespero total. Depois de algumas chibatadas em menos de cinquenta metros percorridos, ele não conseguia mais mexer um único músculo do seu corpo perispiritual. Com fortes palpitações, quase não conseguia respirar. Chamou pela morte, mas já estava morto. Desmaiou de tanta dor. Sem tréguas, as mulheres que formavam o corredor jogaram um líquido parecido com urina nos cortes de Murilo para fazê-lo continuar a caminhada no corredor. Várias foram as vezes em que ele desmaiou e foi acordado dessa maneira cruel. Elas não tinham dó e nenhuma pressa. Por horas, ele foi açoitado. Seu corpo foi todo retalhado, estava em carne viva quando foi jogado em uma piscina cheia de vermes e sanguessugas. E, para piorar, ao lhe retirarem da piscina jogaram um pó que lembrava sal. Não havia ninguém para socorrê-lo. Chorou em desespero até derramar a última gota de líquido do corpo. Ele se esfacelou, perdeu sua forma perispiritual, ficou irreconhecível e cadavérico.

– Tenham compaixão – ele murmurava com a voz rouca, gemendo e com as lágrimas misturadas ao sangue. Pela primeira vez, desde que a sua mãe partira ele vertera lágrimas verdadeiras.

Em meio a essa tormenta, Murilo não suportou as dores e mais uma vez desmaiou, vomitou e, sem forças e abatido, ficou inconsciente. Naquele estado deplorável foi novamente jogado na cela. Ficou desacordado por vários dias, estava em coma, alguns disseram. Murilo ignorava que experimentava nada mais, nada menos, do que aquilo que foi sua existência inteira e que seu suplício somente terminaria no momento em que compreendesse que espancar dói. Infelizmente, estava tendo o devido retorno de tudo o que havia feito enquanto encarnado. Sua liberdade dependia dos seus atos. Era necessário que se dirigisse a Deus e a Jesus com profundo remorso e arrependimento pelos seus crimes brutais e com verdadeiro desejo de reparação.

– Deixe esse imprestável se recuperar um pouco. Em breve vai experimentar novamente o corredor da morte – disse Lúcia em tom cruel, dando gargalhadas com sua irmã Cristina, que estava feliz, completamente realizada ao vê-lo naquele estado lamentável. Ambas celebravam a sua desgraça.

capítulo 2

EM BUSCA DA VERDADE

"Embora ninguém possa voltar atrás e fazer um novo começo, qualquer um pode começar agora e fazer um novo fim."
Chico Xavier

Era uma manhã quente quando os investigadores estacionaram o carro diante da delegacia após a compra de seus cafés e suas rosquinhas. O carro possuía um forte cheiro de açúcar e cafeína que impregnava nos uniformes bem passados. O Sol fazia com que os distintivos em seus peitos refletissem, tornando-os ainda mais visíveis.

Ao entrarem na delegacia, tiraram seus óculos de sol e os jogaram na mesa. Era mais um dia de trabalho em que eles deveriam correr atrás de mais informações sobre a morte de Murilo.

– Como estão as coisas? – perguntou Jorge, o chefe de polícia, aproximando-se dos investigadores enquanto alisava o seu enorme bigode grisalho.

– Não foi possível identificar de quem era a pele que estava sob as unhas do morto – disse o investigador Francisco.

– Ah! Encontraram um pedaço de unha com esmalte rosa encravada no braço dele. Parece que ele brigou com uma mulher, e não com um homem como pensamos – disse Olavo empolgado com a descoberta da perícia.

– Outra novidade, comparamos as impressões digitais do morto com as do sistema e descobrimos algo interessante... – disse Francisco.

– O que descobriram? – perguntou Jorge.

– Que aquele que achávamos ser Murilo não é Murilo! – disse Olavo rindo.

– Como assim? Então, quem é ele? – questionou Jorge arregalando os olhos.

– Luís Bernardo Alvarez, um homem muito violento e um famoso estelionatário, procurado em vários estados brasileiros – respondeu Francisco com ar preocupado.

– Quantas mulheres ele agrediu? – perguntou Jorge.

– Trinta e sete amantes – gritou Joana, a assistente de polícia que investigava sobre a vida de Murilo.

– Quantas ainda estão vivas? – perguntou Olavo para Joana.

– Umas trinta e cinco, apenas duas estão desaparecidas, uma tal de Cristina e uma tal de Flávia – ela respondeu. – E tem mais, foi indiciado várias vezes por golpes em mulheres desavisadas e por má conduta, como abrir o zíper da calça e exibir seu sexo para algumas mulheres em uma festa. Saiu de casa aos dezessete anos e entrou para a vida fácil das drogas e dos golpes. Casou-se aos vinte e sete anos. Era um bruto, espancava a mulher e os filhos, bebia e dizem que vendia drogas. Depois de alguns anos se separou. A ficha dele é grande. Aprontou em todas as cidades por onde passou, de norte a sul do país. Ele foi preso várias vezes por violência e estelionato, mas por falta de provas sempre se safou. Em Santa Catarina foi indiciado por tráfico de drogas, mas as provas também não foram suficientes e mais uma vez ele foi liberado.

– Caramba, esse cara era da pesada! Vão logo avisar os familiares da sua morte para que providenciem o enterro após o corpo ser liberado, e depois vão interrogar todo mundo, principalmente a vizinhança, a ex--esposa e as amantes – ordenou Jorge.

– Adoraria, mas preciso ir ao fórum – respondeu Francisco.

– Eu espero você voltar – disse Olavo.

Após o almoço, o tempo mudou, estava nublado e a garoa começava a se espalhar pela cidade quando os investigadores foram até a casa de Valquíria, em um bairro nobre. Quando chegaram, tocaram a campainha. Ficaram surpresos com a beleza da casa onde ela morava, com o jardim bem cuidado, repleto de flores.

– Boa tarde. Por favor, podemos falar com a senhora Valquíria Manzur? – perguntou o policial acompanhado dos investigadores Olavo e Francisco para a mulher que atendeu à porta.

– Sim, sou eu mesma. Boa tarde. Em que posso ajudá-los? – perguntou Valquíria com ar intrigado para o policial.

– Boa tarde. Eu sou o investigador Olavo e esse é meu parceiro, o investigador Francisco.

– Nós temos uma notícia desagradável para lhe dar – disse Olavo. – Ontem à noite, no centro de São Paulo, o corpo do seu ex-marido foi encontrado morto em um beco. Ele levou um tiro na cabeça. Estamos investigando o caso.

– O quê? Não! Oh! Meu Deus do céu, como isso foi acontecer?! Que tragédia! – ela disse com expressão sombria. – Não sei como dar essa notícia para os meus filhos.

Valquíria levou um choque. Ficou perturbada. Olhou para os policiais e não sabia o que dizer. Um sentimento de profundo desgosto tomou conta dela.

– A senhora está separada dele há quanto tempo? – perguntou Francisco.

– Há mais ou menos cinco anos – ela respondeu com ar tristonho.

– Qual era a profissão dele? – questionou Olavo.

– Ele era representante comercial.

– Ah! Então é por isso que ele viajava muito? – ele perguntou.

– Sim, ele negociava por todo o Brasil – ela disse.

– A senhora sabia que ele usava uma identidade falsa? Que ele era estrangeiro e seu nome verdadeiro não era Murilo? – disse Francisco.

– Não! Nunca imaginei uma coisa dessas. O que o senhor está me dizendo? Ele não se chamava Murilo? Não pode ser, tem algum engano – ela argumentou.

– As digitais revelaram a verdade, não tem nenhum engano. A senhora sabia que ele era procurado em vários estados e na Espanha por golpes, estelionato e violência contra mulheres? – perguntou Olavo.

– Claro que não, mas não duvido, pois ele sempre foi muito violento e deu golpe em muita gente aqui em São Paulo, que eu fiquei sabendo, pois bateram à minha porta cobrando....

– Conte-nos um pouco sobre a sua vida e sobre o seu relacionamento com ele – solicitou Olavo.

– Sem problemas, mas antes precisam sair da porta. Entrem na sala, sentem-se e fiquem à vontade. Desejam um copo de água ou uma xícara de café? – ela ofereceu para os dois educadamente.

– Não se preocupe conosco, queremos o maior número de informações sobre a vida do seu ex-marido para descobrirmos o que aconteceu, quem o assassinou – disse Francisco.

– Está bem. Não tenho muito para contar – disse Valquíria. – Sou de uma família de três irmãos, sou a filha do meio. Meus pais eram comerciantes, financeiramente nunca tivemos grandes problemas, mas fomos criados pela minha avó, minha mãe não nos suportava. Assim, nos deu para ela. Meus pais se separaram quando eu tinha quatro anos. Meu pai se casou novamente, tentei morar com ele, mas a minha madrasta me fazia de empregada, então preferi voltar a morar com a minha avó até me casar com o Murilo, aos vinte e um anos. Tive um filho solteira aos dezessete anos, o Ricardo, meu mais velho, mas minha vó cuidou dele para eu terminar os estudos. Conheci Murilo na casa de uma amiga, me apaixonei e me casei.

– Certo. E como ele era como marido e pai? – perguntou Francisco.

– No começo ele era alegre, bondoso, me tratava com carinho. Mas depois que tivemos filhos, ele ficou com ciúmes e começou a beber e a ficar muito violento. A agressão passou a ser a marca de Murilo, ele machucava a mim e as crianças.

– A senhora nunca denunciou as agressões dele? – quis saber Olavo.

– Minha prima Flávia o denunciou algumas vezes, mas quando chegava à delegacia eu negava tudo, com medo de represália, pois ele me ameaçava com arma de fogo. Dizia que se eu o denunciasse acabaria com a minha vida e das crianças. Com os maus-tratos constantes, os xingamentos, sem autoestima, eu perdi a identidade e fiquei muitos anos alienada. Era obrigada a manter relações sob coação e brutalidade.

– E seus amigos e parentes não a ajudavam? – perguntou Francisco.

– Não, pois nunca deixei vir a público a violência que sofria, para poupar as crianças. Mas reconheço que errei. Eu acreditava que o álcool e a droga é que eram os culpados, pois sóbrio Murilo não me agredia. Deixei ele controlar as minhas ações e o meu comportamento mediante manipulação e espancamento. Permaneci no casamento por amá-lo, na esperança de que ele voltasse a ser como era no começo, e para manter a família unida. Quando ele estava sóbrio, me pedia perdão e eu sempre dava outra chance. Ele tinha comportamentos explosivos acompanhados de profundo arrependimento, e eu me iludia. Não queria que meus filhos fossem criados sem pai, como eu fui.

– Entendo. E essas cicatrizes no rosto, foram provocadas por ele? – questionou Olavo.

– Sim, todas elas, nas pernas e na boca também –respondeu Valquíria mostrando as marcas.

– E como a senhora conseguiu se separar dele? – perguntou Francisco com ar curioso.

– Minha prima e alguns amigos sempre me acharam uma fraca e submissa e concluí que eu era mesmo. Demorou para eu perceber que estava iludida com o papel de mãe e esposa e dependente dele financeiramente, pois deixei ele tomar conta de tudo. Sempre me senti uma fracassada, o processo para eu ter coragem de me separar dele foi lento, mas percebi que os meus filhos estavam crescendo com muito medo, inseguros e revoltados. Quando o meu filho Ricardo começou a agredir as namoradas e o meu filho caçula, o Eduardo, começou a ter crises de pânico, eu percebi o mal que estava fazendo para todos os meus três filhos ficando casada com aquele monstro. Os danos psicológicos e emocionais foram imensuráveis.

– O que a senhora fez? – quis saber Olavo.

– Na época procurei ajuda psicológica, psiquiátrica e espiritual para mim e para eles. Com a ajuda da psicóloga enxerguei que precisava mudar minha personalidade e minha vida. Com a psicanálise, meu filho caçula começou a controlar as crises de pânico e a aprender a lidar com os seus estados de vulnerabilidade e desamparo. O Ricardo não quis fazer o tratamento. Nesse período, o meu ex-sogro, o pai de Murilo, depois de muitos anos nos procurando, conseguiu nos achar, com o auxílio de detetives particulares, e me ajudou muito, me levou para um centro espírita. onde encontrei apoio, conheci verdades divinas que me deram forças para realizar as mudanças e mudar a nossa história.

– Qual mudança realizou? – ele perguntou.

– Tempos depois do tratamento, fortalecida, entrei com uma ação judicial pedindo a separação. Demorou alguns anos mas consegui me separar dele, mantê-lo distante e ao menos reaver essa casa. Durante esse período trabalhei como faxineira para sustentar meus filhos, pois ele acabou com tudo o que meus pais me deixaram. Com o tempo juntei um dinheiro e consegui abrir um brechó para sustentar a todos e é minha fonte de renda até hoje. Paulo, meu ex-sogro, por ser um homem bom, sempre me ajudou com as crianças.

– Puxa vida, sua vida com ele não foi nada fácil. E o seu ex-sogro não falou que o nome dele não era Murilo? – perguntou Olavo erguendo as sobrancelhas e balançando a cabeça.

– Não, ele não comentou nada – ela respondeu com ar assustado.

– O seu sogro mora aqui. Ele está em casa? –Francisco perguntou.

– Sim, por quê? – ela quis saber.

– Então o chame para esclarecermos tudo isso – disse Olavo.

– Está bem, aguardem um momento que vou chamá-lo.

– Boa tarde. Pois não, em que posso ajudá-los? – perguntou Paulo com simpatia ao entrar na sala atendendo ao chamado de Valquíria.

– Somos investigadores da polícia e acabamos de informar a sua nora que seu filho foi assassinado. Sentimos muito pela sua perda.

Paulo não acreditou no que acabara de ouvir. Sentiu suas pernas fraquejarem, o seu coração acelerar, teve tonturas. A notícia foi um choque. O suor corria por todo o seu corpo. Ele empalideceu e, em seguida, com dificuldade para manter-se em pé, perdeu os sentidos.

Valquíria se desesperou. Correu em sua direção, imediatamente afrouxou as suas roupas, sentou-o em uma cadeira, e forçou sua cabeça para baixo. Em poucos instantes a crise passou e ele voltou a si. Ela lhe deu um copo com água e todos aguardaram alguns instantes ele se recuperar.

– Nossa, que susto! – ela disse olhando com ternura para Paulo.

– Meu filho foi assassinado! Não posso acreditar! O meu menino! – ele murmurou baixinho com os olhos marejados.

– Sim, aconteceu nessa madrugada no beco das prostitutas. Estamos investigando e queremos saber por que o senhor acobertou a falsa identidade do seu filho Murilo – perguntou o investigador Olavo com ar indignado para o velho.

– Não podem voltar outro dia? Não estou me sentindo bem e preciso me retirar para orar muito para o meu filho ser socorrido pelo plano espiritual. Eu preciso ir para junto do corpo do meu filho agora. Onde ele está? – Paulo falou gaguejando.

– No laboratório da perícia. Os peritos estão fazendo alguns exames. O corpo só será liberado amanhã depois do almoço. Ai vocês poderão providenciar o enterro – respondeu o investigador Olavo. – Agora se acalme, termine de beber a sua água e me responda o que lhe perguntei – disse o investigador em tom calmo.

– Está bem. A história é longa... – respondeu Paulo.

– Temos todo o tempo do mundo, não se preocupe – disse Francisco.

– Minha esposa me abandonou e eu deixei o meu filho ficar com a minha irmã. Achei que por ela ser mulher cuidaria dele melhor do que eu. A verdade é que cai em uma armadilha. Minha irmã era uma mulher interesseira e perversa. Sem o meu conhecimento, ela torturava o meu menino cruelmente. Quando descobri os maus-tratos, tirei-o imediatamente da casa dela, mas já era tarde demais. Ele cresceu revoltado comigo e pouco antes de completar dezoito anos fugiu de casa. Ele nunca conseguiu me perdoar. Afinal, ser torturado por muitos anos sem que eu percebesse lhe feriu profundamente a alma. Suas feridas jamais cicatrizaram. Depois da sua fuga, procurei-o incansavelmente por muito tempo, sem ter o menor sucesso. Um belo dia, sem mais nem menos, os detetives que contratei o encontraram.

– Aqui em São Paulo? – perguntou Olavo.

– Sim, e de posse do endereço imediatamente fui até a empresa onde ele trabalhava. Quando ele me viu, levou um tremendo susto. Sem mostrar a menor alegria ao me reencontrar depois de quinze anos, e ainda revoltado comigo, ele falou que havia mudado de nome para que eu jamais conseguisse encontrá-lo. Disse que o meu filho Luís havia morrido e que renascera como Murilo. Eu perguntei o porquê e ele me respondeu que precisava esquecer as suas origens e todo o seu passado. Perguntei como estava a sua vida, e a contragosto ele me disse que havia se casado e eu tinha três netos. Ele me permitiu conhecê-los sob a condição de jamais comentar para quem quer que fosse que seu antigo nome era Luís. Aceitei suas condições, afinal eles ainda estavam casados e eu de fato havia falhado ao deixá-lo sob os cuidados da minha irmã. Tempos depois me apresentei a Valquíria como sendo o pai do Murilo. A verdade é que eu queria que aquele buraco que sentia em meu peito pela ausência do meu filho desaparecesse... Sofri muitos anos... Abandono. Solidão. Saudade. Remorso. Culpa. Muitos sentimentos misturados...

– E o senhor acreditou nessa historinha dramática dele? – perguntou em tom irônico Francisco.

– Claro! Pois acreditei se tratar de apenas um pseudônimo, já que nunca tive a chance de ter acesso aos seus documentos. Tenha certeza de que acreditei na sua história, pois ele me garantiu que mudou de nome para esquecer que se chamava Luís, para esquecer o passado. A minha irmã o torturou sem dó e sem piedade. Ele tem várias marcas de queimaduras de cigarro no corpo. O que ela fez com ele foi terrível! Não tinha como duvidar do desejo dele de esquecer tudo o que sofreu nas mãos dela...

– E por que não comentou ao menos com a sua nora que ele havia mudado de nome? – questionou o investigador com ar desconfiado.

– Acabei de lhes explicar, foi a exigência dele para eu poder me aproximar dela e das crianças. Ele me fez prometer que jamais comentaria sobre esse assunto. Todo mundo o conhecia nesse bairro como Murilo. Não achei que isso fosse importante... Ele apenas queria esquecer o passado...

– O senhor está querendo me dizer que não sabia que o seu filho era um famoso estelionatário procurado por todo o Brasil? – perguntou Olavo.

– Não, de jeito nenhum! Jamais! – Paulo respondeu com os olhos assustados. – Meu filho saiu de casa pouco antes de completar dezoito anos! Nunca mais o vi. Procurei pelo seu paradeiro anos a fio. Gastei muito com detetives particulares. Não imaginava uma coisa dessas... – respondeu Paulo aflito.

– Está certo, essa sua história está um pouco estranha, mas o senhor me parece ser um homem de bem. Mas saiba que o que o senhor fez não é correto – disse Olavo.

– Pode acreditar no que estou lhe dizendo, quando ele me disse que mudou de nome para esquecer o passado, o abandono da mãe, os maus-tratos da tia, eu achei que ele havia realmente tentado superar sua infância sofrida – afirmou Paulo.

– Preciso do telefone dos detetives para confirmar essa sua história – falou Olavo.

– Vou anotar nesse cartão – respondeu Paulo prontamente, mas trêmulo, sem saber qual seria a reação de Valquíria.

– Fique calmo, depois conversamos sobre isso. Eu o conheço há muito tempo, é um homem de bem, sempre me ajudou. Apesar de não concordar com o que fez, saiba que compreendo o porquê – disse Valquíria fixando o olhar dentro dos olhos de Paulo.

31

– Muito bem, sem mais perguntas, o senhor está dispensado – disse o investigador Olavo.

Paulo, ainda atordoado e abatido com a notícia da morte do seu filho, retirou-se para o quarto. Os investigadores continuaram a conversa com Valquíria.

– Mas, me diga uma coisa, por tudo isso que passou, a senhora não matou seu marido? – perguntou Francisco para Valquíria.

– Não! – ela gritou desesperada. – Não matei o Murilo! Se desejasse me livrar dele o teria feito há muitos anos, e não agora que meus filhos já cresceram.

– A senhora vai confessar o crime ou não? – ameaçou Olavo.

– Não tenho o que confessar! Sou inocente – ela disse com tom firme.

– Então, deve ter outra pessoa por trás desse assassinato, um dos seus filhos, por exemplo? Esse com síndrome do pânico, será que não matou o pai durante uma crise? – perguntou Olavo.

Nessa hora, Valquíria começou a tremer, a sua voz começou a falhar, os investigadores ficaram desconfiados de que ela estava escondendo alguma coisa.

– O senhor enlouqueceu. Meu filho não é capaz de prejudicar nem uma formiga. Ele tem medo de tudo, e por isso não é capaz de sair do quarto! – ela afirmou convicta.

– Se não foi ele, pode ter sido sua filha ou o seu filho mais velho. A senhora está acobertando alguém? – perguntou incisivamente Francisco. – Qual dos seus filhos matou o pai? Confesse e poupe o nosso tempo. Não vai adiantar esconder, o legista vai nos revelar muita coisa. Agora mesmo estão verificando a quem pertence a unha esmaltada de rosa encontrada cravada no corpo. Antes de morrer ele brigou com uma mulher. Por acaso não foi com a senhora?

– Que horror! Vocês são desprovidos de sentimentos! Acabam de nos dar a notícia da sua morte e ficam me acusando e pressionando o pai dele! Não matei o Murilo, eu já disse! – ela respondeu se encolhendo no sofá e começando a chorar.

– Onde a senhora estava ontem à noite? – ele perguntou.

– Fui ao curso de especialização que estou fazendo e depois voltei para casa – ela respondeu.

– Alguém pode confirmar isso?

– Os professores, é só verificar, saí da escola por volta das dez da noite, cheguei em casa mais ou menos às onze. Servi o jantar para os meus filhos, o Eduardo e a Júlia, e para meu ex-sogro, o Paulo.

– Então, será que o Murilo não brigou com a sua filha Júlia? Podemos falar com ela? Com quantos anos ela está atualmente e onde ela estava ontem à noite? – perguntou Francisco.

– Júlia tem vinte e três anos e ontem à noite deu plantão no jornal onde trabalha até as dez da noite, chegamos aqui quase no mesmo horário.

– Ela é jornalista?

– Sim, e trabalha em um renomado jornal de São Paulo – ela respondeu.

– A senhora pode nos dar o endereço? – perguntou Olavo.

– Não, vocês não têm o direito de atrapalhar minha filha no trabalho. Já não chega a vida difícil que ela teve com o pai? À noite vocês podem voltar aqui em casa e falar com ela – declarou Valquíria com tom irritado.

– Certo, faremos isso. E falaremos com o caçula também. Outra informação: quando foi a última vez que a senhora falou com Murilo? – perguntou Francisco.

– Faz muito tempo, mais de dois anos – ela disse. – Desde que nos separamos não nos falamos. Como ele era muito violento, precisei pedir uma ordem de restrição de aproximação, pois ele continuava ameaçando me matar. Há dois anos, em uma das crises de pânico do Eduardo, fui obrigada a falar com ele no hospital. Foi a última vez que o vi e que falei com ele.

– Ah! Entendo. Eu vi na ficha criminal dele que o seu filho mais velho deu queixa várias vezes por agressão e os dois andaram brigando muito. A senhora sabe se eles andaram brigando ultimamente? – perguntou Olavo.

– Eles não se falam há mais de dois anos e, além do mais, meu filho está preso no Paraná – ela respondeu entristecida.

– Nossa! O que ele fez? – questionou Francisco.

– Infelizmente seguiu o exemplo do pai, agrediu a filha de um político importante.

– Bom, mas ainda assim vamos precisar falar com ele – declarou Francisco.

– Vocês estão perdendo tempo, nenhum dos meus filhos seria capaz de matar o pai, apesar de todo o mal que ele lhes fez.

– Certo, mas por favor nos passe o telefone e o endereço da prisão para entrarmos em contato com ele.

– Sem problemas –respondeu Valquíria já com tom cansado, anotando o telefone e o endereço em uma folha de papel e entregando para eles.

– Uma última pergunta e já vamos nos retirar. A senhora conhece alguém que desejava a morte do seu ex-marido? Ele tinha inimigos? – perguntou Olavo.

– Nossa! Muitos! Ele emprestava dinheiro de todo mundo e não pagava. Jogava e perdia o tempo todo. Fez muitas dívidas. Ele sempre teve muitas amantes e algumas casadas. Tem muito marido nervoso com ele. Fora isso, quando ficava bêbado enfrentava todo mundo, vivia arranjando briga. Devia para agiota... E as más línguas dizem que ele traficava drogas, pois vivia cercado de capangas. Nunca vi nada em casa, mas tenho minhas dúvidas. Acho que ele era bem capaz de traficar...

– A senhora sabe onde ele costumava beber e jogar? Sabe o nome dos agiotas? Onde podemos encontrar seus capangas? Sabe onde ele vendia as drogas?

– Jogava e bebia com mais frequência no bar do Tonhão, mas às vezes ia para o centro de São Paulo. Quem pode lhe dar mais detalhes sobre tudo isso é o Gilberto, um amigo que sempre o acompanhava nas noitadas e nos rolos de dinheiro. E quanto às drogas já falei que não tenho certeza de nada.

– A senhora sabe onde esse Gilberto mora? – perguntou Francisco.

– Não sei ao certo, porque ele vive se mudando e faz tempo que não o vejo, mas esperem que pegarei o número do telefone dele na agenda que está no meu quarto.

– Precisamos de uma foto do seu ex-marido, a senhora tem alguma?
– Sim, dele com meus filhos. Aguardem que vou buscar.

Valquíria, ainda atordoada com a notícia, dirigiu-se ao seu quarto para pegar o número do telefone de Gilberto e a foto. No caminho foi pensando sobre o triste destino de Murilo.

– Aqui está, anotei o número neste cartão. Liguem e falem com ele. Com certeza ele terá informações mais detalhadas sobre a rotina do Murilo.

– Não saia da cidade – pediu Olavo para Valquíria enquanto se retiravam.

Os investigadores imediatamente se dirigiram para o bar do Tonhão em busca de novas pistas.

– Polícia! – disse Olavo assim que entrou no bar para a garçonete e perguntou onde encontrar o Tonhão.

– O que é isso? Jesus, do que se trata? – a garçonete respondeu aflita.

Não havia muitas pessoas no bar naquele horário. O dono do bar correu para receber os investigadores com olhar desconfiado.

– Tonhão! Tonhão! Venha depressa! – gritou a garçonete!

– O que desejam? – Tonhão indagou aflito após sair da cozinha e se encostar no balcão do bar.

– Queremos saber se conhece esse homem. – o investigador Olavo perguntou mostrando a foto de Murilo.

– Ah! Claro que conheço, é o Murilo. Ele vem sempre aqui. Aconteceu alguma coisa com ele? Jesus! Pedi um americano e me fazem um misto quente! Um momentinho... eu pedi um americano, e não um misto quente! Dá pra fazer as coisas direito?

– Ele morreu ontem à noite em um beco, com um tiro na cabeça, e estamos investigando – disse o policial interrompendo os afazeres de Tonhão.

– Minha nossa! Que barbaridade! Bem que eu falei para ele tomar cuidado – disse Tonhão.

– O senhor sabe de alguma coisa? Alguém estava ameaçando o moço? – perguntou Olavo.

– Sim, ele devia para uns caras da pesada – respondeu Tonhão. – E na semana passada vieram cobrar o dinheiro e o Murilo não tinha para pagar. Eles ameaçaram ele de morte, bem aí, na porta de entrada. Eu falei para ele parar de jogar, pagar os caras e sossegar, mas ele deu risada.

– O senhor pode nos dizer quem são esses agiotas? – questionou Francisco.

– De jeito nenhum, se eu identificar os caras eles vão saber que fui eu e aí me matam. Estão vendo aquele rapaz sentado lá no fim do bar perto da sinuca? Então, é capacho deles e já está vendo vocês aqui. Vai avisar os caras. Sinto muito, tenho família, estou fora dessa.

– Sinto muito também, mas terá que identificar os sujeitos lá na delegacia, senão será acusado de obstrução da justiça – disse Olavo tranquilamente.

– Por favor, queira nos acompanhar até a delegacia para depoimentos – disse Francisco.

– Está bem, espere um pouco, deixa eu dar umas orientações para minha mulher, que já vou com vocês.

A contragosto, Tonhão acompanhou os investigadores e no caminho lembrou-se de outro detalhe importante e disse:

– Ontem à noite, vi o Murilo discutindo com uma das garotas do bar. Ele pediu dinheiro emprestado para ela, mas ela negou e os dois brigaram feio. Acho que ele deu uns socos na cara dela. Hoje ela veio trabalhar com o olho todo roxo.

– Quem é a garota? – questionou Francisco.

– Lucilene, ela trabalha na noite servindo bebidas. É uma boa moça, mas se apaixonou pelo cara errado. O Murilo como amante é um fiasco. Avisar eu avisei, mas ela também não me ouviu.

– Passa o telefone dela para entrarmos em contato. – solicitou Francisco.

– O número é esse aqui – respondeu Tonhão.

Na delegacia Tonhão respondeu a todas as perguntas e conseguiu identificar um dos agiotas. Os investigadores ficaram satisfeitos, agora tinham duas pistas, o agiota e a garçonete.

Pelo telefone dela localizaram a sua residência e se dirigiram para lá.

Ao chegarem ao apartamento de um quarto na periferia na Zona

Leste de São Paulo, os investigadores encontraram Lucilene toda machucada, como havia dito o Tonhão.

– Boa tarde, somos investigadores da polícia, estamos investigando a morte do Murilo e sabemos que vocês tinham um relacionamento – disse Olavo.

– O Murilo morreu? – ela perguntou assustada.

– Sim, e parece que vocês brigaram ontem à noite. Você matou o Murilo? – perguntou enfaticamente Olavo.

– Não matei ninguém! Imagina! Deus me livre de fazer uma coisa dessas! De jeito nenhum! Nós discutimos, mas depois ele foi embora.

– O que aconteceu com o seu olho? – perguntou Olavo.

– Ontem à noite não emprestei o dinheiro que o Murilo me pediu, pois a soma era alta, eu não tinha, ele não acreditou e me deu vários socos. Ele sempre fazia isso quando era contrariado, e não só comigo, era assim com todo mundo. Ele saiu do bar e encontrou com um homem na esquina, de longe eu os vi discutindo feio.

– Você conhece o homem? – questionou Francisco.

– Sim, é o marido da dona da boate que ele frequentava. Ele se chama Carlos e parecia o capeta de tão bravo.

– Você e o Murilo mantinham um relacionamento há muito tempo? – perguntou Olavo.

– Sim, fazia mais ou menos dois anos. Nós moramos juntos por algum tempo, mas quando eu fiquei grávida ele me fez abortar e aí eu me separei dele. Além do mais, ele bebia feito um porco, usava droga e quando estava alterado me batia. Ele me traiu com minha amiga. Ele não valia nada. Um traste. Ainda bem que morreu.

– Pelo jeito você tinha motivos para matá-lo – disse o investigador Francisco.

– Sim, vontade não me faltava, mas eu não o matei. Tenho religião, acredito em Deus e em Jesus! – ela afirmou enfaticamente.

– Sabe onde fica essa boate que o Murilo frequentava? – perguntou Francisco.

– Mais ou menos, fica bem no centro, próximo à Estação da Luz – respondeu Lucilene.

– Tem o endereço da boate? – ele perguntou.

– Não, mas a esposa do Gilberto tem, ela frequentava – ela respondeu.

– Liga e pergunta o endereço – disse Francisco.

Lucilene ligou e conseguiu o endereço com a mulher do Gilberto, pois ele não estava em casa.

No dia seguinte, os investigadores iriam à boate falar com o tal de Carlos, depois atrás do agiota e do Gilberto para continuarem com as investigações.

capítulo 3

SOMBRAS DA CULPA

"Deus nos concede, a cada dia, uma página de vida nova no livro do tempo. Aquilo que colocarmos nela corre por nossa conta."

Chico Xavier

Naquela manhã, o sol iluminava suavemente o Pronto-Socorro Espiritual Esperança, quando Isabel compareceu à entrevista semanal com dona Eulália, sua tutora, responsável pelo seu processo de recuperação emocional e psicológico. Há alguns dias ela não conseguia se concentrar em nada, estava triste, com a alma vazia, letárgica. Os dias para ela eram todos iguais. Levantava sempre no mesmo horário, arrumava seu quarto antes de sair, fechava a janela e ia aos mesmos lugares, encontrava as mesmas pessoas, fazia o mesmo trabalho, que era o de cuidar das crianças abandonadas recém-desencarnadas.

Vivia em uma prisão sem carcereiro e sem celas. Apesar de ser uma mulher bonita, simpática e delicada, sentia-se um lixo ambulante, estava confusa e refém da sua rotina. Não sentia saudades do plano terreno; aliás, queria esquecer sua última existência. Não se sentia à vontade no pronto-socorro espiritual. Isabel vivia ininterruptamente suas dores e seus dramas. O que era ser feliz? Esta pergunta para ela não tinha resposta. Seria possível Isabel voltar a ser feliz? Talvez, mas ela precisaria de coragem para desatar o nó da culpa pelo abandono e partir rumo ao autoperdão e à responsabilidade.

– Bom dia, como está a senhora? – perguntou Isabel sem ânimo na voz, ao entrar na sala de dona Eulália.

– Estou bem, e você, como tem passado? – quis saber dona Eulália, sentada toda sorridente atrás da sua mesa.

– Estou muito assustada. Nessa noite tive um pesadelo com o meu filho Murilo. Eu vi que ele morreu com um tiro e após o seu desencarne foi levado para um lugar horrível e estava sofrendo muito. Cheguei a ouvir sua voz clamando por socorro – ela disse com os olhos cheios de lágrimas e com o coração apertado.

– Isabel, isso não foi um pesadelo, você viu o que de fato está acontecendo com ele – respondeu dona Eulália com tom triste.

– Não me diga isso... Meu Deus! O sofrimento dele é imenso... – ela disse apreensiva.

– Vamos orar para que ele humildemente se volte para Deus, seja capaz de pedir perdão pelos seus erros e possa ser socorrido pelos mensageiros divinos. Vamos torcer para ele aceitar as mãos benevolentes que lhe forem estendidas – disse dona Eulália em tom de compaixão.

– Por que ele não veio direto para este pronto-socorro espiritual? – perguntou Isabel, mãe de Murilo, que estava desencarnada há uns quinze anos sem ele saber.

– Porque ele ainda não apresenta os pensamentos morais para ser atraído para essa dimensão espiritual. Ele está em uma dimensão inferior, de acordo com o nível da sua vibração espiritual. Mas acalme-se, quando ele se arrepender dos seus erros, pedir auxílio, a luz divina o socorrerá e ele será resgatado pelos mensageiros do bem. Quem sabe pode até vir para este pronto-socorro – respondeu dona Eulália.

– Eu sou culpada por sua queda e por ele estar onde está. Não fui uma boa mãe. Por minha culpa ele foi maltratado pela Bernadete, sua tia, o que lhe causou imensa revolta – disse Isabel aflita, com lágrimas escorrendo pelo rosto e com tremor nas mãos e um frio lhe correndo pela espinha.

– Ah! Minha amiga, não é hora de lamentar os seus atos passados se culpando – orientou dona Eulália. – É hora de trocar a culpa por responsabilidade. Em vez de chorar, lamentar a sorte de seu filho, tenha fé e ore por ele. Com certeza ele receberá as vibrações do seu amor e acabará dissolvendo as mágoas e o rancor no seu coração, que por ora ainda está muito endurecido.

– Deixei marcas profundas no seu coração com minhas péssimas escolhas, iludida pelo prazer do álcool e da paixão. Estou magoada comigo mesma, me sinto uma ameba! – disse Isabel ainda muito aborrecida e ansiosa.

– Sim, Isabel, não dá para negar que as suas atitudes foram contrárias à lei do amor, que você foi negligente, violou o dever de conduta, adiou a oportunidade de cumprir com a maternidade, atrasando sua evolução, e abandonou suas responsabilidades por ilusões e vícios, provocando traumas e dores terríveis em Murilo ainda criança.

– Viu, não disse? A culpa é toda minha! Sou um ser desprezível mesmo! – ela respondeu nervosa.

– Isabel, como eu disse, não tem como negar os seus graves erros; entrementes, cabia ao seu filho, no processo do seu crescimento e amadurecimento, aceitar os seus atos e os do pai, a vida como foi, e ser capaz de perdoá-los e seguir em frente no caminho do bem, valorizando a própria vida, superando as marcas que o abandono e os maus-tratos da tia lhe provocaram.

– Mas quando ele era uma criança, não tinha a menor condição de compreender, de aceitar e superar a ausência do meu carinho, cuidado, apoio, incentivo e proteção. Como a semente precisa da terra, do sol e da água para se desenvolver, ele precisava do meu amor materno! – Isabel respondeu.

– Sim, concordo com você, enquanto criança ele ficou vulnerável e não teve como elaborar sua perda e suportar a ausência do pai e os maus-tratos da tia, pois o seu emocional não estava preparado. Ele ficou chocado, sem rumo, sentiu muita revolta e dor e reagiu eliminando os bons sentimentos. E, conforme foi crescendo, não conseguiu superar os conflitos que a sua partida provocou, superar a violência sofrida. Infelizmente acabou de início ficando neurótico, depois com o tempo desenvolveu o transtorno da personalidade antissocial, desprezando a sociedade, inclusive os filhos, não considerando mais ninguém a não ser ele mesmo – disse dona Eulália entristecida.

– Por isso me culpo. Em consequência dos meus atos ele se transformou em um monstro, porque se sentiu ferido, rejeitado e alimentou ao longo da vida um enorme complexo de perseguição, inferioridade, frustração, culpa e intolerância e se defendeu com agressividade e violência. Nunca freou a sua impulsividade, maltratando a mulher e os próprios filhos de forma ainda mais cruel que sua tia Bernadete o maltratava, tudo por minha culpa! – disse Isabel com pesar na voz.

– Pois é, minha amiga... Pura ironia do destino... O Murilo nunca parou para pensar que impôs aos seus filhos e esposa o mesmo pesadelo que a sua tia Bernadete lhe impôs.

– Por minha causa tornou-se um predador social, um cínico. Sem nenhum constrangimento, sem nenhum tipo de remorso ou de sentimento de culpa, ele trapaceou, roubou, enganou, iludiu, abusou da confiança dos filhos, da esposa, dos clientes e das mulheres que o amaram. Assim, com o seu comportamento e sentimentos corroídos, a sua falta de bom senso e fé, abriu as portas para todos os tipos de espíritos trevosos que passaram a dominá-lo completamente por toda a sua vida – disse Isabel com os olhos cheios de lágrimas.

– Em função disso tudo é que ele está no umbral, e sua permanência lá perdurará até que renove o seu íntimo, até o momento de ser capaz de se encontrar com Deus, de ser capaz de perdoá-la, de perdoar o pai e a tia, de rever a sua vida, os seus pensamentos, sentimentos e atos, bem como os seus conflitos interiores, e seja capaz de superá-los e de se arrepender de tudo o que fez e sentir um forte desejo de reparar os danos que causou aos outros, aceitando as novas provas redentoras.

– Será que ficará lá no umbral por muito tempo? – Isabel perguntou aflita.

– O tempo é relativo. A lei que rege a duração dos sofrimentos é sábia e benevolente, uma vez que subordina a sua duração aos esforços do espírito para se melhorar. Deus, nosso pai, nos ama e por isso sempre acolhe o nosso arrependimento. Assim, ele ficará no umbral até cansar de sofrer e se render às verdades divinas. Ele precisa curar as suas graves doenças emocionais e psicológicas para curar as espirituais. Ele precisa fazer uso da força de vontade para superar todas as suas fraquezas morais. O Murilo não pode continuar negando o amor divino que vive latente dentro da sua alma e anseia por se expressar. O preço a pagar é muito alto. Vamos orar para que ele saia dessa expiação se arrependendo e venha para a reabilitação o mais depressa possível!

– Eu sei que ele precisa se reformar intimamente, dona Eulália, mas a culpa corrói a minha alma, não consigo fazer nada direito, não penso em outra coisa o tempo todo. Oro, peço perdão a Deus, mas não consigo ter um minuto de paz! Ele sofre hoje, porque o abandonei ontem! Estou agoniada!

– Bem se vê no seu semblante. A expressão é de puro sofrimento. Sabe de uma coisa, Isabel? A culpa é positiva quando funciona como um alerta para repensarmos os danos que causamos a nós mesmos e aos outros com atitudes inadequadas, para evitarmos cometer os mesmos erros no futuro, mas senti-la exageradamente como vem fazendo é muito prejudicial. Relembre as palavras de Kardec que ouvimos na palestra de ontem: "A fixação nos quadros de remorso nos torna mais difícil a revisão dos atos, a reflexão madura e a consequente atitude de responsabilidade. Quando convertemos a culpa em responsabilidade, crescemos psicologicamente".

– Eu me lembro, mas não consigo fazer essa conversão ainda. O que eu posso fazer?

– Você precisa superar esse excesso de sentimento de culpa urgentemente. Não é porque cometeu alguns erros que vai desistir de si mesma, culpar-se e condenar-se à infelicidade pela eternidade. Precisa parar de se acusar, parar de sentir repulsa por si mesma e de ser sua própria carrasca. Não é possível retornar ao passado e mudar o que fez, mas é possível mudar no presente o que faz. Faça diferente, não tema recomeçar, mudar, abandonar todo esse sofrimento. De certa forma, você acaba obsidiando a si mesma em busca do perdão e do resgate da sua inocência.

– Não está fácil saber que ele está sofrendo por minha causa!– Isabel, você não deve ficar transtornada desse jeito – disse Eulália em tom carinhoso. – Ele está sofrendo porque não foi capaz de superar suas provas e de ser feliz com o que a vida lhe deu. Você partiu, a tia o maltratou, o pai ficou ausente por uns tempos, mas quando viu o que o menino sofreu, ele se arrependeu, tomou providências, afastou-o da tia e ficou ao lado dele o tempo todo, até ele sair de casa e ir morar no meio dos bandidos. Paulo sofreu muito remorso e por isso nem se casou novamente com medo de gerar mais sofrimento em seu filho. Além disso, várias vezes tentou levá-lo ao centro espírita para ele tomar passes, ouvir palestras, conhecer as verdades do Cristo para que renovasse o seu coração e superasse o seu triste passado. Ele não quis, rejeitou os convites amorosos do pai, ridicularizou Deus e Jesus, se revoltou, se afogou no sentimento de inferioridade pessoal e na insatisfação crônica. Faltou-lhe a benção do perdão...

– Eu sei. Ele abandonou o pai, saiu de casa aos dezessete anos, pois não conseguiu perdoá-lo e nunca mais voltou – disse Isabel suspirando.

– Minha amiga, pense bem, Deus nos dá diariamente novas oportunidades, uma página em branco para reescrevermos a nossa história, depende da nossa vontade. Faltou ao Murilo compreender que adversidades são inerentes à condição humana e que enfrentá-las é uma preciosa possibilidade de crescimento. Faltou ainda ele compreender que o seu vínculo pessoal com a vida que Deus lhe deu transcendia o elo de ligação com você.

– Agora a senhora falou muito difícil. Não entendi. Como assim?– Ele não tinha o direito de sucumbir, de destruir-se e prejudicar todos à sua volta pelo seu abandono. Ele podia ter seguido em frente apesar dos seus atos, Isabel, sendo um pai maravilhoso! Faltou ao Murilo maturidade para compreender que a felicidade se obtém com muito esforço, com muita luta, pois vencer os inimigos internos é uma batalha digna de um Hércules, ou seja, precisamos de muita força interior para superarmos o fardo dos nossos sofrimentos, erros, fracassos, perdas e as nossas mais íntimas frustrações. Ele poderia ter se beneficiado com o que lhe aconteceu, desenvolvendo compaixão, bondade e altruísmo! – disse dona Eulália em tom meigo.

– Vencer a si mesmo é uma batalha imensa mesmo! Eu que o diga! Como é duro suportar os erros que cometi com o meu filho! – Isabel disse, devorada pela culpa e voltando a chorar.

– Isabel, não chore, você precisa superar tudo isso. Filha, o mundo terreno é um palco bombardeado de catástrofes e armadilhas! Quantas pessoas passaram por verdadeiras tragédias nas guerras, nos campos de concentração, nos centros urbanos violentos e tornaram-se exemplos de superação, recuperando-se dos graves traumas psíquicos? Quantas pessoas adquiriram doenças terríveis como o câncer e a AIDS e abriram ONGs para auxiliar os outros que têm a mesma doença? Quantos pais perderam os seus filhos por negligência no trânsito, negligência dos médicos, e levantaram imensas campanhas mudando as leis? Quantas pessoas superaram os traumas dos terremotos, *tsunamis*, ataques terroristas, dos assassinatos de entes queridos, sem falar nos estupros e todos os tipos de situações como o desemprego? Seja menos emocional e mais racional. E o mais importante, aprenda a ser imparcial...

– É muito difícil... – ela gaguejou.

– O Murilo teve chance de superar o passado e seguir em frente, de refazer sua vida e seguir no caminho do bem, mas optou por seguir o caminho da insensibilidade, da violência e dos golpes. Nessa hora, a escolha foi dele...

— Na verdade, ele respondeu à loucura dos adultos com mais loucura! Foi um mar de desamor, uma estupidez, o que esse menino viveu... Eu compreendo tudo o que a senhora explicou, só que acredito que se eu tivesse criado o meu filho, com certeza ele não teria cometido os erros graves que cometeu, a culpa é minha e de mais ninguém – Isabel respondeu com tom entristecido.

— Pode ser que sim, pode ser que não, pois além do seu abandono, e dos maus-tratos da tia, não se esqueça de que ele nasceu com bagagens emocionais das vidas passadas e precisava ter higienizado o seu mundo mental e emocional, e não agravá-lo.

— Como assim, bagagens emocionais de vidas passadas? – Isabel perguntou com os olhos arregalados.

— No confronto com a rejeição, com o seu abandono e com os maus-tratos da tia, ele manifestou tendências violentas e neuróticas antigas – explicou dona Eulália com pesar. – Assim, revelou o que já existia dentro dele, que trazia de outras existências e que deveria ter curado. Essa reencarnação foi uma oportunidade concedida pelo Criador para que se libertasse dos atos violentos e desonestos e de seus sentimentos inferiores alimentados vida após vida. Mas ele preferiu reforçar suas tendências negativas, a infantilidade na sua psique, anulando a sua humanidade, bloqueando os sentimentos de amor, para não sofrer e calar a sua dor.

— Ainda não entendi o que a senhora está tentando me dizer... – balbuciou Isabel baixinho, sem graça.

— Isabel, ele podia ter transformado a sua crise em desafio e oportunidade de amadurecimento, permanecendo um ser humano íntegro mesmo diante do insuportável! Apesar da dor sofrida, podia não anular o amor dentro dele e seguir em frente... Quantas pessoas sofrem terrivelmente e jamais perdem os seus valores? Ele podia ter evitado muitos problemas espirituais. Podia ter evitado as obsessões complexas!

— Hum...

— Ele devia ter confiado em Deus, na vida, e se perguntado: Por que a vida me deu uma mãe que me abandonou? Uma tia que me maltratou?

O que eu tive que aprender com essas experiências dolorosas? Será que estou de alguma forma sob a Lei de Causa e Efeito? O que será que fiz aos outros em outras existências? Será que abandonei os meus filhos em alguma existência? Será que fui um carcereiro? Um executor? Um torturador? Será que preciso aprender a perdoar, a desapegar ou a superar? O que essas pessoas me ensinaram?

– Mas ele era pequeno quando parti, não tinha condições de pensar sobre tudo isso, não tinha como se defender daquela tia monstruosa! A culpa é minha! – disse Isabel, defendendo o filho, aflita.

– Eu sei que para ele enquanto criança foi muito difícil, mas ele cresceu e continuou sem refletir! Eternizou o menino ferido dentro dele! – disse dona Eulália. – O que será que aconteceu em outras vidas para ele passar por tudo isso? Por que será que a vida colocou em seu caminho uma tia tão desequilibrada e agressiva? Isabel, se ele tivesse estudado a espiritualidade teria encontrado algumas respostas e consequentemente teria encontrado sua força interior para perdoar o pai e superar suas tragédias pessoais, e não gerar outras tragédias, principalmente na vida dos filhos. A verdade é que ele não percebeu que seu espírito era livre para decidir o caminho a seguir, não precisava ser eterno escravo dos seus problemas e suas dores. O conhecimento iluminaria a sua alma, afastando os obsessores do seu caminho... Você bem sabe que as causas das obsessões estão alicerçadas nas imperfeições da personalidade e do caráter, nos desequilíbrios emocionais e psicológicos, nos vícios, nos crimes, na ganância, na conduta agressiva e desonesta... Lembre-se da revelação do nosso mentor espiritual André Luiz: no plano físico e espiritual somos "sentidos e reconhecidos pelos nossos afins, temidos e hostilizados ou amados e auxiliados pelos irmãos que caminham em posição inferior ou superior à nossa. Isto porque exteriorizamos, de maneira invariável, o reflexo de nós mesmos, nos contatos de pensamento a pensamento, sem necessidade das palavras para simpatias ou repulsões fundamentais".[2]

---

2 - Xavier, Francisco Cândido; VIEIRA, Waldo. Pelo espírito André Luiz. *Evolução em dois mundos.* Rio de Janeiro: FEB, 1989, 11. ed., p. 130.

– Não tinha pensado nisso... – disse Isabel agoniada, olhando para baixo.

– Me responda uma coisa: quantas crianças e jovens superam coisas bem piores e nem por isso saem espancando ou matando outras pessoas? Já lhe disse, a vida no plano terreno é cheia de armadilhas. A verdade é que ele entregou os pontos e não saiu da posição de vítima, não aproveitou a situação que a vida lhe impôs para crescer interiormente. Ele sobreviveu aos maus-tratos, mas se esqueceu de viver verdadeiramente a vida! Cada um de nós decide o que pensa, o que sente e principalmente o que faz. Se tivermos fé em Deus e em Jesus, se seguirmos as suas leis morais, teremos recursos espirituais internos que nos auxiliarão a enfrentar as horas difíceis dos horrores externos. Ele se esqueceu de que quando a vida nos maltrata, Deus nos ampara e nos abençoa...

– A culpa é minha, já disse um milhão de vezes! Eu sou culpada pelo seu triste destino! – disse Isabel suspirando e apertando os olhos.

– Isabel, ele negligenciou o sentido da sua própria vida. Banalizou a dor do próprio pai, não conseguiu perceber o seu sofrimento e a sua angústia, e muito menos os seus esforços para aceitar uma nova visão espiritual e encontrar recursos para perdoá-la. O Murilo não conseguiu reconhecer que, apesar de o pai ter tido falhas, era o único homem do planeta que se importava com ele e trabalhava dia e noite sem descansar para sustentá-lo e fornecer-lhe os estudos e uma educação pautada nos valores morais. O rapaz negligenciou as forças generosas do seu próprio coração!

– Quanto mais a senhora fala, mais me sinto culpada! Se já não estivesse morta, ia querer morrer nesse instante...

– Isabel, não faça drama! Se ele estivesse atento aos deveres do seu coração para com Deus e com seu pai teria moldado um caráter bem diferente. Você errou muito ao abandoná-lo, mas a escolha em como interpretar o seu erro e como seguir adiante foi dele. O que me entristece é o fato de ele não ter aproveitado essa reencarnação e ter aumentado os seus débitos com as escolhas que fez, e sabemos que em outra oportunidade experimentará situações piores até que compreenda que precisa curar essas tendências negativas. É assim que a vida nos transforma.

– Ele não teve opção...

– Claro que teve! Ele não pôde escolher não viver o trauma do seu abandono e dos maus-tratos da tia, a indiferença temporária do pai, mas poderia ter escolhido não negligenciar os seus deveres para com Deus, poderia ter escolhido não ser violento, golpista, e encontrar uma orientação espiritual pautada na ética, reagindo de forma diferente. A reação que temos com o que nos acontece é que revela o nosso grau de evolução espiritual – esclareceu dona Eulália com tom terno.

– O que ele podia ter feito? – ela perguntou indignada com as colocações da senhora.

– Aceitado, perdoado a vida e não ter jamais mudado a sua essência, ou seja, ter vestido a capa de um homem violento, mau caráter, sendo um homem honesto e bom. Não precisava ter espancado a esposa e ferido os próprios filhos. Se tivesse escolhido o caminho da benevolência, teria curado suas fraquezas e seus traumas e consolidado uma personalidade construtiva. Apesar do sofrimento em sua infância, poderia ter sido um marido e um pai exemplar! – respondeu dona Eulália em tom triste.

– A culpa foi minha, eu sou a culpada por ele ter destruído a sua vida, da sua mulher e dos seus filhos, por ter sido tão violento e dado golpes... – Isabel murmurou com raiva de si mesma.

– Minha amiga, não tem como negar sua negligência, mas você precisa aprender a se libertar do sentimento de reprovação, de fracasso pessoal e consequente sentimento de angústia para continuar sua jornada espiritual e reparar o que fez – disse docilmente dona Eulália. – Precisa parar de se sentir indigna, de se censurar, e sim reconstruir a sua autoimagem negativa. Precisa voltar a se respeitar e resgatar o amor-próprio. De nada adianta se culpar, alimentar essa sensação de impotência e desamparo diante de si mesma, que só drena as suas energias e o seu bem-estar, atrasando o seu processo evolutivo.

– Não sei como fazer isso... Ajude-me! – pediu Isabel comovida.

– Essa culpa que carrega denuncia que se apega ao passado, que se sente inferior por não ter feito o que deveria ter feito, que sente remorso. Ela reflete a sua frustração pelo que na realidade foi em contraposição ao ideal do que deveria ter sido. Isso não resolve nada, não é salutar. Existem duas pessoas dentro de você: a real, a mãe que abandonou o filho por causa do álcool e de uma paixão desvairada, e a ideal, aquela mãe que você gostaria de ter sido e que não foi. A mãe boa que não conseguiu ser, que ficou escondida no fundo da sua alma e que agora é a sua pior algoz, pois sem piedade tortura a mãe infantil e egoísta que realmente foi. Assim, vive em um eterno conflito sem tréguas, buscando consciente e inconscientemente punição.

– Nossa! É isso mesmo o que sinto... – declarou cabisbaixa e desconsolada.

– Eu sei que no fundo acredita que não merecia estar aqui, nessa colônia – disse dona Eulália –, mas você morreu com uma doença terrível, o câncer. Depois ficou por muito tempo no umbral, se arrependeu, orou, pediu auxílio, perdão, propôs reparar todos os seus erros. Sem falar que o seu ex-marido a perdoou e orou muito por você quando soube da sua morte lenta pelo câncer. Por tudo isso foi resgatada do umbral e acolhida nesse pronto-socorro pela misericórdia divina.

– Eu sei, mas o erro de ser alcoólatra, não ter aceitado a maternidade, alimentar ilusões, abandonar meu filho e fugir com o melhor amigo do meu marido foi muito grave, sinto imensa vergonha. Por isso o Murilo me odiou a vida inteira e odiou indiretamente todas as mulheres! – Isabel disse com a fronte abaixada e um olhar de profunda tristeza e arrependimento.

– Essa foi a escolha errada que seu filho fez: odiar. Se tivesse escolhido amar, apesar do que lhe aconteceu, o seu destino teria sido muito diferente. Não adianta o seu coração de mãe tentar negar: ele foi insensato em seus caminhos de transgressões. Ele escolheu ignorar os sábios conselhos do pai generoso, que incansavelmente tentou despertá-lo para os verdadeiros valores da vida. Ele ignorou Deus e Jesus e plantou a angústia que agora colhe no umbral. E mais uma coisa: saiba que ele mereceu ter você como mãe, em função da Lei de Causa e Efeito, das suas necessidades evolutivas, em função de suas vidas passadas.

– Como ele mereceu me ter como mãe? – perguntou intrigada e surpresa.

– Provavelmente você foi escolhida como sua mãe para despertar nele justamente os sentimentos com que ele precisava aprender a lidar, o sentimento de rejeição pelo abandono que o acompanhava há muitas existências. Em vez de ter se vitimado e escolher o ódio como guia dos seus atos, deveria ter compreendido que a vida é justa e apenas o colocou em situações difíceis, pois era o que ele precisava experimentar para superar e evoluir. Vá até o mensageiro Clemente depois desse nosso encontro e peça para ele encaminhá-la para a sala de regressões. Assista às últimas três vidas com seu filho e entenderá muita coisa...

– A senhora não pode me contar o que viu? – ela perguntou com uma ponta de curiosidade.

– Quando aceitei cuidar de você, precisei rever a sua história para entender a sua situação atual. Revendo sua história me deparei com a dele... Se a vida dele fosse um livro, eu diria que ele tem capítulos bem escritos e capítulos muito mal escritos; em uma existência ele foi um aventureiro, abandonou a família em busca de riquezas, em uma outra ele foi padre, o que lhe proporcionou alguns créditos; entrementes, em uma de suas últimas vidas, ele foi um terrível carrasco... Tenha certeza de que Deus amenizou as suas provas.

– Ah! Então foi a Lei de Causa e Efeito? – perguntou Isabel um pouco menos agitada.

– Sim, com certeza! E antes de reencarnar nessa última existência ele mesmo escolheu as suas provas, como meio de expiar as suas faltas pregressas, porque você bem sabe que os espíritos sofrem apenas o mal que praticaram. Quem só fez o bem só colhe o bem...

– Hum...

– Por isso, pare de se culpar e de sentir vergonha pelo que fez, você já se arrependeu e aceitou as tarefas reparadoras do Cristo – disse dona Eulália. – Dia e noite incansavelmente, sem lastimar, você cuida das crianças que chegam a essa colônia. Comprometa-se a ser diferente daqui para a frente. O que passou passou.

– Nossa, é muito difícil... – Isabel murmurou.

– Esse remorso pelo seu fracasso como mãe e esposa não lhe fará evoluir. Supere-o. Não tenha medo de recomeçar. A culpa só atrasa a sua evolução e de todos os que a carregam em seu coração. Lembre-se das palavras do nosso mestre André Luiz, que diz que "o sentimento de culpa é sempre um colapso da consciência e, através dele, sombrias forças se insinuam, e que a culpa é um fogo a consumir-nos por dentro...".

– Vou tentar transformar os meus pensamentos e sentimentos como meu ex-marido fez, mas não sei se vou conseguir, é muito difícil... – Isabel disse chorando.

– Isabel, deixa eu lhe revelar outra interpretação sobre a culpa para mudar as suas crenças e facilitar a sua reflexão e a adoção de uma nova maneira de pensar. Saiba que essa sua "culpa" no fundo pode estar mascarando um imenso sentimento de orgulho e prepotência. Além disso, a culpa é uma das vibrações mais baixas e quem a carrega dificilmente se liberta dela.

– O quê? O que a senhora está me dizendo?– ela perguntou assustada com as falas de dona Eulália.

– Filha, saiba que para se libertar da culpa precisará aprender a ser humilde, lidando com o seu próprio fracasso. E que apenas os orgulhosos se acham perfeitos, inatingíveis, invulneráveis e buscam a perfeição em tudo, tornando-se perfeccionistas. Você não é perfeita, por isso, aceite suas fraquezas, seus erros, suas fragilidades. Assim, em vez de perder tempo lamentando o que foi e fez, gaste tempo melhorando o que é e faz. Ao se culpar, se tortura, se vinga de você mesma! A culpa é vergonha do erro, uma forma de condenação, autopunição e, o pior, desencadeia a auto-obsessão! Você fica ruminando o passado e isso não alivia a sua dor, não muda o destino do seu filho; pelo contrário, a culpa lhe joga em um abismo profundo e doloroso.

– Auto-obsessão? Não, de jeito nenhum...

– Isabel, você já ouviu palestras sobre esse tema e sabe que a auto-obsessão é causada pela influência mórbida residente na própria mente dos espíritos. E acontece em função de pensamentos doentios que desequilibram o emocional. Saiba que a culpa que carrega, proveniente das suas experiências infelizes ligadas à maternidade, está provocando um processo auto-obsessivo, por isso você está resistente e não encontra forças para sair dessa vibração negativa. É por essa razão que estou tentando conscientizá-la dos seus males, para haver mudança na sua postura. Os passes magnéticos que recebe nas nossas reuniões não são suficientes. Você precisa mudar a sua forma de encarar os fatos. Liberte-se dessa culpa...

– Como posso me libertar desse passado horrível? – ela perguntou abalada, com as mãos tremendo.

– Aprenda a se perdoar e a não ter temor em recomeçar – respondeu dona Eulália em tom carinhoso. – O perdão é o túnel para sair do abismo e construir uma nova vida. No processo evolutivo, é impossível conseguir viver no plano terreno sem cometer algum tipo de erro. Como disse Jesus: *"Quem não tiver pecado,* que *atire a primeira pedra"* (João 8:7). Crescemos com os nossos erros. Garanto que carregará pela eternidade o desejo de ser uma boa mãe, porque na vida anterior falhou e sentiu as consequências dos seus atos, através do seu sofrimento com o câncer, no umbral e do sofrimento do seu filho, nora e netos. O que você fez já não é o mais importante, e sim a experiência, a sua regeneração, o seu aprendizado, que é eterno.

– Nossa! Nunca imaginei uma coisa dessas, que a culpa fosse o disfarce do orgulho! Meu Deus do céu como sou ignorante! – disse Isabel com ar assustado.

Dona Eulália esboçou um leve sorriso diante da reação dela e prosseguiu:

– Isabel, se acalme, relaxe... Já faz algum tempo que você está em tratamento nesse pronto-socorro espiritual e por isso precisa abrir mão do apego às lembranças dolorosas. Logo você vai reencarnar e precisa se libertar dessa carga negativa; do contrário, no plano terreno buscará experiências desastrosas, que a castiguem, que a maltratem e que a destruam. Carregará em sua bagagem emocional o medo, o remorso, a submissão, a dificuldade em sentir prazer e a baixa autoestima, ficará vulnerável à autopunição por meio da autossabotagem, à compulsão alimentar e inclusive aos vícios. Ficará à mercê dos espíritos sofredores. Será uma presa fácil. Enfim, não conseguirá construir uma vida equilibrada com essa doença autodestrutiva chamada culpa, que funcionará como um furacão, capaz de destruir tudo o que conquistar.

– Nossa! Nem nasci e já estou condenada ao sofrimento! – ela disse com ar indignado.

– Isso é muito sério – disse Eulália. – Você precisa mudar os seus pensamentos e sentimentos para evitar atrair espíritos obsessores que a impeçam de voltar a sorrir e ser feliz. Esses espíritos entram pela porta da culpa e são experientes em garantir que não seja capaz de se libertar de tudo o que lhe traz dor. Perdoe-se! Recomece! Liberte a sua criança interior, volte a sorrir. Sacuda a poeira e dê a volta por cima e enxergue o seu valor. Lembre-se deste provérbio: "A verdadeira caridade começa em casa"; assim, seja solidária e tenha compaixão para consigo mesma.

– Não sei se consigo... – ela murmurou.

– Isabel, deixe de ser pessimista e insensata. É hora de ter fé, de rezar pelo seu filho, de fazer as coisas de um jeito diferente. Deus é generoso, aprenda com ele. Em vez de se culpar, tenha coragem e repare por meio de oração os danos que fez ao seu filho. Peça a Deus uma nova oportunidade, quem sabe daqui a algum tempo, quando concluir os seus estudos, tenha a chance de resgatá-lo do umbral com a equipe de socorro e de, em uma próxima encarnação, ser novamente a mãe dele no plano terreno. Deus é misericordioso e ajuda os seus filhos. O que não conseguiu realizar no plano terreno realizará agora, no plano espiritual. A mãe egoísta terrena será curada pela mãe altruísta do plano espiritual.

– Será que já não é tarde demais? – ela perguntou desmoronando.

– Nunca é tarde demais para ser quem deve ser: uma boa mãe! Hoje é o dia de olhar bem dentro de você e se perdoar! Se curar e curar o seu filho! Tenha fé! Deus e Jesus realizam o impossível! Ore todos os dias com fervor, para que o arrependimento chegue ao coração do seu filho e ele consiga se livrar desse sofrimento pelo próprio mérito! Lembre-se das palavras de Cristo: "A cada um segundo as suas obras". Palavras que expressam a justiça de Deus. O tempo do seu sofrimento está atrelado ao tempo da sua reforma íntima.

– Nossa! Que fantástico! Estou perplexa, pasma... Não tinha pensado nessas possibilidades! – Isabel disse eufórica se refazendo com mil gestos e com os olhos brilhando. – Orar e pedir a Deus para ter a chance de ser uma mãe de verdade! Ir ao umbral com a equipe de resgate e tentar persuadi-lo a perceber os seus graves erros e tirá-lo de lá! Meu Deus do céu, como a senhora é iluminada! Pedir uma nova chance de ser mãe dele no plano terreno em uma próxima encarnação! Ai, meu Deus do céu, não estou me aguentando de tanta felicidade!

– Isso mesmo! Anime-se! A vida continua e é muito bela! – disse dona Eulália sorrindo.

– Puxa vida! A senhora não imagina como alimentou o meu coração com esperanças. Muito obrigada pelas suas sábias palavras. Vou começar a orar agora mesmo para lhe diminuir os tormentos e vou falar com o senhor Clemente para ele pedir autorização para eu ir até o umbral com a equipe de resgate! Vou tirar o meu filho daquele lugar horroroso! Vou fazer por ele agora o que não fiz em vida! Vou salvá-lo! – disse Isabel comovida.

– Vá com calma, para ele sair de lá, precisará mudar sua vibração, essa punição temporária visa o seu aperfeiçoamento. E você precisa concluir os seus estudos, ainda não está pronta para enfrentar os tormentos do umbral. Não se esqueça: "Mas os que esperam no Senhor renovarão as suas forças". (Isaías 40:30-31).

– Eu sei, mas hoje a senhora me incentivou a me perdoar, me ajudou a perceber que a coragem abre as portas para realizarmos os nossos sonhos e que Deus ajuda os que não têm medo de lutar. Preciso me libertar da culpa que me atormenta, então quero ser verdadeira comigo mesma, seguir o meu coração de mãe. Desejo salvar o meu filho e reparar os meus delitos. Para isso preciso de coragem. O caminho do coração não é o mais fácil, o mais confortável; é o caminho da confiança, da força para enfrentar os perigos e o desconhecido...

– Isabel, me diga uma coisa: por que para você é tão importante salvar o seu filho? – perguntou dona Eulália.

– Porque aqui na colônia, atendendo às crianças recém-desencarnadas, tive contato com muitas que foram abandonadas e testemunhei suas dores, mágoas, sofrimento moral e imenso desespero. Quando abandonei meu filho não imaginei o sofrimento que lhe impus. Cuidando dessas crianças aprendi a importância de amarmos e cuidarmos dos nossos filhos e não permitirmos que se sintam humilhados, deixados de lado, desamparados e descartados como um pano velho. Assim, aprendi sobre o gosto amargo do abandono, como é imensa a dor das crianças que não recebem amor. Como eu pude abandoná-lo, esquecê-lo por uma ilusão amorosa? Como pude ser tão cega e egocêntrica? Por muitos dias fiz essa pergunta para mim mesma e por isso me culpei. Mas agora, com as suas palavras, o meu coração se encheu de esperanças. Vou salvar o meu filho, dar a ele todo o amor que um dia lhe neguei...

Nesse momento, dona Eulália foi avisada de que precisava ir até outra colônia espiritual em socorro de um grupo que acabara de desencarnar. Isabel, sorrindo, agradeceu a entrevista e se retirou para o centro de reabilitação de crianças para dar continuidade ao seu trabalho reparador.

No caminho, dando risada para si mesma e murmurando, Isabel refletia sobre a misericórdia de Deus, e como, a partir daquele instante, lutaria com todas as suas forças para tirar o seu filho do umbral, custasse o que custasse! O que ela deixou de fazer em vida, no plano terreno, faria agora, no plano espiritual! Nesse instante um milagre aconteceu: a culpa desapareceu completamente do seu coração e em seu lugar veio a responsabilidade de ajudar a mudar o destino do seu amado filho Murilo e dos seus queridos netos.

capítulo 5

POR UM FIO

"O único mal a temer é aquele que ainda existe em nós."
Chico Xavier

A tarde estava muito quente em Boa Esperança, uma cidade no interior do Paraná, quando o delegado foi conversar com Ricardo, o filho mais velho de Valquíria, em sua cela.

– Um investigador de São Paulo ligou para conversar com você.

– Nossa! O que ele queria? – Ricardo perguntou intrigado.

– Não sei, no mínimo está atrás de você por alguma denúncia. Quem sabe quanto golpe deu por aí e quantas mulheres você agrediu, seu panaca! – disse o delegado com tom irritado.

– Não fiz nada com ninguém em São Paulo – ele respondeu.

– Falei para o investigador que eu acho que você vai ser solto em breve – disse o delegado com ar contrariado. Nessa hora o infeliz arregalou os olhos com a notícia.

– Não entendi... – disse Ricardo com ar pasmo e cheio de interrogação.

– É, seu picareta, dessa vez você vai escapar de ir para julgamento e detenção. A tonta da garota retirou a queixa de estupro e tentativa de homicídio, mesmo com a sua prisão em flagrante. Acho que o pai ficou com medo do escândalo atrapalhar sua reeleição. Assim, amanhã vai ser solto. – disse o delegado.

– Justiça existe! Não fiz nada! Passou da hora de eu sair desse esgoto imundo, de parar de dormir nessa cama dura cheia de percevejos. Ainda bem que aquela sem vergonha pensou bem e se arrependeu de ter me acusado injustamente, sem eu ter feito nada para ela. Maldita. Despeitada. Apanhei igual um cachorro aqui nessa delegacia sendo inocente. Nunca encostei um dedo nela, só quando me agarrou à força!

– Não fez nada, sei... conta outra... Papai Noel existe... Pensa que me engana... Tenho cara de otário, mané? Você tem sorte de ser formado, senão... tinha virado mocinha – disse o delegado com tom sarcástico.

– Se liga doutor! No banheiro não chegaram às vias de fato porque eu me defendi lutando – ele disse com tom revoltado.

– Isso é para você aprender a deixar de ser um vagabundo violento. Toma jeito, arruma um trabalho decente e para de bater em mulher. Qualquer hora, você vai encontrar um louco e vai se dar muito mal, vai acabar morto em uma sarjeta qualquer.

– Não sou vagabundo, sou advogado, estava trabalhando, fui mandado embora porque o dono da consultoria era amigo do pai dessa ordinária. A safada queria sair comigo, mas eu não quis, pois estava saindo com uma amiga dela. Com inveja inventou um monte de mentiras para o pai dela. Ele acreditou e me perseguiu. Fiquei desempregado. A mulher era louca, tentou me agarrar de tudo quanto foi jeito. Precisei dar uns sopapos na cara dela, para ela parar de me assediar. Foi em legítima defesa. Rejeitada e despeitada, armou feio para mim. Ela é uma víbora! Bicho ruim! – ele disse furioso.

– Hum... Você acha mesmo que eu sou idiota. Como você é cara de pau e um mentiroso profissional! – Disse o delegado com tom sarcástico. – Conheço essa menina desde que ela nasceu. Você é um pilantra.

Seduziu a moça e depois enjoou, não a quis mais. Conheço esse seu tipinho. É ávido em fazer promessas e não conseguir cumprir.

– Que é isso, doutor, tá me tirando? – Ricardo respondeu.

– Você é um Don Juan, só de olhar para você a gente percebe. Não se apega a mulher alguma. Não consegue amar, apenas desejar. Mulher para você não passa de um parque de diversões, um brinquedinho descartável. Assim que satisfaz os seus desejos sexuais busca um novo objeto feminino de prazer. Você é um especialista em seduzir as desavisadas e ingênuas, faz mil promessas impossíveis para conquistá-las e depois que consegue o que quer as abandona sem a menor piedade. A coitada dessa moça foi iludida. Pensa que eu não sei que foi depois que se cansou dela é que se envolveu com a sua amiga? Outra trouxa. Você não vale nada! Sua sorte é que o pai dela é candidato à reeleição como deputado e não quis escândalo com o nome da família. Cria vergonha nessa sua cara de pau!

– Não é bem assim não, doutor. Ela era muito ciumenta, o tipo de mulher carente e pegajosa. Ela não me deixava respirar! Terminei com ela bem antes de me envolver com a sua amiga, mas ela não se conformou. Ia atrás de mim em todos os lugares, um horror! – respondeu Ricardo com tom vitimado.

– Está vendo? Caiu em contradição, confessou! Seu pilantra! Ela corria atrás de você porque demorou para superar suas fantasias e enxergar a realidade de que você conquista e abandona. Um aviso: nunca mais se aproxime dessa moça. Aliás, se eu fosse você ia embora daqui para bem longe e não voltava nunca mais. O deputado retirou a queixa, mas não sei se não é capaz de tentar fazer justiça com as próprias mãos. Com o poder que ele tem, não é difícil ele mandar lhe dar um tiro em um porão de fábrica qualquer. Você não está seguro nessa terra. Dê graças a Deus que retiraram as queixas e que escapou da penitenciária por um fio. Vai embora, some, desaparece. Para mim vai ser bom, um traste a menos para me dar trabalho.

– Senhor delegado, pode deixar, vou embora para São Paulo o mais rápido que eu puder, assim que conseguir fazer uns bicos e juntar o dinheiro para a passagem de volta – disse Ricardo afoito.

– Não seja por isso, arrumo carona em um camburão que vai levar uns presos para São Paulo amanhã – disse o delegado suspirando aliviado.

– Fechado! Agradeço a carona, não tenho um tostão mesmo – respondeu Ricardo com ar de satisfação.

Ricardo era um moço bonito, cabelos aloirados, olhos grandes esverdeados, corpo atlético; mas os três meses de prisão acabaram com ele. Estava com a roupa imunda, um ar de cansado, a pele pálida, a barba por fazer, a fala enfraquecida. Nem de longe se parecia com aquele Ricardo imponente, o jovem advogado bem-sucedido, que vivia em São Paulo, rodeado de muitos amigos e das mais belas mulheres. Sua mãe, Valquíria, levaria um susto ao vê-lo naquele estado, fraco e desfigurado.

No dia seguinte, Ricardo saiu da delegacia e subiu no camburão atordoado, sentindo profundo desgosto e vergonha pela perda do seu emprego naquela cidade e com muito medo do futuro.

Dentro do camburão, amontoado com outros presos, inquieto, pensava em como havia chegado àquela situação. Alheio ao que se passava com os outros detentos naquela viagem infernal, em um cansativo monólogo, com o coração palpitante, lamentava para si mesmo a sua sorte e sentia saudades do seu antigo sucesso. Mil pensamentos lhe vinham à mente. Ao chegar a São Paulo, conseguiria outro emprego? E se fosse necessário dar referências? O que diria nas entrevistas? Ah! E sua mãe? O que dizer a ela? Como enfrentá-la? Como explicar mais uma queda? Dois anos antes, havia recebido uma excelente proposta de trabalho no Paraná. Como teve sérios problemas no emprego em São Paulo por causa do envolvimento sexual com a esposa do seu chefe, aceitou sem pestanejar. Assumiu o cargo de analista jurídico em um empresa pública, dando todo suporte a ela. Em função da sua competência, em um ano fora promovido a supervisor. Sabia que em pouco tempo alcançaria o cargo de gerente geral jurídico da empresa. Em função da sua má conduta com os clientes e com as mulheres, ao iludir a filha do deputado, traçou o fim da sua carreira. E agora, o que ele faria? Em que acreditava que contribuía para que ele roubasse clientes e se envolvesse com tantas mulheres, a ponto de acabar com a sua carreira? O que ele precisava melhorar para sua vida dar certo? Como ele viraria o jogo? O que ele precisaria fazer para mudar sua situação? Durante a viagem, Ricardo, refletindo sobre o seu fracasso, lembrou-se de seu pai e duas lágrimas correram-lhe pela face. O seu narcisismo, que o fazia ser dono de uma sedução primitiva e irracional, o levaram a ser seu próprio inimigo, não percebendo os seus desequilíbrios, a sua masculinidade problemática em função da ausência dos cuidados paternos na infância e adolescência. A indiferença do seu pai e a sua frieza constante geraram nele dificuldades em assumir-se verdadeiramente como um homem. O seu pai não lhe forneceu as referências necessárias. Assim, inconscientemente Ricardo internalizou o modelo de conduta distorcido dele, que agora refletia assustadoramente em suas relações amorosas e em sua vida profissional, fazendo-o pagar um alto tributo.

Na estrada rumo à cidade de São Paulo, o calor era insuportável, ao qual se juntavam o fedor dos presos.

Durante a viagem, a fome e o cansaço foram batendo e o sono tomou conta de Ricardo, que tentou cochilar. Tempo perdido. De repente pensava no duro encontro que em breve teria com sua mãe.

capítulo 5

O GRANDE CASTIGO

"A vida é sempre o resultado das nossas próprias escolhas."
Autor desconhecido

Naquela fria madrugada, com o céu muito escuro, sentindo uma mórbida covardia, Ricardo se dirigiu à casa de sua mãe e tocou a campainha.

Ao abrir a porta, Valquíria se assustou ao ver seu filho e não conteve seu descontentamento e irritação, em uma explosão súbita.

– O que você está fazendo aqui? Como tem coragem de me procurar depois de tudo o que aprontou? Já não chega tudo o que me fez? O que deseja? – ela perguntou aos gritos, desesperada.

– Oi, mãe, tudo bem? Calma, não fique tão aflita. Saí da prisão e não tenho onde ficar – ele disse com tom triste. – Vim ver se posso ficar aqui na sua casa por uns tempos, até arrumar outro emprego. E como vão meus adorados irmãos Júlia e Eduardo?

– Você é cínico, repugnante e um tremendo cara de pau e pensa que eu sou uma retardada! Optou por se transformar em um zero à esquerda como o seu pai e tem coragem de vir a essa hora me incomodar? Tentei lhe dar uma boa educação, mas preferiu o mundo dos decaídos, uma realidade superficial, fantasiosa e ilusória! Assuma as consequências dos seus atos, dos seus fracassos, seja quem quiser ser, mas fique bem longe de mim, do seu avô e dos seus irmãos! Não tem lugar para você nessa casa! Suma daqui agora mesmo!

– Nossa, que bela recepção! Isso é que é amor de mãe, o resto é conversa! Isso mesmo, me humilha, transborda todo o seu ódio em cima de mim, fica à vontade! – ele disse com tom de ironia.

– Além de tudo é um hipócrita, igualzinho ao seu pai! Não tem dó de ninguém, não consegue perceber seus erros e no final se faz de vítima do mundo. Eu é que não presto! Seu pilantra! Quantas vezes paguei sua fiança por agredir as suas namoradas como seu pai fazia comigo? Quantas vezes eu paguei as suas dívidas e implorei para parar de beber, de jogar e dar golpes nos seus clientes e nas filhas de homens ricos? Perdeu um excelente emprego e foi parar na cadeia por ser um advogado salafrário, um tremendo vigarista. Você me envergonha. Suma da minha frente e não volte nunca mais!

– E eu vou para onde a essas horas? – ele perguntou aflito.

– Não é problema meu! – ela disse. – Vire-se! Você não aceitou as orientações que lhe dei e insistiu em seguir uma vida desumana, degradante, repleta de violência, golpes e vícios. Sai da minha casa, seu malandro! Agora!

– Maldição! Não precisa jogar tudo isso na minha cara. As coisas deram errado até aqui, mas vou mudar e recuperar tudo o que perdi! – ele respondeu.

– Mudar? Recuperar tudo outra vez? – ela indagou. – Acha que vou cair nessa sua lábia? Centenas de vezes eu acreditei em você. E qual foi o resultado? Quanta promessa me fez e não foi capaz de cumprir? Esse seu joguinho de coitadinho de mim, de arrependido, não funciona mais. Já me manipulou por muitos anos, mas isso acabou. Não vou mais me sentir culpada pelo seu fracasso, e por isso me iludir com a sua cura e novamente me deixar enganar. Demorou mas a minha ficha caiu. Enfrentei o fato de ter um filho delinquente, drogado, apesar dos meus esforços. Não vou deixar que o sentimento de culpa me force a tentar salvá-lo eternamente, passando a mão na sua cabeça, só porque lhe pus no mundo.

– O que você pretende fazer? – ele questionou em tom irônico.

– De agora em diante, vou permitir que comece a colher o que plantou – ela respondeu. – Nunca mais serei cúmplice dos seus movimentos irresponsáveis e destruidores. Chega! Você abusou do meu amor, da minha ingenuidade e da minha confiança. Faça por merecer o direito de entrar nessa casa novamente. Esse é o seu grande castigo. Cansei.

– Pelo que vejo nesses dois anos você não mudou em nada, continua uma mulher difícil de lidar, crítica, cheia de manias, exigente, pessimista e nada carinhosa. Essa é a mãe que Deus me deu – ele respondeu com tom de ironia.

– Foi você que me escolheu antes de nascer! – ela respondeu secamente.

– Não devo ter escolhido você como mãe, Deus deve ter me obrigado! Bela espírita você se tornou! Não é capaz de acolher o seu filho amado – ele retrucou ironizando.

– Não tem vergonha de me procurar depois de tudo o que me fez antes de ir para o Paraná? – ela perguntou irritada. – Sabe quantos meses passei necessidades, pagando as suas dívidas de jogo e de compras de roupas, despesas com restaurantes e motéis, para não morrer na mão dos seus devedores que não paravam de me ameaçar e não ter meu nome sujo porque roubou meu cartão de crédito e detonou em compras? Tem ideia de como foi difícil pagar os traficantes que bateram à minha porta?

– Ah! Não acredito! Quanto drama por uns trocados! – ele disse em tom irônico.

– Trocados para você que sempre foi um inconsequente e irresponsável. Saiba que precisei voltar a fazer faxina para pagar as suas dívidas e ainda assim eu e seus irmãos chegamos a não ter o que comer, a não ter material de higiene, sabonete e papel higiênico! Cortaram a água e a luz, por falta de pagamento, pois todo o dinheiro que ganhava no brechó ia para esses crápulas que você sem piedade colocou na nossa vida e para as parcelas do cartão de crédito. Tem noção de quanto tempo levei para recuperar a televisão que você roubou na minha ausência e vendeu por uns trocados para ter dinheiro para viajar? Sem falar no aparelho de som que sumiu. Chega, Ricardo. Acabou. Foram longos anos de imenso sofrimento. Esquece que sou sua mãe. Dessa vez, não vou me iludir novamente e acreditar em você. Não quero mais você na minha casa, na minha vida e na vida dos seus irmãos.

– Você não pode me colocar para fora desse jeito! Sou seu filho! – ele gritou.

– Posso e vou! Você é uma fábrica de sofrimentos de todo tipo – ela respondeu fora de si. – Você é um inconsequente frio e mesquinho. Já falei, some da minha frente! E outra coisa, sou espírita mas não sou besta! Você escolheu usar seus talentos e suas aptidões para o mal e não sou obrigada a concordar com isso. Faça o que quiser, mas fique bem longe de todos nós!

Ricardo ignorou as palavras de sua mãe e entrou à força na casa, empurrando-a com agressividade para dentro.

– Oh! Isso é demais! Quem você pensa que é para ser grosso desse jeito, me empurrar e entrar na minha casa sem meu consentimento? Ponha-se daqui para fora ou vou chamar a polícia! – ela gritava com desespero.

Júlia e Eduardo acordaram, foram até a sala ver o que estava acontecendo, mas quando viram o irmão, ficaram muito assustados e voltaram imediatamente para os seus quartos e fecharam as portas.

– Vai chamar a polícia? – ele perguntou. – Tem coragem de negar uma cama e um prato de comida e mandar prender o seu filho que acabou de sair da prisão? Você é muito egoísta e mesquinha! Eu te odeio!

Agora foi Valquíria que ignorou as falas de Ricardo e lhe disse:

– Como você pôde se transformar nesse monstro horroroso? Na infância sofria com a agressividade do seu pai, repudiava o que ele fazia. Chegou a enfrentá-lo, a quebrar o braço para me defender. Como pôde crescer e se tornar igual a ele? Não entendo o que fez com você! Entre o pavor e a decepção passou sua infância. Sei que sofreu e se decepcionou com seu pai. Muito cedo descobriu que ele não era o seu herói, e sim seu vilão, mas não sei em qual momento seu mundo desabou gerando a ruptura da sua inocência e integridade e decidiu ter as mesmas atitudes, alimentando a arrogância e o seu mau-caráter, dando golpes e batendo nas mulheres... Você se desviou do bom caminho e mergulhou em um mundo ilusório! Você fez questão de esquecer tudo o que eu e o seu avô lhe ensinamos, principalmente que somos responsáveis pela dor que provocamos nos outros!

Ricardo, nesse momento, não suportou as palavras de sua mãe, que lhe tocaram profundamente a alma. Um sentimento de profunda tristeza o fez derramar algumas lágrimas. Com os pensamentos confusos murmurou:

– Não sei mãe, eu odiava o que o papai fazia com você e com a gente. Tentei ser diferente dele, mas existe uma raiva dentro de mim que é mais forte do que eu e que me domina completamente. Muitas vezes tento controlá-la, mas quando vejo perco a razão e expludo. Depois me arrependo, é sempre assim. Eu sei que o meu jeito agressivo me prejudica nos relacionamentos com as mulheres, no trabalho, enfim, na minha vida. No fundo eu quero mudar, eu quero ser diferente mas a verdade é que eu não consigo.

Apesar da profunda mágoa que havia se instalado no coração de Valquíria, com as péssimas atitudes de seu filho, desgostosa, ela respondeu:

– Cansei de convidá-lo para ir ao centro espírita tomar uns passes, ouvir palestras, para aprender sobre as verdades divinas. Para aprender que as suas atitudes ferem a todos e que é preciso controlar a sua força bruta, compreender a importância de acabar com as suas explosões violentas de raiva que o tiram totalmente do equilíbrio, acabar com sua vida financeira desregrada, com os golpes que atraem espíritos das baixas dimensões.

— É verdade! Sou testemunha – interveio Paulo, o avô de Ricardo, entrando na sala para saber o que estava acontecendo. – Se tivesse ouvido os conselhos de sua mãe e aceitado o auxílio espiritual na sua vida a essa altura já seria um homem realizado! Saberia evitar os tsunamis verbais, os atos violentos que geram destruição na sua vida. Evitaria os vícios, a desonestidade com os seus clientes e namoradas, os jogos, a bebida, e teria um imenso estoque de valores morais, sentimentos como os de tolerância, paciência, aceitação dos fatos da vida. Seria capaz de reconhecer os limites daqueles que estão ao seu lado, fazendo orações preventivas, buscando abrigo no amor divino e nas palavras do Cristo.

— Olá, vô, tudo bem? – Ricardo perguntou ignorando as palavras de seu avô.

— Não se faça de desentendido, o que está fazendo nessa casa? Sua mãe não lhe disse para ir embora? O que está esperando para se retirar? – disse Paulo em tom enérgico.

— Vô, eu só quero uma nova chance – disse Ricardo.

— Uma nova chance? Quantas chances sua mãe já lhe deu e não aproveitou? Quantas fianças ela pagou para você sair da prisão nos últimos dez anos? Quantas dívidas suas ela assumiu, prejudicando os seus irmãos? Tem noção do medo e do pavor que sentimos com os traficantes batendo à nossa porta? Você não tem consciência de que faz doer, que faz sangrar – afirmou Paulo. – Acha que só porque ela lhe pôs no mundo é obrigada a conviver com o seu mau caratismo eternamente?

— Vô, eu estou suplicando e garantindo que dessa vez vou mudar para valer! – Ricardo respondeu enfaticamente.

— Não nos engana mais! – afirmou Paulo. – Ninguém muda o caráter desajustado sem o esforço da vontade, sem ajuda espiritual e psicológica. Você nunca acreditou em nada, nunca quis se ajudar, nunca parou para pensar na importância de cuidar de si mesmo, de superar seus traumas e a raiva que sentia pelo seu pai face a sua impotência. Nunca buscou meios de superação e fala que vai mudar! Como? Faltam-lhe recursos e coragem de lutar e vontade de vencer a si mesmo!

– Puxa vida, quero me redimir, arrumar outro trabalho e pagar o que devo para minha mãe. Não me expulsem de casa, estou sem dinheiro, não tenho para onde ir... – implorou Ricardo.

– Pensasse antes nas consequências dos seus atos! – disse seu avô. – Você nunca desenvolveu responsabilidade de como viver em família, cumprindo os seus deveres nos variados papéis: como filho, neto, namorado, amigo ou advogado. Nunca percebeu a importância do respeito, da harmonia, da paz, da união com as pessoas da sua vida, nunca as valorizou! Sempre provocou dores, prejuízos, conflitos, desentendimentos, rancores e mágoas com o seu jeito estúpido de ser.

– Credo, vô! Desse jeito parece que eu sou um monstro! – ele disse em tom cínico.

– A verdade, Ricardo, é que você nunca se importou com os outros. Foi companheiro de sua mãe apenas na infância, depois permitiu que o egoísmo dilacerasse sua personalidade. Faltou-lhe bom senso, honestidade, generosidade e fé. Hoje colhe o que plantou. Nunca se responsabilizou pelos danos que causou aos outros! Quantos clientes inocentes foram roubados por você? Pegava o dinheiro deles e não dava entrada no fórum. Sabe quantos deles bateram à porta da sua mãe nos últimos três anos?

– Não! – ele respondeu.

– Deixe de ser cínico! Sem falar nas dívidas de jogo, nas dívidas do cartão, na venda da televisão, do aparelho de som! Você teve coragem de roubar o cartão do banco da sua mãe e sacar todo o dinheiro dela! Crie vergonha nessa sua cara de pau! Assim, trate de nos deixar em paz! Retire-se imediatamente ou vamos chamar a polícia mesmo! – disse Paulo, firmemente decidido a colocar o neto para fora.

– Vô, não me expulse, me dê outra chance. Ajude-me. Não me condene ao seu desprezo – ele novamente implorou.

– É difícil demais ter você aqui novamente, Ricardo. O sofrimento que nos impôs foi muito grande. Não confiamos mais em você. Siga sua vida, é o melhor que tem a fazer. Na verdade, siga o mau caminho que escolheu, mas fique bem longe de nós! – Paulo falou ao neto com os olhos cheios de lágrimas.

– Está bem, eu vou, mas se eu me envolver em alguma encrenca, se me matarem na madrugada, nos bares, nos becos, a culpa será de vocês. Seus egoístas miseráveis – ele disse ofendido.

– Quando estiver instalado em algum lugar, envie o endereço, existem dois policiais atrás de você que estão investigando o assassinato do seu pai – disse Valquíria.

– O quê? O que você está me dizendo? Estamos conversando há mais de uma hora e só agora você fala que meu pai foi assassinado? – disse Ricardo inconformado.

– Pensei que soubesse – ela respondeu.

– Quando isso aconteceu? – ele perguntou. – Apesar de ele ter sido um péssimo pai, não merecia ser assassinado.

– Foi encontrado morto no beco das prostitutas na semana retrasada. Você estava preso e não tínhamos como avisá-lo, mas os investigadores entraram em contato com o delegado. Ele não lhe falou nada? – perguntou Paulo atônito.

– Não, ele só disse que me procuraram, mas não falou nada sobre a morte do meu pai. Como isso aconteceu? – Ricardo perguntou para os dois.

– Não sabem nada ainda, estão investigando, mas com certeza ele provocou quem não devia – respondeu Valquíria. – Mas chega de conversa mole, já está muito tarde, preciso dormir, amanhã vou trabalhar. Pega a estrada, segue sua vida, não temos mais nada a nos dizer. Some da minha frente!

– Está bem, se é o seu desejo, não vou mais me humilhar, mas, por favor, me deixem ao menos tomar um banho e trocar de roupa – ele implorou.

– Você não tem mais nada aqui! – Paulo disse friamente.

– Será que não dá para me emprestar uma calça e uma camisa do seu caçulinha Eduardo, seu filhinho preferido? Isso é demais para você? Só quero tomar um banho, fazer a barba, me recompor e depois vou embora.

– Está bem, mas não demore, tome o seu banho e suma desta casa! – Valquíria respondeu.

– Já entendi, não me atormente! Já chega de falar no meu ouvido... – ele disse perplexo com a atitude de sua mãe.

Ricardo correu para o banheiro, tomou uma chuveirada, fez a barba, colocou a roupa emprestada do seu irmão, se perfumou e saiu da casa de sua mãe muito indignado.

Quando ele estava saindo, Valquíria lhe deu algum dinheiro e em seguida fechou a porta, aliviada com sua partida, mas aos prantos. Afinal, ele era seu filho e qual mãe não se desespera ao impor dor no seu próprio filho? Mas ele a asfixiava, a aprisionava em uma realidade dolorosa. Naquele instante, poucas horas antes do alvorecer, no silêncio da madrugada, com insônia, orou fervorosamente pedindo que Deus iluminasse o caminho dele e lembrou-se das palavras de seu grande mestre Luís, responsável pela casa espírita que ela e Paulo frequentavam:

– Filha, por muitos anos culpou-se pela personalidade distorcida de seu filho e sempre o socorreu. Ele não compreendeu o seu amor e apoio e abusou da sua confiança. Está na hora de aprender com a natureza: em vez de ser como a galinha que mantém seus pintinhos embaixo de suas asas, seja como a águia mãe, que sem dó dá um empurrão em seus filhotes da beira do ninho, do pico rochoso mais alto, para o precipício, para que eles descubram suas asas e alcem voo. Assim, na dor do medo de cair é que eles aprendem a voar e descobrem a maravilha de ser o que são, águias.

– Não sei como conseguir forças para fazer isso. Ele é meu filho, eu o amo muito... – ela murmurou.

– Valquíria, amar um filho não significa mantê-lo sob seus cuidados o tempo inteiro, principalmente no caso de Ricardo, que já é um homem de vinte e seis anos, mas é impulsivo e infantil e desenvolveu uma maneira de ser que dilacera a alma de quem está ao seu redor, sendo agressivo, desonesto, não tendo a menor noção do quanto é refém de uma personalidade arbitrária e destrutiva, responsável por seu comportamento extremamente violento. O que fazer com um jovem que não respeita nada nem ninguém? Que não aceita nenhum tipo de ajuda, capaz de fazê-lo refletir sobre seu egoísmo exagerado que o impede de amar os que o amam?

– Mas a culpa é minha e do pai dele... – ela disse baixinho.

– É certo que ele vivenciou uma carga de dor insuportável na infância com a violência do pai, o que gerou danos terríveis em sua personalidade e por isso hoje, temendo o retorno, a antecipa para se defender. Mas não se esqueça de que ele recebeu de você e do avô uma educação exemplar, pautada em valores, nas verdades do Cristo, mas não a aceitou, e com seu péssimo comportamento atraiu entidades trevosas que o obsidiam agravando os seus problemas emocionais e espirituais.

– Eu sei...– ela murmurou.

– E tem mais: por ele não acreditar na espiritualidade e por não aceitar nenhum tipo de ajuda, pouco podemos fazer... Assim, pare de se culpar; foi ele quem preferiu espelhar-se no péssimo exemplo do pai. Até quando você acha que ele se achará o dono do mundo dando golpes, comprando o que não pode pagar, agredindo todo mundo, vendendo as suas coisas, roubando os seus cheques e dinheiro, explorando as mulheres tal qual o pai fazia?

– Não sei, às vezes fico desesperada. É muito difícil lidar com um filho com essas atitudes. Peço forças para Deus todos os dias. Fico perdida e sem rumo... – ela disse entristecida mordendo o lábio.

– Filha, enquanto você passar a mão na cabeça dele, ele sentirá que pode tudo, alimentando uma falsa autoimportância, desrespeitando os outros! Enquanto tentar compensar o passado...

– Mas eu não passo a mão na cabeça dele, não concordo com o que ele faz! – ela disse em tom enfático.

– Como não? Você vive dando dinheiro para ele e pagando as enormes dívidas que ele contrai, repõe os eletrodomésticos que ele rouba da sua casa, paga os clientes que ele engana, os traficantes que batem à sua porta... Você não consegue colocar limites nas atitudes dele, pois ele apronta uma atrás da outra e não sofre as consequências dos seus atos! Ele nunca é punido!

– Mas não é fácil. Eu não sei o que fazer. Pago os clientes e os traficantes para evitar que ele seja assassinado! Dou dinheiro para evitar que ele dê golpes e vá preso e sofra estupro e violências na prisão... É muito difícil! O senhor não imagina o peso de ter um filho irresponsável e, mais, saber que ele é assim porque eu e o pai dele o desestruturamos. O que eu posso fazer? Deixar os traficantes matá-lo? Deixá-lo dar golpes nos clientes e nas mulheres?

– Valquíria, eu sei que é difícil, mas até quando irá à falência financeira mergulhando os seus outros filhos nesse caos? Até quando alimentará as ilusões do seu filho de que ele pode fazer o que quer? Aconselhe-o a não ficar devendo para os traficantes. Mostre os perigos. Exija dele que trabalhe e sustente os próprios vícios. Ore, oriente, mas imponha limites. Saiba que aceitar, acobertar o mal é uma forma de ser conivente com ele. Como disse um pensador, que por ora não me lembro o nome, "o que me preocupa não é o grito dos maus mas o silêncio dos bons". Assim, precisa ser imparcial, deixar seu filho trilhar o caminho que escolheu e colher os frutos dessa escolha. Precisa ser sensata perante os fatos, menos emocional e mais racional.

– A verdade é que não sei como agir com ele, mestre Luís, não sei mesmo, estou perdida e muito confusa. Não sei o que fazer...– ela murmurou entristecida.

– Ele precisa de ajuda espiritual e psicológica, mas não aceita. Então, para que ele amadureça, precisará experimentar o dissabor de suas atitudes mesquinhas. Apesar da dor materna, sem medo, quando ele sair novamente da prisão, empurre-o para a vida. Permita que sofra as consequências de suas escolhas para que não dependa de você a vida inteira, afinal você não é eterna. Permita que ele lute para ganhar o seu pão de cada dia. Você pensou que dar tudo para ele até agora era a melhor coisa que tinha a fazer, assumindo suas falcatruas. Pelo contrário, enquanto passava a mão na cabeça dele, resolvendo suas encrencas, tirou dele a capacidade de ser responsável por seus atos e por sua própria vida.

– Não fiz com essa intenção...

– Eu sei. Acredito que a culpa por ter escolhido o Murilo como marido a consumiu e por causa disso compensou o seu filho a vida inteira, acobertando os seus erros e, de certa forma, sendo sua cúmplice. Pare de pagar as suas dívidas, deixe os credores irem até ele. Ele precisa aprender que quem não quer dívidas não as deve fazer. As pessoas têm de aprender a viver com o que ganham e não gastarem para os outros pagarem. Isso não é justo. Até quando ele vai lesar as pessoas impunemente?

– Isso é muito desgastante. Não faço outra coisa a não ser pagar as dívidas dele. Não estou aguentando mais! Estou cansada e sem forças – ela disse tensa.

– Ele deve aprender o valor real das coisas, o quanto custa ganhar dinheiro por meio de um trabalho honesto. Ore fervorosamente a Deus e a Jesus para que o iluminem e ele seja capaz de descobrir suas capacidades, a missão de sua vida, saindo do comodismo, do mau-caratismo ao qual se habituou. Acredite, ele é inteligente e a necessidade fará com que reveja as suas atitudes e encontre uma saída...

– Por mais que me doa, farei isso de hoje em diante – ela respondeu.

– Não tema. Deixe-o caminhar sob tempestades, para que descubra a sua força interior. Essa atitude pode parecer angustiante e dramática, mas ele terá a oportunidade de aprender com os próprios erros. Terá a oportunidade de perceber o quanto é forte para superar as adversidades da vida. Permita que ele, assim como o carvalho, árvore forte, aprofunde as suas raízes de forma a se tornar impossível uma tempestade derrubá-lo. Lembre-se da frase popular que diz: "Quem vence a si mesmo é um herói maior do que quem enfrenta mil batalhas contra muitos milhares de inimigos".

– Não será uma tarefa nada fácil; mas não tenho outra escolha, estou muito cansada das falcatruas dele. Acho que não há nada pior quando o filho que tanto amamos nos destrói com as suas atitudes impensadas – respondeu Valquíria com os olhos marejados.

– Filha, o amor tem várias facetas, o *não* é uma delas. Lembre-se da águia... Outro dia, uma amiga aqui do centro, a Margarete, que é psicanalista, contou-me que atendeu um pai que estava desesperado porque o seu filho estava preso. E perguntou se ela conhecia alguém influente para libertá-lo da prisão, pois o advogado não havia conseguido. Ela respondeu que se de fato ele amava o filho, deveria deixá-lo cumprir a pena na prisão por dois motivos: o primeiro era para que ele sentisse as consequências dos seus atos, e o segundo para que ele permanecesse vivo, pois, como ainda não havia se arrependido do que fez, se fosse libertado faria novamente e provavelmente seria morto. Assim, no caso dele a prisão era uma bênção.

– O que ele fez? – perguntou Valquíria curiosa.

– Ele roubava os bicheiros.

Após relembrar sua conversa com o mestre Luís, ainda chorando, Valquíria adormeceu.

Naquela madrugada fria, Ricardo caminhou pelas ruas atordoado e muito pensativo, mas preocupado apenas com a sua própria alma despedaçada, sem ter consciência do mal que havia feito à sua família em função do seu egoísmo. Perdido em pensamentos, com dó de si mesmo, murmurava:

– Oh! Meu Deus! O que será de mim? Quanta estupidez! Para onde vou? Como eles tiveram coragem de me expulsar? Como são maus e egoístas! Malditos! Imundos! Um dia ainda vão precisar de mim. Vou sair dessa, ora se vou! Eles me pagam!

Nenhuma palavra, nenhum sentimento era suficiente para expressar a indignação e a revolta de Ricardo com o seu avô e com a sua mãe. Um sentimento de profundo desamparo e revolta oprimia-lhe o espírito. Onde buscar abrigo? Algumas horas depois, caminhando pelas ruas, avistou uma boate e, sem hesitar, nela entrou. Um suor estranho percorreu todo o seu corpo. Por instantes pensou em como pagaria suas bebidas. Observou atentamente o ambiente. No fundo da boate, percebeu a presença de algumas mulheres sentadas em um canto isolado. Sem hesitar, sentou-se com elas e pôs-se a beber. Tomou um porre. Após o quinto copo de tequila começou a sentir-se aliviado, alegre, e os seus pensamentos lhes disseram: "Não se preocupe, encontrará abrigo. Você não precisa daqueles velhos imundos!". Suas ideias clarearam e seu ânimo voltou. Parecia estar a salvo. Não demorou e escolheu a sua vítima. Com voz baixa e suave, começou a elogiar a mulher que lhe pareceu ser a mais rica entre todas elas. Nesse momento, mergulhou fundo em seus olhos, utilizando toda a sua lábia para encantá-la, e teve a certeza de que naquela mesma noite teria onde se instalar. Ele tomou mais um gole e convidou-a para dançar, colocou suas mãos em seus quadris e a beijou. Ela retribuiu. Depois, mergulharam na multidão e saíram.

Enquanto caminhavam, acariciando seus cabelos, Ricardo murmurou em seu ouvido:

– Encontrei a minha amada... Qual o seu nome?

– Lucila... – ela respondeu sorrindo.

Lucila, embriagada, arrastou Ricardo até o seu apartamento, que herdara dos seus pais. Bêbados, caíram entre os lençóis da cama. O sono tomou conta dos dois.

No dia seguinte, permaneceram na cama por um longo período. Lucila observava Ricardo dormindo, os seus ombros largos, o seu rosto, os seus lábios... e sem perceber depositava todas as suas esperanças nele...

Ricardo não tinha noção da armadilha que o aguardava...

capítulo 6

AS INVESTIGAÇÕES CONTINUAM

"Uma paixão se torna perigosa a partir do momento em que deixas de poder governá-la e que dá em resultado um prejuízo qualquer para vós mesmos, ou para outrem."
Kardec

Era quase meia-noite, a chuva caía de mansinho, quando os investigadores chegaram à boate, entraram empurrando os seguranças e encostaram no bar para observar o ambiente.

– Que é isto? Quem são vocês? Como invadem a boate desse jeito? Estão loucos? – perguntou o garçom muito irritado quando viu aqueles dois sujeitos estranhos perto do bar, empurrando todos os clientes.

– Queremos falar com o Carlos, o dono dessa espelunca, e com a mulher dele. Fique calmo, somos investigadores da polícia civil, estamos investigando um assassinato – disse o investigador Olavo mostrando sua identificação.

– Vocês são muito folgados! Pensam que são donos do mundo! Isso é demais! Onde já se viu empurrar os nossos clientes desse jeito! Esperem um pouco que vou chamá-lo – disse o garçom contrariado.

– Pois então vá bem depressa, porque não temos tempo a perder! – disse o investigador Francisco com tom arrogante.

– Olá. Boa noite. Eu sou o Carlos. Quanta honra! Em que posso ajudá-los? – ele disse sorrindo em tom irônico.

– Somos da polícia e estamos investigando um assassinato. O senhor conhecia o Murilo?

– O quê? Não me diga! O Murilo foi assassinado? – perguntou Carlos com os olhos brilhando e um sorriso nos lábios.

– Sim, com um tiro na cabeça – respondeu secamente Francisco.

– Nossa, que notícia boa veio me trazer! – respondeu Carlos com tom de satisfação, como se tivessem lhe tirado um peso enorme dos ombros.

– Engraçadinho. Sabemos que você brigou com ele na noite do crime. Você matou o Murilo? – perguntou Francisco.

– Não! Mas nem por isso estou triste com a notícia. Ele era um lixo! Estava perseguindo minha mulher, fui pedir para ele parar de atormentá-la. Quando o deixei, ele ainda estava vivo – disse Carlos.

– Então quer me convencer de que não foi procurá-lo no meio da noite para se livrar dele? – disse Olavo.

– Não! De jeito nenhum! Não matei aquele traste! – gritou Carlos.

– Só para constar: onde estava ontem à noite, por volta da meia-noite? – questionou o investigador Francisco, calmamente.

– Estava jantando com minha mulher e alguns amigos. Falei com ele às sete horas e depois fui para casa. Quando saí, ele estava vivo, garanto!

– Mais uma coisa, o que foi isso na sua mão? – perguntou Olavo.

– Machuquei no bar, um copo quebrou... – ele disse.

– Hum, sei, sei... está parecendo que andou brigando pra valer – disse o investigador Olavo.

– De jeito nenhum, me machuquei com o copo quebrado, já falei! – respondeu Carlos.

– Quem não deve não teme! Vamos pegar suas digitais – argumentou Francisco.

– Não sou culpado, mas não vou fazer o que querem. Não confio em vocês. Podem armar para mim. Não vou dar minhas digitais para vocês, coisa nenhuma! Quer saber? Vou chamar meu advogado agora mesmo! E, de mais a mais, sou estrangeiro...

– Isso veremos na delegacia. Podemos enquadrá-lo. Vamos achar alguma coisa errada aqui nesta sua boate. Prendemos você e pegamos as suas digitais na entrada...– disse Olavo rindo.

– Eu não fiz nada! Está bem. Não precisam me prender. Respondo o que quiserem – declarou Carlos nervoso.

– Conhece alguém que desejava a morte de Murilo? – perguntou Olavo.

– A fila é muito grande. Bicheiros, agiotas, traficantes, maridos traídos. O cara sacaneou caras da pesada e devia dinheiro para muita gente – ele respondeu.

– Onde está sua mulher, queremos falar com ela – disse Francisco.

– Neste momento está em casa, voltará daqui a duas horas.

– Liga pra ela e diz para vir para cá imediatamente – disse Francisco.

– Eu, hein! Vocês se acham poderosos! Imagine se vou incomodar Lílian com isso! – disse Carlos.

– Se preferir, vamos até a sua casa, prendemos sua mulher como suspeita e você vai buscá-la na delegacia. Você é quem sabe... – disse Francisco com tom irônico.

– Está bem, não quero escândalo. Vou ligar para ela agora mesmo!

Não demorou quinze minutos e Lílian entrou na boate.

– Olá, somos investigadores e estamos investigando a morte do Murilo. Ontem fomos ao apartamento dele e ouvimos uma mensagem sua na secretária eletrônica, marcando um encontro às onze horas. Isso aconteceu durante a tarde do dia do crime – disse Olavo.

Carlos ao ouvir aquilo estremeceu e Lílian ficou atordoada.

– Vocês estão enganados, não deixei nenhuma mensagem para ele. Devem estar me confundindo com outra mulher.

– Não estamos confundindo nada. Seu nome não é Lílian? A mensagem era clara e você, com voz aflita, marcou um encontro com ele. Queremos saber a verdade. Não adianta mentir.

– Não me encontrei com ele, já disse – ela respondeu aflita.

– Está bem, então vamos prendê-la como suspeita e assim, quem sabe na delegacia, a sua memória melhore – disse Olavo.

– Não façam isso! Minha mulher não tem nada a ver com esse crime! Deixem-na ficar fora disso, em paz! – disse Carlos desesperado.

– Essa nós vamos ficar lhe devendo. Ela vai até a delegacia prestar depoimento! – disse Francisco, algemando Lílian.

Os investigadores colocaram a mulher no carro, Carlos a acompanhou e partiram.

Algum tempo depois, na delegacia, Lílian continuou negando que havia se encontrado com Murilo. No meio do depoimento, o chefe de polícia, Jorge, interrompeu a mulher e chamou os investigadores para uma reunião urgente.

– Ela está negando que esteve com ele, mas acabou de chegar uma fita do prédio onde ele morava e vejam quem entrou no elevador às vinte e duas e cinquenta do dia do crime – disse Jorge.

– Minha nossa! Ela é muito cara de pau, vejam, é ela mesma! Então faça o exame das digitais dela e quem sabe conseguimos colocá-la na cena do crime. Quem sabe a unha encontrada no corpo não pertence a ela – disse Francisco empolgado.

– Isso mesmo! Amanhã bem cedo relatem esses fatos a nossa promotora e veja do que mais ela precisa para acusá-la. A fita de vídeo a desmascarou. Não falem nada para ela, façam a sua ficha na delegacia, tirem as digitais e mandem comparar com as encontradas no corpo do Murilo. Se as digitais forem dela, prendam-na! – disse o chefe de polícia.

– Está certo – acatou Olavo.

No dia seguinte, antes do almoço, os investigadores pediram para o laboratório comparar as digitais de Lílian com as encontradas no corpo de Murilo.

Enquanto isso, na delegacia, ela ficou desconcertada e o tempo todo de cabeça baixa, com os olhos fixos no chão.

– Não adianta mentir, fale a verdade antes de sair o resultado do exame. Conte-nos o que aconteceu. Assim conseguiremos ajudá-la – disse Francisco.

– Está bem, vou contar o que aconteceu, mas, por favor, não falem nada para o meu marido. Eu estava completamente apaixonada por Murilo, nos encontramos algumas vezes, mas o meu marido descobriu e ficou descontrolado. Tivemos uma briga no dia anterior do crime e ele me disse que acabaria com a vida do Murilo se eu insistisse em vê-lo. Marquei o encontro para terminar com ele. Fui até o apartamento, disse para ele que não nos veríamos mais, pois era muito perigoso. Ele deu risada, disse que não tinha medo de morrer, tentou me agarrar, relutei e fui embora o mais rápido que pude. Quando saí ele estava bem, isso aconteceu por volta das onze horas da noite, não fiquei muito mais que dez minutos no apartamento. Pode conferir na fita o horário que saí, não estou mentindo dessa vez.

– Ela tem razão, Olavo, estou vendo a fita, ela saiu às vinte e três horas e quatorze minutos – disse Francisco.

– Pode ser que o seu marido a tenha seguido na surdina e, depois que você saiu, tenha ido até o apartamento, matado Murilo e jogado o corpo no beco – disse Francisco.

– Não sei se ele seria capaz de matá-lo... Uma coisa é ameaçar na hora da raiva, outra coisa é matar! – ela respondeu com ar muito assustado.

– Está bem. Vamos continuar as investigações. Por ora você está liberada, mas não saia da cidade – disse Olavo.

No dia seguinte, no final da tarde, os investigadores tiveram a resposta do exame. As digitais não eram de Lílian.

– Investigadores! Venham cá! – ordenou o chefe de polícia.

– O que foi agora? – quis saber Olavo.

– Voltamos à estaca zero, ela não esteve na cena do crime, as digitais não batem com as dela. Investiguem os outros suspeitos.

– Pode deixar, chefe, vamos agora mesmo atrás do marido dela, do amigo Gilberto e do agiota. Pode demorar, mas vamos desvendar esse crime – disse Olavo empolgado.

– Ah! Não se esqueçam de levantar os gastos e os lugares que ele frequentou nos últimos meses.

– Não será fácil, mas pode deixar! Vamos vasculhar a vida dele inteira! – afirmou Francisco.

Após o almoço, os investigadores se dirigiram para a casa do Gilberto. Estavam ansiosos. Ao chegarem próximo à casa do amigo do morto, levaram um tremendo susto. A rua estava repleta de policiais e curiosos aglomerados na calçada. Os investigadores se aproximaram e descobriram que os policiais e uma ambulância haviam sido chamados para socorrer Gilberto, que acabara de ser esfaqueado e entrara em coma.

– Não pode ser, isso é brincadeira! Mais uma tentativa de assassinato? – disse Olavo com ar intrigado.

– Lá se foi o nosso suspeito – disse Francisco com ar desanimado. – Acho que existe ligação entre esses crimes. Quem matou Murilo pode ter tentado matar Gilberto, pois talvez ele soubesse de algo.

– Sem provas, nada podemos fazer – disse Olavo. – Vamos chamar os peritos para investigarem a casa de Gilberto, quem sabe damos sorte e encontramos alguma coisa que nos ajude a desvendar tudo isso. Essa história está começando a me cansar.

Os dois investigadores conversaram com os policiais e em seguida entraram na casa de Gilberto para conversar com sua ex-esposa, que estava aos prantos.

– Boa tarde, a senhora é a esposa do Gilberto? Muito prazer, somos investigadores da polícia civil. Qual o seu nome?

– Me chamo Luiza e sou ex-esposa. O que desejam? – ela respondeu.

– Podemos falar com a senhora? – perguntou Olavo.

– Já disse tudo o que sabia para os policiais que estão lá fora. Não tenho mais nada a declarar! Preciso ir para o hospital. Não fui com a ambulância pois estou esperando meus filhos chegarem da escola e minha mãe, para ficar com eles – ela disse com a voz rouca, enxugando as lágrimas.

– Calma, não vamos importuná-la. Queremos apenas saber o que aconteceu. Estamos investigando a morte do Murilo, por isso viemos falar com o Gilberto. Quando chegamos e vimos o que aconteceu, também ficamos preocupados. Achamos que quem matou o Murilo tentou matar seu ex-marido.

– Está certo, direi o que sei brevemente, pois não tenho muito tempo – ela respondeu.

– A senhora notou mudança de comportamento de Gilberto nos últimos tempos?

– Sim, a verdade é que há alguns dias Gilberto andava muito nervoso e irritado. Parecia alguém com algo a esconder. Perguntei para ele várias vezes o que estava acontecendo, quando foi levar as crianças à minha casa, mas ele me disse que estava tudo bem, que eu estava vendo fantasmas onde não existiam. Percebi que ficava assustado quando o seu celular tocava. Ontem à noite, eu já estava deitada quando tocaram a campainha e eu fui atender. Era ele, muito nervoso, roxo de raiva. Perguntei o que havia acontecido e ele disse que havia discutido com um canalha. Hoje fui trabalhar normalmente e, quando voltei para deixar as crianças na casa dele, encontrei-o esfaqueado na cozinha. Imediatamente chamei a polícia e a ambulância.

– Falei com o policial e ele me disse que ele levou três facadas nas costas e que o caso dele é grave. – disse Francisco.

– Eu sei, as facadas perfuraram o pulmão. Eles vão tentar operar, mas me disseram que será uma cirurgia de risco. Agora, se vocês me dão licença, estou de saída para o hospital, vou ficar com ele.

– Claro! Nós vamos deixá-la no hospital – disse Olavo. – Vamos acompanhar o restabelecimento do Gilberto de perto. Na verdade, vamos fazer plantão para evitar, em caso de melhora, outro atentado contra a sua vida. Se ele sobreviver, pode ser que o assassino vá ao hospital para terminar o serviço.

– Muito obrigada!

Assim que as crianças e a mãe da ex-esposa de Gilberto chegaram, os três entraram no carro e partiram para o hospital.

Enquanto o investigador Olavo dirigia, o investigador Francisco rascunhava o relatório do ocorrido para abrir outro inquérito.

– Agora só nos resta o agiota – ele murmurou.

– Não, de jeito nenhum, nesse mato tem mais coelho, nós só precisamos tirá-los da cartola. Alguma coisa está escapando, mas fique calmo, só estamos começando. Enquanto você fica no hospital com a Luiza e a interroga, eu vou voltar à casa e acompanhar os peritos. Daqui a algumas horas eles chegarão. E vou conversar com os vizinhos, quem sabe alguém viu alguma coisa.

Olavo deixou os dois no hospital e retornou para a casa de Gilberto. Enquanto isso, Gilberto estava sendo operado e não havia previsão para o término da cirurgia.

Na sala de espera, o investigador Francisco conversava descontraidamente com Luiza, tentando tirar o máximo de informações.

– E o seu casamento, acabou há muito tempo? Conte-me sobre a vida de vocês – ele solicitou.

– Por que quer saber sobre a minha vida? – ela perguntou intrigada.

– Quero saber sobre a vida de Gilberto para colher informações e tentar descobrir alguma pista sobre quem tentou assassiná-lo. Estamos investigando a morte de Murilo e eles eram muito ligados. E, bem, você sabe, Murilo não era flor que se cheirasse, então Gilberto... –Francisco não concluiu a frase, Luiza o interrompeu:

– Hum, agora entendi o motivo da sua pergunta. Infelizmente o nosso casamento acabou há muito tempo. Gilberto sempre foi muito mulherengo, me traía com todo mundo. Passei vários vexames até que dei um basta. Ele era, e continua sendo, um homem viciado em sexo. Por muito tempo não compreendi suas traições, tentei de tudo para salvar meu casamento, fizemos terapia de casal, ele fez psicoterapia, tomou remédios, fez tratamento espiritual no centro que a Valquíria e o Paulo frequentam, mas de nada adiantou, o vício falou mais alto, por isso desisti de salvar meu casamento, apesar de amá-lo.

– Por que você está falando nas traições como sendo um vício? – perguntou Francisco com ar curioso.

– Gilberto era, e se escapar dessa vai continuar sendo, um homem viciado em paixão e sexo! – ela disse com ar triste.

– Como assim?

– Durante a terapia de casal, o psicólogo o encaminhou para um psiquiatra renomado – ela disse. – Depois de avaliar Gilberto, o psiquiatra me explicou que ele a vida inteira teve baixos níveis de serotonina, endorfina e de dopamina, o que lhe aumentava a tristeza, a infelicidade e a depressão. Por isso ele sempre foi viciado em paixão e sexo. A paixão e o sexo provocavam no seu organismo uma explosão química, irrigada por dopamina, endorfinas e outros componentes que compensavam a baixa produção desses hormônios no seu organismo, por um efeito nos neurotransmissores. Inconscientemente ele escolheu a paixão e o sexo como um caminho para compensar o seu problema. Entendeu?

– Mais ou menos... Nunca ouvi falar disso... – ele respondeu.

– Vou tentar explicar melhor... – ela disse pacientemente. – Sempre que Gilberto se sentia deprimido e infeliz, a paixão e o sexo faziam com que ele se sentisse melhor. Quando a explosão química acabava, ou seja, a nova relação perdia o encanto, o sabor da novidade, isso logo após dois ou três meses de relacionamento, ele imediatamente se sentia deprimido e infeliz e novamente buscava atender a sua necessidade de viver outra paixão avassaladora. O mecanismo cerebral era idêntico ao de se viciar em drogas ou em comida! Em uma linguagem bem simples, porque esse assunto é complexo e não sou especialista, o sexo e a paixão para Gilberto, sem que ele tivesse consciência, funcionavam como antidepressivos. Entendeu agora?

O investigador demorou para responder, estava pensativo, não acreditava em tudo o que estava ouvindo, para ele aquilo não passava de tolas teorias.

– O senhor entendeu? – ela perguntou novamente.

– Sim, acho que sim... – ele respondeu balançando a cabeça.

– O psiquiatra me disse que muitas pessoas na atualidade têm baixa produção de dopamina, endorfina e serotonina e não têm a menor noção disso. Passam a vida viciadas em paixão e em sexo ou em outras coisas. Enfim, estragam seus relacionamentos afetivos por pura ignorância! Passam a vida trocando de parceiros em busca do verdadeiro amor porque nenhum relacionamento as preenche. Chegam a culpar os seus parceiros pela sua sensação de infelicidade crônica, mas a culpa é do seu organismo, que não produz a quantidade suficiente desses neurotransmissores para que se sintam bem.

– Caramba! Que coisa mais estranha... – ele murmurou.

– Não tem nada de estranho; segundo o psiquiatra, a cada dia mais pessoas estão nascendo com esse problema e cada uma delas encontra um caminho diferente de compensação para a baixa produção desses hormônios e para se livrarem da tristeza ou da depressão.

– Como assim? Quais caminhos? – ele perguntou curioso.

– Algumas pessoas resgatam a sensação de prazer com a comida, outras com o álcool, outras ainda com as drogas ou com o sexo e a paixão, como Gilberto fez. Cada caso é um caso. O triste é que muitas vezes, quando suas vidas já estão destruídas, buscam ajuda de todo tipo e não descobrem que a causa de seus desatinos é um problema com seus hormônios. Isso é muito grave! – ela respondeu.

– Nossa! Será que é por isso que os vícios estão aumentando? – ele questionou.

– Com certeza! Os jovens que apresentam baixa produção de serotonina, endorfina e dopamina compensam a baixa produção do organismo com a comida, com a droga, com o sexo ou álcool e se sentem aliviados, mas ficam viciados. E o pior... Não conseguem se libertar desses vícios com facilidade, mesmo fazendo longos tratamentos.

– Faz tempo que descobriram sobre isso? – ele questionou curioso.

– Sim, há mais de vinte anos os cientistas afirmaram que os deprimidos apresentam baixos níveis de certos neurotransmissores, e a partir daí vivemos a era dos antidepressivos – ela respondeu. – O psiquiatra explicou que esses remédios chegaram aqui no Brasil no final da década de 1980. Esse psiquiatra viaja pelo mundo inteiro. Participa de vários congressos, por isso está sempre atualizado. É óbvio que as causas das depressões são muitas, inclusive o estresse, essa é apenas uma delas, por isso é preciso avaliar...

– Que descoberta interessante... – ele disse. – E como saber se o nível de produção dessas substâncias químicas, os neurotransmissores, está normal? – ele questionou intrigado.

– Os exames ainda são muito caros, mas ele recomendou ficar atento e encaminhar para um psiquiatra quando alguém da família apresentar compulsão por sexo ou estiver entrando no mundo dos vícios, principalmente se estiverem envolvidos com as drogas. O tratamento adequado na hora certa pode evitar muitas tragédias – ela respondeu.

– Minha nossa! Vou procurar saber mais sobre esse assunto – ele disse aflito.

– Meu caro detetive, a discussão sobre dependência sexual dura há mais de um século; antigamente era chamado de ninfomania o excesso sexual das mulheres, nunca ouviu falar?

– Sim, é verdade! – ele respondeu.

– Tratavam ainda desse tema como sendo um dos sete pecados capitais: a luxúria!

– É mesmo! Sempre ouvi esse termo associado aos comportamentos desregrados com relação aos prazeres sexuais tanto dos homens como das mulheres.

– Luxúria é também a nossa necessidade de fortes emoções, de adrenalina. Pois todos nós, no fundo, desejamos ser notados. Trata-se ainda de uma necessidade de controlar e manipular os outros... – disse Valquíria que acabara de chegar à sala de espera do hospital, intrometendo-se na conversa dos dois.

– Oi, amiga, sente-se aqui, fique à vontade – disse Luiza para Valquíria, feliz com a sua chegada.

– Estava em casa e quando fui à padaria disseram-me que Gilberto foi esfaqueado, é verdade? – ela questionou com ar indignado e penalizado.

– Sim, uma tragédia, e já faz um tempinho que o levaram para a sala de cirurgia. Estamos aguardando, mas pelo jeito vai demorar – Luiza respondeu com ar preocupado.

– Nossa! Que horror! Quem será que fez isso com ele? – Valquíria questionou.

– Não sei, os investigadores estão tentando descobrir. Estava relatando a minha vida e os problemas que tive com Gilberto para o investigador Francisco ter condições de juntar as peças e, quem sabe, descobrir quem tentou matá-lo. Desconfio que possa ter sido o marido de uma das suas amantes...

– É, pode ser... O Gilberto se envolvia com mulheres casadas e não adiantava alertá-lo... Não quero atrapalhar vocês, podem continuar a conversar. Vou ficar aqui com você até ele sair da cirurgia – ela disse em tom de compaixão.

– Obrigada pelo apoio – disse Luiza emocionada, levantando da cadeira e indo abraçar a amiga.

– Fiquem à vontade que vou ler essas revistas – ela disse após o caloroso abraço, sentando-se em um sofá mais distante dos dois.

– Me diga uma coisa, o Gilberto melhorou com o tratamento? – questionou o investigador para Luiza cheio de curiosidade.

– Não. Ele tomou o remédio que o psiquiatra receitou, fez os exercícios físicos, teve uma dieta alimentar apropriada, mas não se libertou do vício. Ele sossegou por alguns meses, mas depois voltou a sentir necessidade de viver paixões. Acredito que ele me traiu com todas as mulheres desse país! E saiba que tem muito marido traído por aí irritado com ele...

– Com certeza! Vou investigar todos os maridos, noivos ou namorados das amantes dele... – ele respondeu.

– E elas também! – ela disse.

– Claro! Claro! Todas elas! – ele respondeu.

– A verdade é que meu marido passou por essa tragédia porque sempre foi um viciado em paixão e sexo. Para mim, algum marido se vingou dele!

– Pode ser, mas pode ter sido alguém ligado ao Murilo....

– Não me conformo! Por suas paixões desregradas estragou a nossa vida. E a vida de muitas mulheres que se apaixonaram por ele. Passou grande parte da sua vida na noite se achando um garanhão, pois fazia muito sucesso com as mulheres.

– E a rotina diária dele como era, no que ele trabalhava? – questionou.

– Ele não trabalhava, vivia dos serviços arrumados pelo Murilo. Ele não fazia outra coisa a não ser buscar parceiras sexuais. Foi pego fazendo sexo no escritório, por isso perdeu o emprego sendo mandado embora por justa causa. Foi pego fazendo sexo em uma loja, chegou a ir preso. Uma vez, ele chegou a ficar trancado em um quarto com uma prostituta mais de uma semana...

– Por que o tratamento não funcionou com ele?

– Ele não conseguiu vencer o seu problema porque de um lado se comprazia no seu vício e de outro não cuidou das obsessões espirituais! Se de fato valorizasse a família e o trabalho honesto, teria se esforçado em superá-lo. É certo que, segundo o psiquiatra, a questão da baixa serotonina, endorfina e dopamina gerou o problema desde sua adolescência; mas os medicamentos, a alimentação e os exercícios equilibraram a produção dos neurotransmissores. Na verdade, o que faltou no Gilberto foi determinação, vontade e uma formação espiritual para que também fizesse um tratamento espiritual para se libertar dos processos obsessivos. Por tudo isso a cura foi impossível – respondeu a ex-esposa de Gilberto.

– Como assim, tratamento espiritual?

– Eu frequento o centro espírita com a Valquíria. Por muito tempo tentei ajudar Gilberto com passes, mesmo à distância, pois ele era um cético e não aceitava a espiritualidade. Nos cursos e nas palestras de que participei aprendi que, além dos problemas químicos com os neurotransmissores, Gilberto também apresentava problemas espirituais, sofrendo sérias obsessões sexuais. O problema químico ao longo dos anos gerou o problema espiritual, pois, sem saber que era viciado em sexo, se comprazia nele de forma desregrada, baixando a sua vibração, e assim atraiu espíritos obsessores com a mesma vibração.

– Sim, é verdade – disse Valquíria para o investigador. – Ele estava entrelaçado vibratoriamente com entidades desencarnadas terríveis, adeptas da luxúria, em terrível simbiose espiritual. E essas entidades sugavam-lhe todas as energias, vampirizando-o, sugando a energia vital do seu campo de força e também a energia do êxtase sexual. Por descuido, ele se tornou um hospedeiro dessas entidades das trevas. Era escravo das próprias emoções inferiores, por isso os remédios não foram suficientes... Ele não acreditou nas explicações do nosso mentor Luís, do centro espírita, que nos seus cursos deixou claro que a maior parte dos desvios comportamentais humanos ainda é fruto de forças obsessoras. Não frequentou as sessões de cura, não cuidou das obsessões...

– Puxa vida! Isso parece um absurdo! Espíritos que sugam as nossas energias! Que loucura... – disse o investigador com ar de indignado.

– Acredito que existem neste mundo terreno milhões de pessoas como Gilberto, que são viciadas em sexo e paixão em função de problemas com seus neurotransmissores e acabam ficando entrelaçadas a graves obsessões. Mas com o devido tratamento químico aliado ao espiritual superariam os desvarios de uma dependência sexual nefasta – disse Luiza.

– Gilberto nunca ouviu ninguém. Nunca acreditou que os espíritos obsessores influenciam os nossos pensamentos muito mais do que imagina a nossa vã filosofia. Influem a tal ponto que perdemos a noção dos nossos verdadeiros desejos. Por isso as obsessões precisam ser identificadas e tratadas. A medicação ajuda, mas não faz milagre. A pessoa tem que ter consciência de que sua compulsão é uma doença física e espiritual e querer se curar, se esforçando para mudar os seus hábitos, reeducando a própria mente e não sendo negligente com a própria espiritualidade, fazendo sérios tratamentos desobsessivos em instituições sérias – completou Valquíria.

– Nunca imaginei uma coisa dessas, sou de família católica – respondeu o investigador abismado.

– Os processos obsessivos são terríveis, mas todo ser humano possui força interior para não permitir que seja dominado por forças externas. Nesse sentido, os valores éticos são muito importantes. O ser humano que respeita a sua família protege-se desse tipo de obsessão. Assim, a postura desvairada do homem é que é o seu pior inimigo. Semelhante atrai semelhante – disse Luiza tentando tranquilizar o investigador, que estava muito agitado.

– Não é por nada não, mas gosto muito de sexo e muita gente gosta. O que é normal e o que não é? – questionou o investigador.

– O psiquiatra me disse que é muito difícil distinguir o que é normal do que não é. Apenas por meio dos graves problemas que a pessoa experimenta em função dos vícios ou de uma vida sexual exagerada é possível fazer um diagnóstico. Uma pessoa que perde o emprego ou abandona os estudos, abandona a família e não faz outra coisa a não ser se preocupar vinte e quatro horas com sexo, que foi o que Gilberto fez, um alcoólatra ou um viciado em drogas que também perde tudo podem ter um sério problema com os hormônios a ser resolvido. É preciso verificar as causas dos vícios...

– Muito bom saber disso. O meu filho está enveredando por esse caminho, a cada dia aparece com uma garota nova, só pensa em transar. Eu, na minha ignorância, estava orgulhoso de ter um filho garanhão, mas agora que você me alertou, vou levá-lo a um médico psiquiatra e pedir uma avaliação urgente e, dependendo do diagnóstico, vou cuidar da parte espiritual dele também. Ele abandonou os estudos e não para em emprego algum. Só pensa em sexo. Pensei que fosse normal pela idade... – contou o investigador.

– É bom ver mesmo, se ele tiver baixa produção de serotonina, endorfina e dopamina, com certeza tem depressão, e o sexo o alivia. Nesse sentido, os medicamentos e o tratamento vão equilibrar suas emoções, seus desejos e sentimentos e assim poupará muito sofrimento. Ele vai se acalmar e, como ainda é jovem, terá condições de nutrir hábitos saudáveis quanto ao sexo, evitando os desvarios das obsessões sexuais, não atraindo espíritos obsessores, construindo relações duradouras e uma vida mais equilibrada – disse Luiza.

– Fico muito triste em testemunhar os processos obsessivos graves de pessoas que têm uma vida sexual desregrada e não sabem que são viciadas em sexo por um problema físico que desencadeou a obsessão espiritual. No centro atendo diversas dessas pessoas. Chegam totalmente desesperadas e tristes, pois muitas vezes os seus relacionamentos afetivos e profissionais são um verdadeiro desastre. Quando retornam do psiquiatra após avaliação, tratam-se e descobrem que a sua fúria sexual era provocada pela baixa produção dos neurotransmissores. Em pouco tempo, com a medicação e o tratamento espiritual adequado, voltam ao normal – disse Valquíria com ar entristecido.

– É... muitos dos viciados em sexo exageram, não se cuidam e contraem doenças sexuais terríveis! – disse Luiza.

– Nossa! Muito bom saber de tudo isso. Vou me cuidar e cuidar melhor do meu filho. Só tenho a agradecer por esse nosso bate-papo. Aliás, investigando as causas do atentado contra a vida de Gilberto, acabei descobrindo as causas do desequilíbrio do meu filho.

– Atualizar-se é muito importante. Ler sobre as novas descobertas na área da Psicologia, da Psiquiatria e da Medicina nos ajuda muito a compreender os desatinos da alma humana... – respondeu Luiza.

– Você conhece as amantes de Gilberto? – o investigador perguntou para Luiza, mudando radicalmente de assunto.

– Não todas, apenas umas três... – ela respondeu.

– Então, me dê os nomes delas e me diga onde posso encontrá-las...

Nesse momento os três foram interrompidos pelo médico, que veio dar notícias sobre o estado de saúde de Gilberto.

– Fique tranquila, dona Luiza, foi uma cirurgia muito delicada, mas correu tudo bem. Para termos certeza de que ele vai resistir precisamos aguardar a sua recuperação na UTI nas próximas quarenta e oito horas.

Alguns dias se passaram e os investigadores receberam a notícia de que Gilberto havia tido uma hemorragia interna e não resistiu, vindo a falecer.

Os investigadores localizaram e interrogaram algumas amantes de Gilberto, seus respectivos namorados e maridos, mas não encontraram nenhuma evidência que os ligasse ao crime.

Por falta de provas, o inquérito do assassinato de Gilberto em breve seria arquivado. Por mais que os investigadores se esforçassem não conseguiam desvendar o caso. Sem Gilberto, não localizavam o agiota, o que comprometeu também as investigações do assassinato de Murilo. Será que quem matou Gilberto também havia matado Murilo? Essa pergunta não saía da mente dos investigadores.

Acho que não preciso detalhar como ocorreu o desencarne do nosso amigo Gilberto pelas escolhas que fez... Mas, acreditem, ele também se assustou ao se deparar com uma realidade terrível do outro lado da vida. Foi capturado pelas forças das trevas e se tornou escravo delas em um domínio bem distante do qual se encontrava Murilo.

capítulo 7

JORNADA REDENTORA

"A coragem do amor cria a bênção do perdão!"
Autor desconhecido

Alguns dias haviam se passado desde que Isabel conversara com dona Eulália e decidira ir resgatar o seu filho no umbral. Naquela manhã, Isabel perambulava de um lado para o outro por todo o pronto-socorro, tentando criar coragem para ir falar pessoalmente com o conselheiro Clemente em seu gabinete. Seus olhos estavam brilhando, seu coração palpitando e sua respiração ofegante. Começou a suar. Sentia angústia e nervosismo, mas estava concentrada em um único objetivo: o de salvar o seu amado filho. Jamais passara por uma situação daquela, a de ter que pedir autorização para fazer o que o seu coração de mãe lhe ordenava. Para ela, só havia um caminho: o de seguir o seu coração. Mas ela sentia um certo desconforto; no fundo, temia aquela conversa. Isabel sentiu tremer o corpo e um forte calor envolver todo o seu ser quando o seu nome fora anunciado para entrar no gabinete do conselheiro.

– De jeito nenhum! Jamais vou permitir uma coisa dessas! A senhora ainda não tem condições de ir até o umbral buscar o seu filho! Por ora, vamos orar. No momento em que o coração bruto do seu filho reconhecer a misericórdia divina e se arrepender dos seus atos, pedindo perdão a Deus, ele será socorrido pela equipe de resgate, espíritos abnegados preparados para essa dura tarefa! Dona Isabel, a senhora ainda não está preparada para suportar a vibração negativa daquele lugar tenebroso. – disse o conselheiro Clemente com tom muito preocupado.

– Senhor Clemente, preciso ir buscar o meu filho! – disse Isabel apreensiva e com os olhos umedecidos. – Preciso resgatá-lo! Tenho certeza de que ao ir ao seu encontro terei o seu perdão e o seu coração se voltará para Deus. Por favor, deixe-me tentar!

– Minha irmã, compreendo o seu desespero, mas saiba que isso é uma verdadeira loucura! Aceite os desígnios de Deus e deixe o seu filho por livre e espontânea vontade dissipar o mal que reside em sua alma –.

Ao ouvir as palavras do conselheiro, Isabel sentiu seu corpo inteiro ferver, respirou fundo, balançou a cabeça inconformada, não aceitando as orientações recebidas.

– Não posso desistir dele. Eu sou culpada por ele estar onde está – ela afirmou abaixando os olhos. – Falhei nos meus compromissos de mãe, fui negligente, abandonei meu filho quando ele mais precisava de mim. Não durmo há dias, pois ouço os seus gemidos. Ele está sofrendo muito. Preciso ampará-lo! Ajude-me, por favor, conceda-me um guia da equipe de resgate para me acompanhar nessa jornada!

– Isabel, eu não posso concordar com isso. Você corre o risco de sucumbir. Está em tratamento há muito tempo e ainda carrega essa culpa imensa. Minha amiga, nos vales das zonas umbralinas, essa culpa será uma porta aberta para se destruir e regredir. Compreenda o que estou lhe dizendo, é para o seu bem. Durante a sua descida aos vales tenebrosos, aos poucos, sem perceber, o seu mundo interno será invadido com imagens, pensamentos, sentimentos, desejos e impulsos terríveis.

Todos os conteúdos emocionais reprimidos, ainda mal resolvidos, os dramas das suas encarnações passadas emergirão de uma única vez na sua consciência.

– Preciso fazer alguma coisa por ele imediatamente, não posso esperar mais!

– Isabel, você poderá ter um colapso e perder totalmente o equilíbrio. Reativará conflitos e complexos. Sua mente poderá se danificar em função das lembranças penosas! Você não vai suportar. Suas dores serão ainda mais profundas, sua alma dilacerará, viverá grande tormenta, cairá na loucura e não terei como ajudá-la. Será atacada pelas sombras enfurecidas, será escrava de espíritos cruéis, mergulhará no abismo. Para o seu bem, por ora, esqueça essa imensa insensatez – disse o conselheiro com ar muito preocupado.

– Senhor Clemente, não consigo explicar, mas no fundo do meu coração eu sei que posso conseguir salvar o meu filho. Tenho certeza de que o amor do meu coração de mãe guiará os meus passos, que Deus iluminará os meus caminhos. Conceda-me um guia! – ela suplicou.

– Não posso fazer isso! Sinto muito, mas não tenho autorização dos meus superiores para concordar com esse resgate. Seu filho ainda não está pronto. Lembre-se das palavras de Kardec: " Sede paciente; a paciência também é uma caridade e deveis praticar a lei da caridade ensinada pelo Cristo, enviado de Deus" – respondeu com ar penalizado.

– Eu respeito muito as palavras dele, mas o meu filho está precisando de mim! O lugar em que está confinado é hediondo. Sonho com ele e vejo o martírio, a tortura física que está experimentando. Muitos no plano terreno me considerariam uma louca, se eu descrevesse em detalhes o vale sombrio em que Murilo está, sob a tutela da escória espiritual, pois muitos negam o que desconhecem.

– Eu sei pelo que ele está passando, Isabel, mas não se esqueça de que ele não agiu diferente com os seus semelhantes no plano terreno. Quantas mulheres ele espancou, acreditando que não seria punido? Infelizmente, por estar distante dos ditames de Jesus, hoje ele colhe o que inadvertidamente plantou. Ainda assim, apesar de todo esse padecimento físico e moral a que está submetido, como fruto dos seus atos, não posso autorizá-la a resgatá-lo. Já lhe disse, ele precisa querer sair de onde está, lembrando-se de Deus, implorando por sua misericórdia.

– Não compreendo sua resistência em me deixar socorrê-lo, mas não posso desacatá-lo – ela respondeu com ar desolado e tristonho.

– Minha irmã, eu temo por seu equilíbrio. Não se esqueça de que "nas pequenas como nas grandes coisas, o homem é sempre punido naquilo em que pecou. Os sofrimentos consequentes são então uma advertência de que ele andou mal. Dão-lhe as experiências e o fazem sentir a diferença entre o bem e o mal, bem como a necessidade de se melhorar, para evitar no futuro o que já foi para ele uma causa de mágoas. Sem isso, ele não teria nenhum motivo para se emendar e, confiante na impunidade, retardaria o seu adiantamento e, portanto, a sua felicidade futura". (*O Evangelho Segundo o Espiritismo*, cap. V, Item 5).

– Eu sei, mas a culpa é minha... Eu o abandonei...

– Isabel, eu lamento muito, mas não tenho como ajudá-la neste momento...

– Conselheiro... Preciso resgatá-lo para em seguida ajudar os meus netos e evitar uma saga dramática. Assim que o encontrar, voltarei para cá e terminarei todos os cursos e farei parte da equipe de resgate. Pretendo resgatar os jovens viciados, os abortados e os abandonados no umbral também. Esse será meu trabalho, a forma que escolhi para reparar os meus erros, as minhas negligências para com a Lei Divina. Sem isso não terei equilíbrio e paz.

O conselheiro Clemente sorriu e assentiu com a cabeça, aprovando as suas palavras.

– Conselheiro, pense bem, me ajude... – ela implorou.

– Minha irmã, já lhe disse, por ora eu não posso concordar com essa loucura, é para o seu bem, acredite! – ele respondeu em tom terno.

Isabel, perplexa e desconcertada com a decisão do conselheiro, deu por encerrada a reunião, retirou-se do gabinete dele, prostrou-se nos seus aposentos e rebentou em lágrimas.

Aquela conversa foi como um pesadelo. Argumentar com ele foi muito desgastante. Não conseguiu convencê-lo da importância da sua partida naquele momento, sua decepção e frustração eram imensas. Já era madrugada quando conseguiu controlar as suas emoções e entre lágrimas adormeceu.

No dia seguinte, ela acordou mais calma. Recompôs-se e aflita começou a buscar saídas para o seu intento. Encheu-se de coragem e procurou o seu amigo José Roberto, que fazia parte da equipe de resgate, colocando-o a par da decisão do conselheiro Clemente e implorando para que ele lhe desenhasse o caminho até as zonas umbralinas.

— Isabel, aqui no mundo espiritual não é possível desenhar um endereço para se chegar até as zonas umbralinas; isso funciona apenas no plano terreno — ele disse com ar assustado com o pedido dela. — O que nos permite ir até os arredores dos vales umbralinos socorrer os espíritos é a nossa mente e a nossa vibração. No nosso caso é a vibração de compaixão que nos permite ir socorrê-los, com uma postura imparcial focada no dever a ser cumprido. Lamento, mas você ainda não tem a vibração necessária para socorrer o seu filho nas baixas dimensões; você está repleta de culpa, o conselheiro tem razão.

— Como assim mudar a minha vibração? — ela questionou.

— A vibração é o que o seu espírito irradia e atrai, é o resultado dos seus pensamentos, sentimentos e ações. Se sente alegria, vibra alegria e atrai alegria; se sente tristeza, vibra tristeza e atrai tristeza. Nos vales umbralinos, os espíritos dementados pelos seus sofrimentos sentem raiva, tristeza, dor e ódio, e portanto vibram raiva, tristeza, dor, ódio, rancor, luxúria, inveja e assim por diante. Entendeu agora? Para descer a esses vales, precisará baixar a sua vibração, mantendo total controle sobre si, sendo imparcial. E isso não é fácil, apenas com muitos anos de estudo e prática isso é possível. E outra coisa: como vai saber onde está o seu filho? Existem centenas de vales nas zonas umbralinas de acordo com as faltas cometidas. Existe o vale dos suicidas, o vale dos assassinos, existem os vales dominados por espíritos muito cruéis, palco da perversidade, do que há de mais monstruoso na alma humana. Rapidamente será sequestrada e escravizada, e vão sugar-lhe todas as energias!

– Meu Deus! Não acredito nisso! Tem que ter uma solução, preciso salvar meu filho! Como posso conseguir ir até lá com segurança? – ela questionou desesperada.

– Aconselho-a a se acalmar, a ouvir as sábias orientações do conselheiro Clemente e orar fervorosamente para o seu filho pedir sinceramente perdão e auxílio. Enquanto isso, creio que você também precisa se aplicar mais, frequentar os cursos próprios para o resgate aqui na colônia, ler, estudar, enfim, se preparar adequadamente para começar a fazer parte da equipe. Se de fato é isso o que deseja, prepare-se melhor! Precisa aprender a volitar, a usar as armas de defesa! – disse o José Roberto.

– Não me resta alternativa a não ser pensar sobre tudo isso que está me dizendo. Muito obrigada. Amanhã mesmo retomo os cursos. E quando terminar irei ao umbral salvar meu filho – falou Isabel desconsolada.

– Assim é que se fala! Aguardarei você amanhã para as aulas e em pouco tempo estará apta a nos acompanhar – ele respondeu alegre com a decisão dela.

Passaram-se alguns meses e Isabel terminou os níveis I e II do curso de preparação para o resgate. Assim que foi encaminhada para o nível III, voltou a pedir a autorização do conselheiro Clemente para ir resgatar o seu filho. Novamente ele negou e José Roberto o apoiou na decisão, acreditando que ela precisava terminar os outros níveis antes de enfrentar tamanho desafio.

Inconformada e ignorando todas as recomendações do conselheiro Clemente e de José Roberto, Isabel retornou para os seus aposentos. Sem hesitar, juntou os seus poucos pertences e na calada da noite partiu da colônia rumo às zonas umbralinas em busca do seu filho, mesmo sem ter todos os meios necessários para ter sucesso na sua empreitada. Sem poderes extraordinários, sem saber volitar e manejar qualquer tipo de arma, apenas com algumas técnicas e o seu coração transbordando amor, partiu sem se despedir de ninguém. Estava consciente do imenso desafio a enfrentar, teria que colocar em prática o pouco que aprendera no pronto-socorro espiritual. Agora era o momento de testar o seu autocontrole, a sua capacidade de administrar as suas emoções, a sua vibração, diante do inesperado, das experiências dolorosas e desumanas das zonas inferiores. Ingenuamente acreditava que para sobreviver e sair vitoriosa no cumprimento do seu intento teria apenas que enxergar a vida espiritual com esperança, ter profunda convicção na missão proposta, controlando os seus impulsos, tendo compaixão para com os seus irmãos sofredores, enfrentando as piores adversidades, os perigos comuns e ao mesmo tempo terríveis ao ambiente das zonas umbralinas, com muita paciência, compaixão, fé e amor em seu coração. Ela não conseguia imaginar que viveria situações dramáticas e intensas. Não tinha noção que acabara de se transformar na pior carrasca da própria alma.

Assim, sem medir consequências, encheu-se de coragem e mergulhou nas estradas do desconhecido para realizar o seu sonho. Após vários dias caminhando, já muito distante dos arredores do pronto-socorro, o caminho, a cada passo, tornava-se mais difícil e tenebroso. A paisagem alterava-se gradativamente, a luz desaparecia, a vegetação se alternava, ora surgiam a sua frente montanhas, planícies, grandes áreas desertas, ora espaços pantanosos, lagos lodosos, ruas estreitas com cavernas profundas dos dois lados. Começava a tatear por vales escuros. Não sabia ao certo o quanto teria que caminhar para se aproximar dos vales umbralinos habitados e começava a perder a noção do tempo, já não sabia se era dia ou se era noite. Sua alma estava cheia de esperança de conseguir encontrar o seu filho, resgatá-lo do umbral e de ser capaz de auxiliá-lo no processo de transformação da sua alma, da sua personalidade e do seu caráter. Com seu amor, desejava apoiá-lo na superação dos seus traumas, despertando em seu coração o arrependimento e desejo verdadeiro de reparar os erros cometidos.

A paisagem cada vez mais assombrosa, o ar gélido, a escuridão, por alguns instantes quase a fizeram desistir, mas a busca do filho foi mais forte. E mesmo trôpega buscou forças no fundo do seu ser, orou fervorosamente e continuou sua caminhada.

– Conselheiro Clemente, Isabel desapareceu, procurei-a pelo pronto-socorro inteiro e ninguém a viu. Ela se foi... – disse dona Eulália estridente, entrando na sala do conselheiro.

– É, minha irmã, acredito que apesar dos avisos ela decidiu ir em busca do seu filho. Agora, não nos resta outra alternativa a não ser orar com todas as nossas forças para que Deus e Jesus tenham compaixão da sua alma insana e a protejam nessa louca jornada.

– Não podemos ajudá-la de alguma forma? – questionou Eulália muito aflita.

– Infelizmente não. Ela saiu sem autorização dos nossos superiores! Mas pelos serviços prestados às crianças desde que aqui chegou e imensos perigos que ela enfrentará, falarei com nossos superiores agora mesmo, vou expor a situação e solicitar permissão para ajudá-la! – disse o conselheiro com profunda inquietude na alma.

– Conselheiro, fui eu quem disse a ela que em vez de se sentir culpada pelo destino do seu filho, deveria orar e pedir para fazer parte da equipe de resgate – declarou Eulália com ar triste.

– Tenho certeza de que a sua intenção foi das melhores. De fato se desejasse, em breve, após concluir seus estudos e treinamentos, ela faria parte da equipe de resgate. Ela se precipitou, faltou-lhe a virtude da paciência – disse o conselheiro com ar preocupado.

– Vamos confiar na Providência Divina. Tudo dará certo, tenho certeza! Por ora, vamos lhe enviar as bênçãos santificadoras das nossas preces! – disse Eulália.

– Vamos ver o que eu consigo. Enquanto isso, vamos orar por ela, minha irmã! – ele disse retirando-se rumo à sala dos seus superiores.

Dona Eulália retornou aos seus afazeres enquanto aguardava a resposta do conselheiro.

Assim que José Roberto soube do desaparecimento de Isabel, procurou o conselheiro e solicitou autorização para reunir alguns mensageiros de resgate para acompanhar Isabel à distância. Em caso de algum perigo iminente eles interviriam. O conselheiro sorriu com a solicitação dele, pois acabara de conseguir autorização com os seus superiores para protegê-la somente até o vale dos suicidas. Nos vales mais profundos, eles não tinham autorização para entrar. Assim, José Roberto e os mensageiros partiram em auxílio a Isabel.

Enquanto isso, Isabel continuava sua caminhada e começava a sentir cansaço e uma tristeza que a consumia, uma dor avassaladora batia em seu peito e quase não tinha forças para andar. Tentou esconder a dor de si mesma para continuar motivada a salvar o seu filho. Quanto mais distante do Pronto-Socorro Esperança, mais terrificante ficava o ambiente e os seus pensamentos. Sombras negras começavam a rodeá-la e, sem que ela percebesse, começavam a absorver as vibrações negativas e a entrar em um labirinto sem fim. Seus pensamentos começaram a ficar nefastos, sua vibração caía a cada passo. O medo começou a invadir o seu coração, pois, se até ali era tão assustador, imaginava o que estava por vir. Apelou para Deus e Jesus, sustentando-se em frágeis esperanças de que surgisse alguém para acompanhá-la. Nem de longe ela imaginava que José Roberto e os mensageiros já a haviam alcançado e à distância a protegiam. A boca seca e amarga, o corpo transpirando abundantemente, as mãos trêmulas, nada disso era suficiente para que ela desistisse.

Em dado momento da sua caminhada, ao se aproximar da região das cavernas, começou a ter visões macabras. A autossugestão maléfica iniciava o seu trabalho, provocando o encontro com as tristes lembranças de várias vidas. Isabel começava a se contaminar, a ficar confusa, a não distinguir o real do imaginário. Visões acusadoras do abandono do filho reapareciam, e a angústia, o remorso e a vergonha infundiam dor em sua alma. De repente ela começou a sentir raiva da vida. Ficou atordoada. Sabia que enfrentaria uma situação que poucos poderiam suportar, havia sido avisada, mas a obrigação e o amor materno falaram mais alto; e passo a passo se recompôs e com muita firmeza reagiu às influências negativas, canalizando a raiva para o seu intento. Sem medo entrou na região das sombras. Agora, o ambiente sujo, o cheiro de fezes misturado ao fedor de carne apodrecida causou-lhe náuseas. Gritos, pedidos de socorro, choros, ranger de dentes e imprecações mostravam-lhe o grande sofrimento dos transgressores das leis divinas naquele lugar horrível. Não existem palavras capazes de descrever o que ela começou a ver e ouvir naquele lugar hediondo.

    Lastimou por seu filho, que certamente estaria em uma situação desesperadora. Como salvá-lo? Uma certeza então tomou conta de sua consciência. Os méritos alcançados em sua obra humanitária lhe dariam a força interior e ajuda dos mentores divinos. Orou fervorosamente. Sem mais titubear, adentrou, cheia de fé e amor e com a certeza de encontrar e resgatar seu filho amado, nas cavernas habitadas das zonas umbralinas, não considerando os perigos que haveria de enfrentar.

    Entretida na busca por Murilo, não percebeu a aproximação de um grupo de espíritos perversos que a cercaram.

    – Olha aí, mano, tem carne nova na área. Vamos sugar toda a energia dessa otária! – disse um deles.

    – Bem na hora. Estou faminto! Mas quero me divertir com ela primeiro! – gritou outro com os olhos vermelhos de raiva.

    Isabel ficou apavorada, tentou correr deles, mas eles se aproximaram rapidamente e a arrastaram pelos cabelos para um local isolado dentro de uma das cavernas. Três deles seguraram-na por trás para os outros começarem a se divertir. Ela reagiu bravamente com todas as suas forças, seus gritos ecoaram por todo o umbral, mas foi em vão, ninguém apareceu para socorrê-la. Foi jogada no chão, espancada com socos e chutes até não ter forças para reagir. Depois, arrancaram a sua roupa e a amordaçaram. A gangue se divertiu a valer sem nenhum pudor e, depois de todos estarem satisfeitos, o líder, com golpes rápidos e precisos, a esfaqueou. Ela ficou jogada no chão desmaiada e os perversos desapareceram entre a multidão de espíritos. Não demorou muito e Isabel foi localizada e socorrida por José Roberto e pelos mensageiros que a seguiam de longe. Todos eles ficaram condoídos com a sua situação. Por vários dias ela recebeu tratamento com passes magnéticos para fortalecer o seu perispírito e curar suas feridas.

Alguns dias depois ela acordou. Sentiu arder suas partes íntimas e alguns órgãos. Viu sua roupa jogada no chão e se deu conta do ocorrido. Sentiu-se humilhada. Chorou por horas. Depois respirou fundo, levantou-se e procurou um lugar para se esconder. Com a violência sofrida, ela passou a sentir um medo absurdo de sair em busca do seu filho. Por algum tempo ela ficou amuada, sem reação alguma, totalmente inerte.

– Nessas bandas, só tem um jeito de conseguir se livrar das gangues violentas – disse um transeunte que a viu encolhida no canto da caverna.

– Qual? – ela questionou baixinho, levantando a cabeça e se encolhendo com medo, toda trêmula.

– Perdendo a inocência... Pegando um pedaço de pau bem grande, sem ter medo de ninguém! Isso aqui é uma selva. Só apanham menos os mais fortes. É uma terra de brutos. Já ouviu o ditado "Só um bruto para educar outro bruto"? – ele questionou tentando animá-la.

– Não, mas acho que tem razão. Preciso reagir – ela respondeu mais calma, não sentindo medo do homem.

– Como se chama? – ele questionou.

– Isabel... – ela murmurou.

– Isabel, não tenha medo, reaja mesmo! Não se entregue! Tome, pegue esse cassetete. Não hesite em bater em quem se aproximar de você com má intenção daqui para a frente. Aprenda a lutar. Seja valente. Aqui neste lugar não há outra saída...

– Não sei se consigo... – ela respondeu cabisbaixa e desanimada.

– Você está decepcionada e sentindo medo? – ele questionou em tom terno.

Isabel nada respondeu e começou a chorar. E ele continuou:

– Aqui você pode chorar à vontade. Ninguém vai mandar você tomar algum tipo de medicamento ou ir a um psicólogo. Está com vontade de chorar? Chore! Saiba que é normal em função do que acabou de passar...

– Por que o senhor está me dizendo isso? – ela questionou.

– Porque você desencarnou há pouco tempo e com certeza está acostumada a não sentir... No plano terreno, sentir medo, se decepcionar e chorar não são tolerados. Os seres humanos perderam a capacidade de lidar com os próprios sentimentos. Saiba que sentir medo e chorar é ser autêntico e verdadeiro. É ser capaz de aceitar a própria fragilidade, é enfrentar-se com honestidade. Aqui não precisa disfarçar, sufocar o que na verdade sente. Chore...

Ela assentiu com a cabeça, olhou bem dentro dos olhos dele e nada respondeu.

– Depois de algum tempo, quando esgotar sua última lágrima, se sentirá mais forte. No final vai encontrar sua coragem perdida... Busque forças dentro de você, apesar de toda decepção, e realize seus sonhos. Não tema ser infeliz para sempre... Aqui não é o fim, a vida segue. Não permita que esse trauma a aleije e a paralise. Defenda-se, siga o exemplo dos mensageiros que nunca desistem de socorrer seus irmãos sofredores e não são incomodados.

– E como eles conseguem essa façanha? – ela questionou levantando a cabeça e arregalando os olhos.

– Mudam a vibração – ele respondeu.

– Ah! Quem é o senhor? Como se chama? – perguntou curiosa.

– Sou um andarilho. Não sou nenhum santo nem um demônio. Fui um padre na Idade Média. Eu me chamo Marcus Vinícius. Aprendi alguns segredos sobre a mente humana, o que me garante não ser importunado por esses infelizes. Hoje caminho pelo umbral com a intenção de conhecer melhor as dores humanas. Sou um estudioso, um arqueólogo da alma, procuro por diamantes, esmeraldas e rubis nesta imensidão negra.

– Como assim? Procura por diamantes, esmeraldas e rubis neste inferno? O senhor é um louco? – questionou, já se levantando e se aproximando dele com um leve sorriso.

– Sim, pode me comparar a um louco garimpeiro que procura por diamantes, esmeraldas e rubis nas mais profundas entranhas da terra. A diferença é que eu procuro por essas pedras preciosas que foram lapidadas aqui, nas profundezas do umbral.

– Não entendi! O que está me dizendo?

– No plano terreno, um diamante para ser lapidado é entregue a um especialista que o examina com muito cuidado, buscando aproveitar ao máximo a pedra. Depois esse diamante passa por muitos processos de lapidação para se tornar uma joia rara com um brilho esplêndido.

– Processos de lapidação?

– Sim, a lapidação é uma forma de dar brilho e ressaltar as pedras preciosas, ou seja, um processo que transforma pedra bruta em pedra preciosa – ele respondeu. – Com os espíritos não é diferente. Muitos espíritos são entregues e lapidados nesse umbral para adquirirem luz e brilharem intensamente. E cada um é lapidado de acordo com as suas necessidades, tal qual as pedras preciosas, que também são lapidadas de formas variadas para que brilhem, transformando-se em joias valiosas e raras. No plano terreno é da mesma forma...

– Como assim? – questionou

– O diamante, a esmeralda e o rubi são lapidados de formas diferentes. Um tipo errado de lapidação pode destruir as pedras preciosas. A esmeralda é uma pedra frágil e não pode ser lapidada da mesma forma que os diamantes. O umbral é um lugar que acolhe todos os transgressores das leis divinas, homens brutos, mas que na realidade na sua essência são pedras preciosas. As várias dimensões diferenciadas em suas vibrações lapidam a alma humana de acordo com as suas necessidades evolutivas, ajudando-os a recuperar o tempo perdido...

– Nossa, que lindo...

– Isabel, você sabia que o diamante, por ser muito duro, só pode ser cortado por outro diamante? Que é assim, através de duros cortes, que os diamantes brutos se transformam em pedras preciosas? Aqui no umbral, somos lapidadores uns dos outros, homens brutos cortam os homens brutos, ou seja, eles lapidam uns aos outros.

Isabel ficou em silêncio pensando no que acabara de ouvir, olhando para ele com ar espantado.

– Você está bem? – ele questionou.

– Sim, estou bem, apenas refletindo sobre o que disse. Essa interpretação é nova para mim.

– Saiba que você é um diamante que me interessa. Depois que terminar o que veio fazer aqui, resgatar o seu filho, vamos conversar. Tenho uma missão para você.

– Nossa! Quase me esqueci do meu filho, quase me perdi de mim mesma! As dores foram tão terríveis que me distanciei do meu objetivo. O senhor tem razão, me dê esse cassetete que vou me defender daqui para a frente e ninguém vai me impedir de salvar o meu filho, que é um diamante bruto que em breve se tornará uma joia rara! Serei bruta para lapidar os brutos!

– É assim que se fala! Não desista dos seus sonhos...

– Jamais! Vou mudar a minha vibração e plasmar uma roupa bege agora mesmo, como a dos mensageiros, e voltar a procurá-lo imediatamente! Muito obrigada por seus sábios conselhos! Obrigada!

– Isso mesmo! Levante-se e vá realizar o seu sonho. Em breve nos encontraremos novamente – ele disse sorrindo e se distanciando, seguindo sua jornada em busca de seus diamantes, esmeraldas e rubis...

– Com certeza! Será um prazer! – ela retribuiu sorrindo.

Isabel levantou devagar, refez-se, orou fervorosamente em silêncio, buscou forças, plasmou uma roupa de tom bege e retomou imediatamente a sua busca por Murilo no interior das cavernas. Daquele momento em diante passou a ser confundida com os mensageiros socorristas, o que lhe garantiu livre passagem e não ser mais importunada.

Por muito tempo vasculhou os ocupantes das cavernas e com voz firme proferiu bem alto o nome do seu filho.

– Murilo! Murilo! Murilo Manzur!

Isabel vagueou nas cavernas habitadas em busca de Murilo por cerca de três meses, mas foi em vão, não o encontrou.

Certo dia, com o coração em frangalhos, dentro de uma das cavernas, curvou-se para verificar um infeliz desfalecido que lhe pareceu familiar e levou um tremendo susto. Tratava-se de João, seu segundo marido. Condoída de sua péssima situação, entre lágrimas de uma emoção indescritível, tratou de socorrê-lo.

Em silêncio orou, aplicou-lhe um passe magnético para que recobrasse os sentidos. Pouco tempo depois ele acordou. Ainda atordoado, um pouco confuso com o pensamento lento, questionou:

– O que aconteceu? Onde estou? Quem é você? Isabel, é você? É você mesma? Estou sonhando? – ele questionou.

– Sim, sou eu – ela respondeu sorrindo.

– O que faz aqui? – ele questionou entre lágrimas.

– Vim procurar o meu filho, vim tirá-lo deste lugar horrível – ela respondeu ternamente, dando-lhe um pouco de água para ele beber e limpando o seu rosto.

– O Murilo? Ele está aqui? Por quê? – ele questionou assustado.

– É uma longa história... Mas e você, porque está aqui? Pelo que me lembro, na vida terrena não cometeu delitos tão graves.

– Você é que pensa – ele disse. – Após a sua morte, além da dor de tê-la perdido, a culpa por ter fugido com você e ter traído o meu melhor amigo, Paulo, ecoou na minha consciência. Perdi a vontade de viver, negligenciei minha vida, parei de me alimentar adequadamente, comecei a beber até ganhar uma cirrose. Pelo meu descuido fui considerado um suicida. Não tenho ideia de quanto tempo estou por essas bandas.

– Por que não atendeu ao misericordioso chamado dos mensageiros de luz e saiu deste lugar? Orei muito por você e sei que estava na lista dos socorristas, porque o Paulo há muito o perdoou. E por vezes fui ter notícias suas e me diziam que você não havia aceitado o socorro.

– O que está me dizendo? Paulo conseguiu me perdoar? – ele questionou desesperado.

– Sim, tornou-se um obreiro de Jesus, tem uma casa espírita no plano terreno e orou muito por nós dois – ela disse.

– Que notícia maravilhosa você está me dando; agora consigo encontrar forças para orar, pedir perdão e reparar o que fiz! Não aceitava o socorro, porque me sentia indigno de ser salvo e desejava encontrá-la, por isso não parti. Você é um anjo de luz enviado por Deus para me salvar aqui neste inferno. Disso não tenho dúvidas – ele disse empolgado e grato.

– Vem, vamos sair daqui, vamos procurar os mensageiros, quem sabe vieram resgatar alguns desses nossos irmãos e você irá com eles para o hospital.

– E você, vai voltar também? – ele questionou.

– Não, de jeito nenhum, vou continuar a procurar pelo Murilo. Assim como encontrei você, posso ter a bênção de encontrá-lo.

– Então lhe farei companhia. Vou com você procurar por ele, afinal eu lhe tirei a mãe, é uma forma de começar a reparar os meus erros. E, outra coisa, nessa região, as cavernas são ocupadas por sofredores até certo ponto inofensivos, que gemem, choram, uivam em coro lamentando as suas dores, mas não nos atacam violentamente. Pelo contrário, de vez em quando são atacados e capturados. Agora, mais para a frente, nas ruas e nas cavernas mais profundas, a coisa é bem diferente, as falanges são terrivelmente cruéis e violentas. Não deve ir sozinha. Pode ser capturada e escravizada.

– Mas você está debilitado, precisa de tratamento para fortalecer a sua energia, não vai aguentar a longa caminhada – ela disse.

– Isabel, eu ficarei bem e saiba que por muito tempo alimentei a esperança de encontrá-la, não sabia onde estava. Certa vez, próximo aos mensageiros de luz, em uma de suas visitas, encontrei com a sua tia Feliciana antes de ela partir com eles e ela me disse que você estava em uma dessas cavernas.

– É verdade, nem sei quanto tempo fiquei neste vale sinistro até ser misericordiosamente socorrida pelos mensageiros de Cristo e levada para o hospital, e depois para a colônia.

– Procurei desesperadamente por você durante muito tempo, até que desisti. E veja a ironia, foi você quem me encontrou. Deus existe!

Por isso, não vou abandoná-la sozinha nessa busca! Você não suportará o assédio desses espíritos perversos. E, outra coisa, só por encontrá-la e saber que o Paulo me perdoou, sinto-me revigorado.

– Então está certo, vou cuidar de você por alguns dias, ministrar-lhe passes magnéticos, para fortalecer seu perispírito ferido, pois está abatido, depois vamos nos encontrar com os mensageiros. Você vai para o hospital, recupera-se plenamente e volta para me ajudar.

– De jeito nenhum, não vou sair de perto de você. Vou ajudá-la a encontrar o seu filho e depois vamos os três embora deste lugar tenebroso.

– Você continua teimoso – ela disse sorrindo. – Então me ajude, medite sobre as verdades de Jesus, ore, peça perdão e forças.

– Está bem. Eu vou orar agradecendo por você ter me encontrado.

Isabel cuidou de João com muito carinho. Depois de alguns dias, ele se restabeleceu e os dois partiram para os vales tenebrosos mais profundos em busca de Murilo.

José Roberto e os mensageiros apenas observaram sua partida e retornaram para a colônia aliviados, pois agora ela não estava mais sozinha.

capítulo 8

REENCONTRO INESPERADO

"Quando estiveres sob o eclipse total da esperança, não te deixes vencer pela sombra. Segue adiante, fazendo o bem que possas. É possível que pedras e espinhos te firam na estrada, quando estejas tateando na escuridão. Conserva, porém, a serenidade e a coragem."

Emmanuel

Sob um céu acinzentado, caminharam durante muitos dias por entre as cavernas habitadas, mas sem terem êxito na tarefa. Um sentimento de profundo cansaço se refletiu no rosto de Isabel. João estava nervoso, temia os espíritos brutos da região, mas quando olhava para Isabel se enchia de coragem. Cada vez mais eles se aprofundavam nos vales sombrios em busca de Murilo. De súbito surgiu diante deles uma falange de espíritos rudes e cruéis.

– Que casal romântico! – disse um deles.

– Quanta energia vital! Encontramos o nosso jantar e diversão – disse outro.

O líder do grupo, chamado Ferradura, com olhos maliciosos se aproximou do casal, chegou bem perto de Isabel, que arregalou os olhos apavorada e sentiu tremer as pernas. Ele, percebendo o medo dela, gargalhou e disse:

– Calma, só quero ver se você é a mulher que procuro – e em seguida segurou suas mãos e olhou bem dentro dos seus olhos. Ao sentir a energia das mãos de Isabel, Ferradura fechou os olhos e navegou no labirinto das suas memórias. Algum tempo depois, ele gritou em tom enérgico enquanto segurava Isabel pela cintura: – Essa mulher é minha! Ninguém encosta nela ou vai se ver comigo.

– O senhor falou tá falado, chefe! – afirmou um deles.

– E outra coisa, deixem esse otário de lado, não lhe suguem as energias, ele estava cuidando dela.

– Deixem-nos em paz, sumam daqui! – gritou Isabel exaltada.

– Você não sabe, mas me pertence, vou levá-la para os meus domínios. Não tenha medo, não vou machucá-la.

– Não, de jeito nenhum, não sei quem é você! Não pertenço a ninguém! Você é um louco desvairado – gritou Isabel, tentando se soltar de Ferradura.

João permaneceu calado, tremeu, sabia que era encrenca da grossa e não tinha como evitar o confronto. Aqueles crápulas iam sequestrar Isabel. Sem pensar, pegou um pedaço de ferro que levava em sua bolsa e partiu para cima deles em defesa da companheira.

A falange inteira foi para cima de João, que levou várias pancadas na cabeça, na testa, até perder os sentidos. Assim, ele não viu quando Isabel foi capturada e levada para os domínios macabros de Ferradura, no fundo dos vales sombrios.

– O que estão fazendo comigo? Para onde estão me levando? Soltem-me, seus canalhas! – ela gritou nervosa com expressão de insegurança.

– Calma, não vou lhe fazer mal algum – disse Ferradura em tom meigo. – Sou um velho amigo seu. Em breve vai se recordar de mim e me agradecer. Não tenha medo. Confie.

Isabel sentia o suor correr-lhe pela testa. Mas após as palavras de Ferradura acalmou-se um pouco. No trajeto, Ferradura foi contando histórias interessantes, tornando a viagem menos tensa e mais agradável. Em pouco tempo ele a fez sorrir como há muito tempo não o fazia.

Ao chegarem ao vale, apesar de Isabel ainda estar apavorada com os acontecimentos e preocupada com João, que havia ficado para trás, ficou surpresa com o lugar. A paisagem era escura, fria e nebulosa, mas a morada de Ferradura era estrondosa, se parecia muito com um castelo antigo, estilo romântico, com torres e três pavimentos, com muitos quartos, salas de reuniões e de jantar, rodeado por enormes pântanos e grandes muralhas repletas de lanças afiadas.

– Nossa, que lugar é esse? – ela questionou curiosa.

– Minha morada, levei anos plasmando esse lugar a minha maneira, nos mínimos detalhes, com a ajuda de muitos amigos. Somos ainda muito ligados às coisas terrenas e fazemos questão de nos sentirmos em casa – ele respondeu gargalhando.

– E por que o lugar é rodeado por lanças e pântanos?

– Para evitar invasões e visitas indesejadas. Existem muitos crápulas que desejam tomar esse lugar de mim. De vez em quando eles tentam me atacar e invadir essa região, mas coloco todos eles para correr.

– É, não posso negar que é um lugar impressionante – ela comentou.

– Você olhou atentamente para esse lugar e ainda não o reconheceu? – ele indagou.

– Não, não me recordo de ter visto um lugar como este antes.

– Você tem certeza? – ele questionou mais uma vez com tom levemente indignado.

– Sim, nunca vi nada parecido, já disse.

– Está certo, então dê uma volta, conheça tudo por fora e por dentro, veja todos os pavimentos e depois volte aqui. Quem sabe vai se recordar.

Veja os quartos no segundo pavimento e tente adivinhar qual é o seu. Preparei-o para você com muito amor.

– Sem problemas, vou dar uma volta por todo o lugar para conhecê-lo e logo estarei de volta.

– Mila e Trombeta vão lhe acompanhar para garantir que não fuja.

Claro que a intenção de Isabel era fugir, mas com a escolta percebeu que seria impossível. Assim, foi obrigada a fazer o que Ferradura havia ordenado.

Enquanto isso, João retomou os sentidos e percebeu que Isabel havia sido sequestrada. Completamente transtornado, começou a procurá-la. Realizou buscas por todos os vales escuros, mas nem sinal dela. Algum tempo depois, ele retornou para sua morada antiga em busca de auxílio. Decidiu formar uma falange para resgatá-la.

– E então, lembrou-se de alguma coisa? – Ferradura questionou para Isabel ao retornar do passeio com Mila e Trombeta.

– Não, não recordei de absolutamente nada, nunca estive neste lugar, disso tenho certeza – ela respondeu com má vontade.

– E de mim, você se lembra? – ele questionou com tom romântico.

– Não! Não sei quem é você. Não o conheço e não tenho ideia do que quer comigo e por que me sequestrou.

– Olhe bem dentro dos meus olhos e veja se de fato não me reconhece.

Isabel, curiosa, fez o que ele pediu. Mergulhou profundamente dentro dos seus olhos e naquele instante um véu foi descortinado. Ela entrou em um tipo de transe e viajou com ele no tempo e no espaço, viu-se diante de uma fogueira, na qual um homem envolvido pelas chamas estava sendo queimado diante de um enorme castelo, muito parecido com o que acabara de visitar. Em volta dele, centenas de pessoas gritavam:

– Que morra esse bruxo imundo! Que queime no fogo dos infernos pela eternidade! Maldito! Miserável!

No meio da multidão, uma donzela chorava copiosamente a morte do seu amado.

Ferradura era o duque de Norteville, que fora morto naquela fogueira, em seu próprio castelo, por ter sido acusado de bruxaria pela família da condessa de Neinver, que não aceitava o casamento da condessa com o duque, pois ela havia sido prometida ao filho do rei.

Isabel, em emoção suprema e com o coração acelerado, reconheceu Ferradura; naquela existência, ele havia sido o seu grande amor! Ela era a condessa! Naquele instante tudo ganhou sentido, acabara de compreender por que durante a sua última existência fora capaz de abandonar o lar e o filho, pois, inconscientemente, vida após vida, incansavelmente buscou reencontrar o seu verdadeiro amor, o conde de Norteville. Assim, cada vez que se apaixonava acreditava tê-lo reencontrado. Naquele instante, pensou em como o destino havia sido cruel com ambos, porque agora ela conseguia sentir todo o amor entre os dois. Sentiu pena de si mesma e dele.

Relembrou os momentos em que abraçados, trocando beijos apaixonados, fizeram juras de amor eterno. Então, ela se desestruturou e começou a chorar copiosamente. Ela se sentiu mal. Naquele instante confessou a si mesma não compreender os desígnios de Deus, mas respirou fundo, contou até dez e se acalmou. Relembrou tudo o que aprendera no pronto-socorro com dona Eulália.

Assim que ela desviou seus olhos dos dele, saiu do transe. Ele sorriu satisfeito.

– Conseguiu se lembrar? – ele questionou aflito, não contendo a sua ansiedade.

Ela, como que enfeitiçada, respondeu:

– Sim, você era o duque de Norteville e nós nos amávamos e queríamos nos casar, mas meu pai não concordou e tramou a sua morte, pois ele havia me prometido para o filho do rei. E essa sua morada aqui no umbral é uma réplica quase perfeita do castelo que você havia construído para morarmos após o nosso casamento – ela disse chorando.

– Isso mesmo! Por centenas de anos, sem cessar, procurei por você, sem conseguir lhe encontrar. Nesse período, com a ajuda de outros espíritos, plasmei esse lugar para nós dois. Veja como a morte é maravilhosa! Finalmente a encontrei! Agora seremos felizes pela eternidade! – ele disse sorrindo e segurando as suas mãos.

– E por que escolheu ficar aqui, nesse lugar horrível? – ela questionou.

– Por quê? Será talvez porque morri queimado por um bando de ordinários e não vou sossegar enquanto não me vingar de todos eles? – ele respondeu com muita raiva.

Ela balançou a cabeça e disse:

– Já não sofreu o suficiente para se lembrar que existe um Deus misericordioso e justo? Até quando vai arder o seu ódio inútil neste lugar imundo e fedorento? Já não passou da hora de tentar entender por que morreu queimado em uma fogueira? O porquê de não temos ficado juntos? Por acaso já reviu as suas vidas passadas e nelas não encontrou as causas desse desatino nas nossas vidas?

– Não! Não preciso rever nada, e sim acertar as contas com aqueles imundos! Você não sabe a profunda dor de se morrer queimado! Por isso cale a sua boca! E, a propósito, este lugar agora é o meu lar e estou muito feliz com a sua organização. Construí um verdadeiro paraíso nestas cavernas profundas. Minha morada é uma das mais belas desta região e cobiçada por muitos. Não menospreze os meus esforços.

– Desculpe-me, mas não precisa gritar comigo desse jeito! Vou orar para que se harmonize e consiga perdoar os seus carrascos. Para que consiga perceber que ao longo dos anos tornou-se pior do que eles e se arrependa. Peço que me liberte e deixe o João em paz, pois preciso seguir com ele na busca pelo meu filho – ela disse com os olhos marejados.

– Perdoe-me! Não quis ofendê-la! Eu a amei e ainda a amo. Encontrá-la foi a melhor coisa que me aconteceu nestes últimos duzentos anos. Tudo o que construí aqui neste lugar foi pensando em você, na verdade construí para você. Agora, conte-me sobre o seu filho, quem sabe poderei ajudá-la – ele disse mais calmo e em tom carinhoso.

– Ele se chama Murilo e está em algum vale dessas zonas umbralinas. Não sei onde, mas o estou procurando.

– Hum, conte-me o que ele fez na última vida para ter vindo para cá. Isso ajudará a saber em qual vale ele está.

– Ele era violento. Agredia a esposa e os filhos. Bebia e usava drogas.

Deu alguns golpes, realizou tráfico, tornou-se um homem frio e insensível, entre outras coisas.

– Aaah! Não acredito! Legal esse seu filho, ele é dos meus... Quero conhecê-lo imediatamente – ele disse gargalhando escandalosamente.

– A culpa foi minha, abandonei-o na infância... – ela disse, não achando a menor graça das gargalhadas de Ferradura.

– Pelo que você me disse, presumo que neste vale ele não está, aqui só ficam os vingadores. Ladrões, assassinos, estelionatários e traficantes ficam em um vale mais profundo, um lugar bem pior que este. Vou pedir aos meus capangas que se informem sobre o paradeiro do seu filho. Vamos ver se descobrem alguma coisa. Enquanto isso, vá se arrumar. Do lado dos meus aposentos há um quarto feminino, encontrará tudo de que precisa para se preparar para o jantar que vou oferecer aos meus súditos por tê-la encontrado. Mergulhe nas lembranças e refaça a sua forma. Volte a ser a mulher jovem e bela que conheci.

– Não sei fazer isso – ela disse sem graça.

– Viaje pelas lembranças do que viveu comigo. Olhe para a mulher que foi, memorize o seu rosto e em seguida fixe na mente essa imagem. Deseje fortemente e traga a imagem para o seu rosto atual. Sobreponha a imagem de quem foi no rosto de quem é. Vai plasmar a nova forma pelo seu pensamento e pela força da sua vontade. Concentre-se.

– Vou tentar.

Dentro dos domínios de Ferradura, os preparativos para o jantar foram intensos. Reuniram-se em volta da mesa todos os seus companheiros de confiança, que ansiosos aguardavam a entrada de Isabel. Ferradura providenciou para sua amada um lindo traje e os devidos acessórios. Ele estava ansioso.

Quando Isabel terminou de se arrumar, ainda no seu aposento, mergulhou fundo no espelho tentando buscar a imagem da mulher que Ferradura amou, mas a sua tentativa foi em vão. Por mais que se concentrasse, fracassou. Não conseguiu mudar a sua aparência como era o desejo dele.

Ao entrar na sala, ele se assustou, esperava rever a sua amada rejuvenescida. Ele a amava, mas aquela aparência de senhora muito envelhecida o incomodava. Antes de mandar servir o jantar, retirou-se com ela para uma das salas de reunião na tentativa de ajudá-la a mudar a sua aparência.

– Quero que mergulhe no meu olhar novamente, vou levá-la de volta ao passado e fazer com que relembre momentos incríveis ao meu lado. Assim, irei despertar a sua memória espiritual. Entre na personagem que é você mesma e traga-a para o agora. Plasme-a. Entendeu?

– Sim, vamos tentar – ela respondeu.

Sem hesitar, Isabel mergulhou profundamente nos olhos dele e imediatamente as lembranças invadiram a sua mente. Sentiu uma alegria imensa e sorriu. As cenas de amor que testemunhou eram puras e verdadeiras e rejuvenesceu sua alma maltratada pela culpa e pelo remorso da sua última existência.

– Eu te amo! – ele declarava.

– Eu também o amo, aliás, sempre te amei, desde a primeira vez que o vi.

Ele a interrompia beijando seus lábios, não deixando que concluísse a frase. As mãos dele seguravam sua cintura e a puxavam para junto de si.

Naquele instante, Isabel fez o que Ferradura lhe ensinou: entrou na personagem e sentiu todas as suas emoções, percebendo o quanto o amava. Assim, despertou todas as lembranças daquele poético amor, no baú da sua memória. Agora, sem o menor esforço, na medida em que as lembranças avolumavam-se em sua mente, acompanhadas dos sentimentos e das emoções, ela, sem perceber e aos poucos, mudava o seu atual rosto, plasmando o seu antigo semblante.

Os dois permaneceram se entreolhando por uma eternidade até que Ferradura a princípio notou as mudanças no rosto de Isabel e depois por todo o corpo. Sem se conter, gritou eufórico:

– Nossa! Você voltou! Você voltou! Você rejuvenesceu e agora será minha novamente! Somente minha!

Pela primeira vez em muito tempo, Isabel esqueceu onde estava, o que a havia levado até aquele lugar. De certa forma é como se tivesse recuperado a memória do passado e perdido parte da atual; sua mente estava confusa, mas ela estava feliz. Resolveu deixar sua mente se normalizar naturalmente e viver intensamente aquele amor mais uma vez.

Os olhos deles se encontraram e suas mãos se entrelaçaram, entregaram-se completamente aos sentimentos guardados por tantos anos. Durante o jantar, ele a serviu e não saiu do seu lado um só instante. Riram, conversaram e depois se retiraram para o quarto. Foi uma daquelas noites inesquecíveis.

Alguns dias se passaram e ambos estavam muito felizes. Em alguns momentos Ferradura se ausentava com os seus comparsas para resolver alguns problemas, mas logo retornava.

Com o tempo, Isabel começou a se recordar do seu filho, e a necessidade de partir e continuar a sua busca falou mais alto. Ferradura não se conformou e impediu que ela partisse. Até aquele instante, Isabel não havia percebido que se tornara prisioneira dele.

Todas as vezes que ela tocava no assunto, ele ficava furioso.

– Você não sairá de perto de mim de jeito nenhum! Os meus capangas estão procurando o seu filho e não demora o encontrarão.

– Não duvido disso, meu querido, mas eu preciso encontrá-lo e convencê-lo a se arrepender do que fez para que consiga méritos para sair deste lugar. Ninguém terá condições de dialogar com ele como eu – ela disse aflita.

– Já disse, daqui você não sai, não vai a lugar algum – ele reagiu.

– Você não pode me impedir. Não vim para cá a fim de encontrá-lo, aconteceu, mas saiba que o meu objetivo sempre foi o de resgatar o meu filho, e isso eu farei, custe o que custar – ela disse em tom enérgico.

– Isabel, se acalme, os meus homens são bons no que fazem. Vão encontrá-lo e o trarão até você. Aqui poderá convencê-lo do que quiser. Não tente fugir, senão será pior para você. Não quero machucá-la. Os meus homens estão atentos e têm ordens de não deixar você sair dos meus domínios e usarem a força bruta se necessário.

As colocações de Ferradura fizeram Isabel perceber que estava em um cativeiro, que aquela era uma relação de mão única: ou ela atendia aos caprichos de Ferradura ou seria punida de alguma forma, perdendo todos os seus referenciais, obstaculizando os seus caminhos. Dia após dia, o encantamento por aquele amor aos poucos se desfazia, e ela começava a perceber sua insanidade de ter investido seu tempo, vida após vida, no resgate de um amor que a estava desintegrando de si mesma. Começava a ter dificuldades em se relacionar afetivamente com ele. Como uma ostra, fechou-se. Começou a ficar profundamente abatida e cansada. A alegria dos últimos tempos deu lugar a uma tristeza sem fim. Já não conseguia sorrir. Estava inconformada de ter que ficar naquele lugar como uma prisioneira. Ser escrava de Ferradura, com a sua alma acorrentada à dele não estava nos seus planos. Sua alma estava dilacerada por estar privada de realizar o seu grande sonho: encontrar o seu filho.

Certo dia, Ferradura saiu cedo com seus capangas e Isabel planejou sua fuga. Fingiu não estar bem e se recolheu em seus aposentos. Arrumou a cama de forma a parecer que alguém ali dormia e saiu pelos fundos do casarão. Com muito sacrifício e com medo de ser vista pelos capangas, conseguiu atravessar as muralhas que cercavam os seus domínios e entrar no pântano. Mas neste momento foi surpreendida e capturada pelos capangas de Ferradura que ali faziam plantão.

– Onde pensa que vai? O patrão já não deu ordens para não sair dos seus domínios? O que acha que vai encontrar por essas paragens? Espíritos violentos que a destruirão em pouco tempo. Volte imediatamente para o casarão de Ferradura, de onde nunca devia ter saído. Volte agora mesmo! Não nos obrigue a agredi-la. Ferradura a quer viva, mas disse que se for preciso podemos surrá-la.

Isabel ficou atordoada e, sem nada dizer, rendeu-se para garantir sua sobrevivência. Assim, a contragosto retornou para o casarão.

Alguns meses se passaram, três, cinco, talvez oito, quem sabe mais, pois naquele lugar o tempo parecia não existir. Isabel estava transtornada com a sua situação. Por ter tentado fugir mais de dez vezes, agora sofria maus-tratos e era obrigada a ficar dentro do seu quarto, acorrentada na cama. Como ela havia se metido naquela situação? Como o amor podia ter se transformado no seu pior inimigo? Como havia caído nas garras, nos caprichos absurdos de um homem que a esmagava e pensava que a amava? Como as suas juras de amor haviam se transformado em um terrível e cruel cativeiro? A única coisa que ela desejava era sair daquele lugar e encontrar o seu amado filho. Havia sido sequestrada, mas sem possibilidade de pagar o resgate, pois seu sequestrador queria ter a posse da sua alma pela eternidade. Estava fragilizada. Sentia-se a mais estúpida das mulheres. As lágrimas corriam-lhe pela face. Já não suportava nem ouvir a voz de Ferradura. Ele conseguiu transformar o seu amor puro e verdadeiro no seu pior carrasco. Estava ficando ausente de si mesma, uma angústia e desolação profunda tomavam conta do seu coração. Ferradura conseguiu, por meio dos seus atos violentos, subjugá-la e abalar todas as suas estruturas.

A dualidade emocional provocada por sua obsessão, amor *versus* ódio, fê-la avaliar como chegou àquele ponto e perceber os seus pontos em desequilíbrio. Havia saído do seu foco, que era resgatar o seu filho. Sem perceber, cometera o mesmo erro da sua última encarnação, que a fizera fugir com o melhor amigo de seu marido. Novamente se distraiu dos seus verdadeiros objetivos por causa de uma ilusão, de um amor condicionado. O que ela podia esperar de um espírito bruto que habitava uma zona umbralina? Precisou ficar acorrentada, imersa em um cativeiro, para compreender o valor da liberdade e que Ferradura era prisioneiro de um passado que o distanciava da sua essência.

Por alguns instantes ela o havia idealizado sem perceber que estava nas garras de um homem dominador e feroz, com uma paixão selvagem. Na verdade, ele era irascível, uma ferida ambulante, um espírito cruel incapaz de compreender as suas necessidades. Mas ela sabia que o mal que ele lhe fazia precisava ser pago: ele precisava ser perdoado. Com lágrimas nos olhos, ela acordou e percebeu que o vinho havia azedado, transformando-se em vinagre. Que a luz do coração de Ferradura há muito havia se apagado, que o seu amor não era verdadeiro, pois não era pautado no respeito pelo seu livre-arbítrio. Ela precisava sair urgentemente daquele caos, corrigir suas escolhas, refazer suas rotas e seguir o sonho do seu coração de mãe, que era o de resgatar o seu filho. Passar por essa experiência dolorosa sendo obrigada a negar os seus sonhos fez com que reforçasse os seus valores. Assim, fervorosamente, se rendeu às orações pedindo forças a Deus e a Jesus para suportar e superar esse momento de escravidão, pedindo iluminação para que por meio de palavras conseguisse abrir o coração de Ferradura a fim de que ele a libertasse e ela pudesse cumprir a sua missão.

capítulo 9

MARCAS PROFUNDAS

"Muitas enfermidades têm origem no temperamento desajustado, nas emoções em desalinho, em influências espirituais negativas."
Joanna de Ângelis

O final da tarde estava muito frio. Júlia saiu aos prantos do escritório. Enxugando as lágrimas, torturada pelos seus sentimentos, atravessou a rua em direção ao ponto de ônibus, pensando em como dar a notícia para sua mãe.

Ela não sabia ao certo como estava se sentindo em relação à perda do seu emprego. Com a chegada do ônibus, sentou-se no banco de trás e fechou os olhos. Percebeu-se agoniada, maldizendo a si mesma, desistindo de sua carreira, sentindo um imenso vazio, desacreditada da vida, com a alma morta. Seus sonhos foram destruídos. Ensimesmada em seus pensamentos nem sentiu o trajeto. Desceu do ônibus e caminhou como uma sonâmbula pelas ruas. Naquele instante era o retrato da infelicidade. Um arrepio lhe percorria o corpo quando ela relembrava o acontecido.

– Isso não é justo, não mereço passar por isso novamente! Isso não é juuuustooooooo! – gritou desesperada ao entrar pela porta da sala, jogando tudo com certa violência em cima do sofá.

Valquíria, que estava na lavanderia, ao ouvir os gritos da filha se assustou; imediatamente largou a roupa na máquina e saiu correndo ao seu encontro na sala.

– Nossa, filha, você está gritando, o que aconteceu? – ela questionou com os olhos arregalados e muito aflita.

– Não falei que estavam me perseguindo? Fui mandada embora! Perdi meu emprego no jornal. A culpa é daquele infeliz! Não falei que ia ser demitida? Que aquele chefe era um bruxo e estava me perseguindo desde que comecei a trabalhar lá? – disse Júlia, nervosa.

– Calma, você é competente, vai arrumar um emprego bem melhor! Não se desespere, tudo passa e tudo acontece para o bem...Tenho certeza! – disse Valquíria.

– Mãe, a senhora é muito sonhadora. Vive iludida que tudo sempre vai melhorar, que o mundo é maravilhoso, perfeito, belo, puro e verdadeiro. Tenho uma notícia para lhe dar: tudo sempre vai piorar cada vez mais! O mundo é podre, as pessoas são podres, falsas, agressivas, mentirosas, invejosas, competitivas, traiçoeiras... As pessoas são horríveis!

– Puxa vida, que bela visão de mundo você construiu! Onde aprendeu isso? Comigo é que não foi!

– Com aquele monstro que fui obrigada a chamar de pai. Ele foi um ótimo professor – disse Júlia em tom sarcástico.

– Lá vem você com a história de sempre... Esquece seu pai, ele já morreu, deixe-o em paz! Seu avô o enterrou sozinho, pois nenhum de vocês compareceu ao enterro e eu estava viajando a trabalho quando o corpo foi liberado. Quer pior castigo que esse? Ninguém compareceu ao enterro do seu pai...– disse Valquíria entristecida.

— Bem feito! E quer saber? Não o deixo em paz coisa nenhuma! Aquele infeliz deve estar bem no meio do inferno, pagando pelo que nos fez! Por causa dele odeio minha vida. Odeio você. Odeio ficar assim. Odeio meu trabalho. Odeio o mundo! Odeio ser quem sou! – ela falou gritando e chorando.

— Filha, acalme-se, pare de gritar, não fale essas bobagens. Saiba que o inferno não existe! A essas alturas o seu pai já se arrependeu de tudo o que fez, já foi socorrido e está em tratamento no plano espiritual.

— Duvido! Ele não tinha um pingo de sentimento naquele coração de pedra – disse Júlia com os olhos saltados. – Era um monstro, e se existe vida do outro lado mesmo, continua sendo o mesmo crápula de sempre. Monstros também morrem! Se existe um Deus, ele deve estar no meio do inferno mesmo! Acho que a senhora é surda! Faz questão de não entender o que estou lhe falando. Odeio o meu pai com todas as minhas forças! Por causa dele sou uma fraca, tento ser forte, mas não consigo. Tento superar a tristeza, o desânimo e não desistir de mim, mas é quase impossível!

— Preste atenção: você diz que odeia seu pai, mas a verdade é que o ama! Só sofremos pelas pessoas que valorizamos, que amamos. A sua dor continua forte porque se importa com ele e só vai passar quando esse amor se curar... O mal de muitas pessoas é não reconhecer que nos bastidores do ódio que sentem existe um profundo amor negligenciado, uma imensa carência...

— A senhora enlouqueceu! Poupe-me das suas palavras vazias, dessa sua hipocrisia! A senhora é cega, não vê um palmo diante do nariz! Eu te odeio e odeio aquele verme! – ela gritou totalmente fora de si.

— Filha, não me ofenda! Eu te amo e não sou cega. Sei que sofreu com as atitudes do seu pai, mas você precisa aprender a lidar com o seu emocional, precisa limpar o seu coração de todo esse ódio que é como uma arma apontada para o seu coração. Com o tempo pode lhe machucar. Se acalme, o mundo não acabou...

— Lidar com o meu emocional? E por acaso não é o que estou fazendo? Colocando para fora tudo o que penso, pois a senhora não se importa com o que sinto? Saiba que nada mais me machucará, estou muito ferida, faz tempo que estou morta por dentro... Você e meu pai me destruíram! E para mim o mundo acabou sim! – ela disse com as lágrimas escorrendo em seu rosto.

– Você está desesperada! Para quê? Já, já vai encontrar um emprego maravilhoso! E saiba, mocinha, que eu me preocupo com o que você sente e faria qualquer coisa para essa sua dor desaparecer, para você superar o passado, essa ansiedade, esse medo, a sua baixa autoestima, os complexos de perseguição, rejeição e inferioridade e essa sensação crônica de fracasso. Por favor, ajude-me a te ajudar! Vamos ao centro espírita começar um tratamento sério!

– Nossa! Tenho tudo isso? E por acaso o centro espírita resolve? Afinal, é um centro espírita ou uma clínica psiquiátrica?

– Deixa de ironia. Infelizmente você carrega toda essa bagagem negativa dentro de você! E o centro espírita lhe ajudaria muito, pois tem palestras muito interessantes. Se frequentasse regularmente, teria a oportunidade de aprender a lidar com as suas emoções descontroladas, com toda essa sua dor, com a frustração de ter tido o pai e a mãe que teve. Aprenderia a lidar com as perdas, que fazem parte da vida. Com as verdades do Cristo, aprenderia sobre as causas do seu atual sofrimento em função das suas vidas passadas, aprenderia sobre a importância de substituir o sentimento de ódio pelo sentimento de compaixão, aceitando que cada um de nós tem o seu tempo de aprendizado, um nível diferente de compreensão e entendimento. Vi muitos milagres acontecerem lá...

– Sei, sei... Já fui e já voltei! – ela respondeu dando de ombros.

– Aceite as coisas como são, sem tanto drama. Aceite a perda desse emprego, se recomponha e procure outro! Perdoe a mim e ao seu pai, supere o que passou, volte-se para o presente e a partir de agora comece uma vida nova, superando as perdas, acreditando em você! Se esse emprego não deu certo, a vida tem suas razões. E mais, reflita sobre a sua postura. Não existe aprendizado sem experiência. Se acalme, reflita se de alguma forma não provocou isso na sua vida...

— Era só o que me faltava, sou perseguida, mandada embora e a culpa é minha! Está bom mãe, sou culpada por tudo! Eu não presto porque tenho a quem puxar... – ela disse histérica.

— Filha, acalme-se, eu desejo o seu bem, a sua felicidade, e por isso consigo perceber a sua postura no mundo! Muitas vezes você parece um elefante em uma loja de cristal! Por conta da sua insegurança e da ansiedade, torna-se muito rebelde, resistente e agressiva. Não traz desaforos para casa. Não pensa antes de reagir a algum tipo de contrariedade. Não pensa para falar, agride todo mundo com sua língua ferina. Na verdade ataca para não ser atacada. Sua ansiedade a faz meter os pés pelas mãos o tempo todo!

— Isso é verdade. Não aguento desaforo e mau humor e tampouco falta de respeito – disse Júlia.

— Então... Será que não foi malcriada com o seu chefe? – Valquíria questionou.

— Não, só falei o que pensava sobre a demissão de uma amiga, que ele estava sendo muito injusto se o fizesse – ela respondeu.

— Tem certeza de que não foi agressiva ao falar com ele? Tem certeza de que falou de maneira dócil, delicada, gentil? Você foi diplomática? – insistiu a mãe.

— Pensando bem, não fui nada gentil e além disso desci a lenha nele... – ela confessou.

— Viu como te conheço? Não falei que provocou a sua demissão? – disse Valquíria balançando a cabeça e sorrindo levemente com o jeito de falar da filha.

— Ah! Então tenho que ver as injustiças de boca fechada, ser conivente com falsidade e traição? Mãe, fizeram fofoca da menina, ela era inocente, apenas fui justa quando a defendi – Júlia comentou.

— Então assuma o preço por tê-lo feito! Foi demitida! E agora levante a cabeça e aprenda com essa experiência dolorosa. Diga-me uma coisa, a sua amiga foi demitida também?

— Não. Ela ficou... – Júlia respondeu baixinho, olhando para baixo e toda sem graça.

– Está vendo, foi grosseira com seu chefe à toa, a menina nem tinha sido demitida. Viu como vive ansiosa e por isso acaba fazendo bobagens?

– Sou desse jeito por causa daquele monstro! – Júlia respondeu irritada.

– Agora a culpa é do seu pai, que já morreu? Filha, quanto mais rancor você guardar no coração remoendo as atitudes violentas do seu pai e culpá-lo por cada coisa que lhe acontece, mais sofrimento provocará na sua vida!

– A culpa não é só dele, é sua também! Com medo das ameaças, obrigou-nos a viver com aquele verme por muitos anos! Não cuidou de mim e dos meus irmãos! Não ouviu quando gritei por socorro! Foi uma covarde! Enquanto criava coragem para trabalhar fora, se sustentar, ele nos destruiu! A culpa é sua porque sempre foi uma tonta na mão dele. Ele prometia parar de beber e de bater em você e em nós e você, que nem uma boba, acreditava, não se importando com o sofrimento da gente! – ela disse chorando e gritando.

– Filha, você tem razão, eu errei em ficar com seu pai. Demorou para que eu tivesse coragem de me separar. Senti medo das ameaças de morte dele. Senti medo de trabalhar e não conseguir sustentar vocês. Senti medo de mandar o pai de vocês embora, separar vocês dele, e depois vocês me acusarem. Senti muito medo... Sem dúvida, você e seus irmãos são vítimas da minha fraqueza, você é uma sobrevivente de um caos doméstico, mas preciso da sua ajuda...

– Ajuda para quê? – questionou Júlia irritada.

– Preciso que me ajude a superar esse passado. Saiba que essa sua agressividade verbal me machuca tanto quanto a agressão física do seu pai me machucava. Ele me feria com socos e pontapés, você me fere com palavras. Preciso que saiba que fico triste quando joga essas coisas na minha cara desse jeito. Sempre fui sincera com você, nunca escondi os meus medos e as minhas dificuldades. De nada adianta ficarmos os próximos vinte anos relembrando nossa tragédia pessoal, não nos fará bem, não nos proporcionará crescimento. Precisamos perdoar uns aos outros e seguir em frente. Por favor, pare de me machucar e me ajude... – Valquíria implorou.

Naquele instante, Júlia começou a se sentir mal, sua pressão caiu. Seu corpo inteiro transpirava, suas mãos tremiam, sua garganta secou. Sentiu vontade de sair correndo, de sumir e nunca mais ver sua mãe. As lembranças do seu passado a corroíam... Um silêncio mortal se instalou. Ela respirou fundo, deixou as lágrimas caírem e, depois de algum tempo, olhou bem dentro dos olhos de sua mãe e disse baixinho:

– Não consigo te ajudar! Não posso te ajudar! Estou mutilada por dentro! Não sobrou nada de bom, ele me destruiu!

– Não diga isso! Você é uma menina maravilhosa! Só precisa esquecer o passado e superar as dores que eu e seu pai lhe infligimos para encontrar um pouco de paz... Esse rancor e essa ansiedade com o tempo lhe causarão doenças físicas e espirituais. Eu sei que fui fraca, mas fui também um bom exemplo do que você não deve fazer jamais. Eu e seu pai somos seus anti-heróis em vários aspectos, aproveite esses exemplos...

– Como assim? Do que está falando? Anti-heróis? Aproveitar? Como? – Júlia questionou enxugando rapidamente o rosto, encarando a sua mãe com ar assustado.

– Filha, se você fizer tudo ao contrário do que eu e seu pai sempre fizemos, será um ser humano exemplar! Nós viemos lhe ensinar tudo o que você não deve fazer na vida... Já parou para pensar nisso?

– Não... Nunca...– ela respondeu pensativa.

– Seu pai veio para lhe tirar a ingenuidade que é tão perversa quanto a maldade. Com ele você aprendeu que não é só o bem que existe neste mundo, que precisamos ter cautela ao nos envolvermos com alguém, conhecer o seu caráter e principalmente os seus valores. Ele veio lhe ensinar a ser prudente e honesta. Muitas pessoas se envolvem pela aparência e esquecem de olhar o caráter, os hábitos. Foi o que eu fiz. Paguei um preço alto pela vaidade de ter um homem bonito. Ele era belo por fora e podre por dentro, descobri isso muito tarde. Assim, comigo aprendeu que não se deve ser covarde, não se deve depender financeiramente de ninguém e se iludir. Que deve ter coragem de trabalhar, lutar, enfrentar a vida, e não se vender por alguns trocados, mantendo um casamento com um bêbado, estelionatário, mentiroso e drogado! Que deve ser forte o suficiente para proteger os seus filhos! Eu vim lhe ensinar a ser corajosa e cuidadora!

Júlia se assustou com as colocações de sua mãe. Cabisbaixa, ouviu o que Valquíria disse, sem nada responder. E Valquíria continuou:

– Apesar do seu passado, você pode escolher caminhar pela estrada da luz, iluminando suas trevas interiores, ressignificando os fatos da sua vida. Foi o que eu acabei de fazer e você viu que funciona.

– Confesso que é bem interessante pensar desse jeito, alivia... – afirmou Júlia.

– Pare e pense: será que no fundo não usa a mim e ao seu pai como desculpa para não tomar as atitudes que precisa tomar para se reformar intimamente, ser feliz e ter sua vida em suas mãos? Até quando vai justificar sua hostilidade, agressividade e insegurança pela infância dura que teve? Até quando vai usar isso para justificar sua falta de fé em Deus? Será que não está camuflando uma imensa preguiça em ter que tomar novas atitudes perante a vida? Sim, porque crescer, amadurecer, dói...

– Eu, com preguiça? Acho que a senhora enlouqueceu ao me dizer tal barbaridade! Meu pai foi um monstro e a senhora uma covarde! Tenho marcas profundas por todo o corpo e as mais graves na alma! – ela respondeu gritando.

– Filha, claro que não posso negar que cometi erros graves durante a sua infância, mantendo esse casamento – Valquíria respondeu. – Mas sei também que melhorei, amadureci, aprendi a enfrentar a vida porque fui buscar recursos espirituais e psicológicos. Não posso negar que seu pai foi um péssimo pai, por causa da bebida, da violência, dos golpes, da sua negligência; mas superar toda essa experiência dolorosa e traumática é um trabalho interno somente seu.

– Meu? Tem certeza disso? Vocês me machucaram e o problema é meu? – questionou Júlia, em tom de ironia.

– Filha, é muito cômodo ter uma vida infeliz e encontrar um culpado pela sua infelicidade. Nesse momento, não importa o que eu e o seu pai fizemos com a sua vida, mas o que você vai fazer com ela! Precisa urgentemente superar seus traumas. Não se engane, o ódio que sente por seu pai e a profunda raiva e mágoa que sente por mim acabam gerando culpa, e por isso vive se sabotando. No fundo acredita que merece ser infeliz, castigada, porque é uma menina má que odeia o pai e sente raiva e mágoa da mãe. Você mesma destrói tudo o que conquista. No fundo crê que não merece ser feliz e próspera. Isso é autossabotagem e está afetando toda a sua vida. Acorde enquanto é tempo!

– Que conversa é essa? Autossabotagem? Do que a senhora está falando? – Júlia questionou irritada.

– Você se sabota. A busca pela autopunição está presente na sua vida profissional e afetiva! Acabe com isso reconhecendo as feridas da sua alma, uma a uma, e curando-as! Sei que a sua infância foi uma tragédia, mas a pior tragédia está no seu presente, e se não mudar as suas atitudes estará no seu futuro. Os seus conflitos internos emergem no seu cotidiano, fazendo com que tenha atitudes impensadas. Atrás de toda essa sua valentia, tristeza, irritação e agressividade, há uma imensa carência e um profundo desejo de ser amada, protegida e cuidada. Para satisfazer esse desejo é que se mete em confusão, uma atrás da outra... Perceba!

– Como assim? A senhora endoidou? – ela questionou ironicamente, mas intrigada ao mesmo tempo.

– Você não percebeu que defendeu a amiga para ser amada por ela e pagou o preço com a sua demissão? A dor inconsciente de todos os seus problemas atuais são os mesmos da sua infância: falta de amor. Assim você pensa que está sendo justa, mas no fundo está buscando o amor de terceiros para compensar o amor que não teve do seu pai e o cuidado que não teve de mim. Simples assim. E se não se conscientizar disso e buscar o autoconhecimento para resolver suas feridas, vai destruir completamente a sua vida.

– Não tem como resolver! As marcas que aquele monstro me deixou são muito profundas e é impossível superar! Eu odeio meu pai! E culpo você por ter ficado com ele tantos anos!

— Já disse, você tem razão! Minha culpa, minha máxima culpa! E o que isso muda? Pensando dessa forma, se acomoda, se isenta de ter responsabilidade com você mesma. Assim, não existe nada que possa fazer para mudar a sua vida, ajustar o seu comportamento e temperamento. O seu pai é o culpado porque ele era um monstro e a sua mãe é culpada porque era uma fraca. E você? Uma coitadinha, uma eterna vítima de um pai carrasco e de uma mãe negligente. Por isso é uma grossa que maltrata todo mundo – igual a ele em alguns momentos – e acredita que será sempre assim, que não é possível superar nada do que aconteceu, e por isso será sempre assim e vai morrer assim...

— Isso mesmo! – Júlia concordou.

— Que linda forma de pensar e se isentar de responsabilidades! – disse Valquíria. – Acorde para as verdades da vida! Pense diferente e agirá diferente. O ódio e a mágoa por ora habitam o seu coração, em função das suas dores e decepções, mas não podem funcionar como desculpas esfarrapadas para você não se reformar intimamente, revendo os seus valores, adquirindo uma nova visão de mundo e principalmente adquirindo novas atitudes perante a vida. Isso é pura acomodação! Você precisa aprender a se comunicar com os outros de forma carinhosa, a ser compreensiva, a respeitar a si mesma.

— Reformar-me intimamente? – ela questionou ironizando.

— Sim senhora! Enfrentando com honra as sombras do seu passado, desapegando-se dos danos que lhe causamos! Sendo grata a Deus, reforçando a sua fé! Repensando os seus valores e a sua falta de calma, tato, jogo de cintura e atitude! Deixando de se preocupar com as minhas atitudes e as do seu pai, passando a pensar nas suas! Refazendo a sua autoimagem negativa, substituindo-a por uma positiva. Crescendo! Amadurecendo! Desenvolvendo a sua mente e o seu espírito! Buscando conhecer sobre a Lei de Ação e Reação, sobre a bagagem que trás de suas vidas passadas e que precisa ser superada!

— Bagagem que trago de vidas passadas? Como assim? – questionou Júlia.

— Filha, você reencarnou nessa família trazendo uma bagagem de experiências multimilenárias com sentimentos enraizados na sua alma! Você veio para evoluir, para compreender as leis divinas, corrigir o passado, superar as suas fraquezas, os seus defeitos. Essa sua ansiedade intensa e descontrolada é uma fraqueza, não lhe faz bem e compromete toda a sua vida, os seus relacionamentos e o trabalho. Essa sua ansiedade a faz agir sem pensar! Por isso, vive estressada, azeda, maltratando todo mundo à sua volta. Pode conseguir dez empregos, mas se não se conscientizar de que precisa mudar vai perder os dez! Nesse caso, a culpa é sua, pois você tem atitudes tão agressivas como as do seu pai! Você faz valer aqueles ditados populares antigos: o roto falando do rasgado, filho de peixe peixinho é...

– Nossa, mãe, agora a senhora pegou muito pesado! – ela disse indignada.

– Sou realista, quero o seu bem, não adianta ficar culpando o seu chefe, o seu pai, a sua mãe, você escolheu ser do jeito que é e gosta de ser assim. No fundo adora ser assim! Você se compraz com os seus péssimos modos e não consegue relaxar, fazer as coisas com calma, parar de preocupar-se e de sofrer por antecipação, isso é debilitante. E não busca nenhum tipo de ajuda...

– Eu sei, a culpa é minha... Não presto para nada mesmo! – Júlia concluiu.

– Não se faça de vítima e compreenda o que estou tentando lhe dizer. A preocupação exagerada com a sua colega, o desejo da aprovação dela, provar que é boa, fizeram você falar o que não devia, e de forma agressiva, e consequentemente perder o emprego. Na verdade, a sua ansiedade por conseguir o amor que lhe faltou, lhe sabotou, fez você perder tudo o que havia conquistado, um excelente emprego. Filha, perceba o quanto a sua ansiedade está prejudicando o seu desempenho, pois não consegue enfrentar as situações do seu cotidiano com bom senso, imparcialidade e equilíbrio.

– O quê? Como?

– Filha, pense bem nas razões que a fizeram defender a sua amiga e a dizer desaforos para o seu chefe...

Júlia ficou pensativa, mergulhou no vazio, ficou a fitar o teto por alguns momentos, com o olhar perdido. Novamente o silêncio desconfortável se instalou. Ela buscava o que dizer... Naquele instante, suspirando pesadamente, maldizendo a si mesma e sentindo vergonha ela respondeu:

– Mãe, quer saber? A verdade é que sou uma completa idiota! Uma grande imbecil! É verdade, no fundo eu não sei por que faço essas coisas. Enquanto estava no departamento pessoal assinando os papéis, parecia que estava vivendo um pesadelo, não acreditei que estava sendo demitida e não compreendi o meu chilique, que me fez perder o melhor emprego que já tive na vida, com um salário ótimo. Depois que ele me mandou embora, coloquei a mão na cabeça e me perguntei: o que eu fiz comigo mesma? Por que surtei desse jeito? Por que isso aconteceu? Onde estava com a cabeça? Enquanto estava no ônibus, revivi as cenas e senti vontade de morrer. E eu sei que agora não adianta eu me arrepender e ficar me torturando. A verdade é que eu pisei na bola e não sei a razão. Dei um tiro no meu próprio pé...

– Acabei de lhe explicar, você que não quer entender, de vez em quando você perde completamente o controle sobre si mesma, você surta, isso se chama autossabotagem, em função dos sentimentos de ansiedade misturados aos de raiva, mágoa, ódio e culpa acumulados dentro de você!

– Bobagem, não é nada disso! Como vou me sabotar? A senhora está lendo muita ficção ultimamente.

– Filha, você caiu em uma armadilha criada por você mesma! É difícil perceber quando estamos nos sabotando. E essa sabotagem é muito complexa, está relacionada em primeiro lugar com a sua ansiedade exagerada, em segundo com a carência afetiva e em terceiro com os sentimentos negativos como a culpa e com a sua autoimagem negativa.

– Como assim autoimagem negativa? – Júlia questionou curiosa.

– A imagem que carrega de você mesma e que a faz ter comportamentos repetitivos e negativos – respondeu Valquíria. – Cada vez que odeia a mim e ao seu pai se sente culpada e se acha um lixo, daí duvida de si mesma, da sua bondade, beleza ou competência, gerando pensamentos negativos. De um lado, ao se sentir diminuída pela própria culpa, fragilizada, sem amor, procura a qualquer preço a aprovação e o amor nos outros, fora de você, como forma de compensar o que não tem dentro de si mesma. De outro lado, o seu inconsciente provoca situações constrangedoras, agressivas, pois guardou as lembranças dos sentimentos negativos gerados pela raiva e pelo ódio que sente por nós, e das duras falas do seu pai durante a sua infância, frases do tipo: "você é uma imprestável", "você é incompetente", "não faz nada direito", "é preguiçosa", "não consegue parar em emprego algum", "ninguém gosta de você", "nunca será feliz", "nunca ganhará o suficiente para se sustentar", "nunca será amada", entre outras tantas. Na verdade acreditou no que ele lhe disse e passou a pensar e a se comportar de acordo com o que ouviu e acreditou. Assim, se acha um lixo e por isso busca a aprovação de terceiros fazendo qualquer coisa para obter essa aprovação, de forma agressiva em função da agressividade acumulada. Entendeu?

– Nossa, mãe! Que confusão, mas é verdade... Sempre penso que não sou boa o bastante, que sou feia, desengonçada, estabanada, sem graça, sem charme, sempre acho todo mundo dez vezes melhor do que eu. Que ninguém me ama, e quando acho que alguém gosta de mim defendo com unhas e dentes. No fundo não acredito em mim e sempre que sou desafiada me torno agressiva... – ela disse desconsolada.

– Você construiu uma autoimagem negativa, acreditando que é incapaz de ser amada, que é burra, incompetente e incapaz de fazer as coisas direito, incapaz de parar em um emprego, por exemplo. Essas frases se repetem incessantemente dentro da sua mente, no fundo você acredita que é assim e por isso acaba ficando carente e agindo sem pensar buscando inconscientemente provar o contrário, mas não consegue. Acaba sendo impulsiva, sem nenhum controle sobre as suas emoções, e explode. Nessa confusão, defende uns, ofende outros e sabota a si mesma. Enquanto não compreender tudo isso não vai parar em emprego algum.

– Por quê?

– Porque sempre que se sentir em perigo ou fragilizada, defenderá a si mesma e a quem você eleger com muita agressividade, sem bom senso, de forma impulsiva. Entendeu? Por isso eu disse, refaça a sua autoimagem, controle sua ansiedade, ou seja, observe os pensamentos negativos que tem sobre si mesma e substitua-os por pensamentos positivos.

– Isso não é fácil de compreender...

– Vou te dar outro exemplo. Se colocarmos ar em uma bexiga, além do que ela suporta, ela explode?

– Ai, mãe, que pergunta mais besta... Claro que sim!

– Então. O nosso emocional tem um limite. Quando acumulamos muitos sentimentos negativos, chega uma hora em que não suportamos e explodimos tal qual uma bexiga de ar.

– Então as pessoas que explodem estão saturadas de sentimentos negativos?

– Isso mesmo! Agora consegui fazer você entender. Não conhecemos o que carregamos dentro de nós... E como disse um antigo sábio: "O pior inimigo mora dentro de nós".

– Hum... agora entendi!

– Filha, higienize o seu emocional libertando-se da raiva e de todos os sentimentos negativos. Faça uma faxina!

– Como faço isso? – questionou.

– Observe os seus pensamentos e faça uma lista de todas as frases negativas sobre si mesma que surgirem em sua mente durante uma semana. No final descobrirá os pensamentos negativos que compõem sua autoimagem e a fazem ser ansiosa e ter comportamentos inadequados, repetitivos e explosivos.

– Nunca tinha parado para pensar em nada disso.

– Recomece, supere a autoimagem negativa construída a partir das loucuras do seu pai e das fraquezas da sua mãe, e construa uma autoimagem positiva, eleve sua autoestima. Experimente pensar por um mês dessa forma: "Sou abençoada e protegida por Deus e Jesus todo o tempo, sou muito inteligente, sou competente, linda, maravilhosa, poderosa, forte, rica, saudável, próspera, amorosa, equilibrada e tudo sempre dá certo na minha vida." Aprenda sobre a importância de se conhecer para se autocontrolar.

– Acho que agora aprendi, pena que não dá para voltar atrás e fazer tudo diferente... – Júlia respondeu cabisbaixa em estado de apatia. Era como se aquilo não estivesse acontecendo com ela.

– Filha, faça esse exercício para parar de se sabotar. Comprometa-se com a sua mudança, siga em frente, apesar do seu pai e de mim, e enfrente os seus medos, a sua insegurança e ansiedade. Faça algumas perguntas para você mesma: O que eu quero para mim de verdade? Quais são os meus sonhos? O que eu preciso fazer de concreto para realizar meus sonhos? O que me impede de realizá-los? O quanto estou comprometida em ser feliz? O que me faz feliz? Como desejo estar daqui a cinco anos? Quero continuar a trabalhar como jornalista? Em que tipo de instituição? Revista, jornal, livros? Aonde quero chegar? Quero me casar? Ter filhos? Quero uma vida confortável? Desejo ajudar os outros? As respostas a essas perguntas vão lhe auxiliar a construir um plano de vida, a lutar para realizar os seus sonhos, a parar de se preocupar, pois trocará a pré-ocupação, a ocupação da mente com pensamentos ruins, por objetivos e caminhos concretos.

– Não sei o que quero, nunca parei para pensar nisso...

– Acredito que essa ansiedade denuncia que deseja completude e que não se sente realizada. Já disse que isso significa que está carente de amor e que não acredita em si mesma para realizar os seus sonhos afetivos, os seus anseios pessoais e profissionais, duvida das próprias capacidades, e por isso vive ansiosa e preocupada.

– Se eu não me preocupar comigo, quem vai se preocupar?

– Filha, todos nós temos preocupações, mas as suas são gigantescas! Saiba que as perturbações espirituais, as doenças, as obsessões, as neuroses, as psicoses, tudo tem sua origem no universo psíquico, nas preocupações exageradas, na culpa, na autoimagem negativa e baixa autoestima, nos conflitos internos, nos pensamentos, nas emoções e nos sentimentos reprimidos, suprimidos no inconsciente, servindo de porta aberta aos espíritos inferiores.

– Que horror! Que loucura isso que está me dizendo.

– Filha, as obsessões emergem nas almas atormentadas pela baixa autoestima, pela ansiedade, pelo medo, ódio, raiva, rancor; enfim, por todos os sentimentos negativos. Fique atenta, a ansiedade é um alerta, é o grito da sua alma para que opere mudanças. Por isso vive constantemente agitada e insegura.

– Eu odeio ser assim e não sei por que me sinto assim....

– Já lhe disse que uma das capas da sua ansiedade é a falta de amor e as outras capas são a culpa e o medo. A sua baixa autoestima se origina da sua falta de autoconfiança em função da autoimagem negativa, e por isso é insegura e sente medo! Os sentimentos são complexos e estão interligados. Filha, você leva a vida como se estivesse sempre em perigo!

– Nossa, mãe, isso é a mais pura verdade! Tenho medo de tudo mesmo!

– Você passa a maior parte do tempo perturbada, angustiada e sofrendo. Saiba que ansiedade é também sinônimo de falta de paciência com os seus processos internos e com os externos. Significa que precisa aprender a aceitar o novo, não temer a vida nem as novas experiências, definir e se comprometer com as suas metas pessoais e aprender a não ter pressa com relação aos resultados.

– Vou tentar...

– Guarde essa frase no seu coração: *Só erra quem faz!* Então, não tema o próprio fracasso. Tenha esperança e não tema a estrada desconhecida. Caminhe pela vida com passos firmes. Mudará o seu mundo interno e externo quando renovar sem medo as suas atitudes! A sua felicidade não depende de ninguém a não ser de você mesma. Seja feliz interiormente, e será exteriormente. Crie um mundo maravilhoso dentro de você. Pare de viver e agir como uma sonâmbula mergulhada em preocupações! A vida é cheia de desafios, e você pode vencer todos eles!

– Mãe, não garanto conseguir; às vezes a ansiedade e o medo são mais fortes do que eu...

– Filha, a espiritualidade também pode lhe ajudar a reconstruir sua autoimagem e a não ter medo...

– Como assim? – questionou.

– Estudando as verdades divinas, perceberá o quanto é amada por Deus e Jesus, o quanto é protegida, como é uma pessoa singular, especial, o quanto pode se tornar melhor a cada dia, o quanto pode se conhecer e moldar o seu caráter, melhorar a sua conduta, valorizando quem é e o que tem, sendo grata ao nosso Criador por lhe abençoar a todo instante, provendo-lhe de tudo o que necessita para evoluir espiritualmente, concedendo-lhe situações de aprendizagem e de recomeço.

– Não sei...

– Filha, dentro da sua alma mora uma menina insegura, medrosa, tímida e envergonhada. Uma menina que acha que o mundo é perverso. Uma menina com olhar triste, que se sente fraca e derrotada e esconde o seu coração atrás da máscara da ansiedade, do rancor e da agressividade. Reconheça os medos dessa menina, entre em contato com a sua dor, com toda a sua carência e rejeição. Acolha essa menina. Diga para ela que hoje não existe mais violência na sua vida, que tudo passou. Converse com ela, diga para se sentir amada e se entregar ao aconchego dos meus braços. Sem medo. Diga para ela que, apesar de tudo o que aconteceu, a noite continua linda, cheia de estrelas no céu. Peça para ela elevar seu pensamento e se sentir segura no colo de Deus. Diga para ela confiar em Jesus. Ela precisa compreender que Deus é justo, e o mundo é belo e verdadeiro mesmo com toda a sua instabilidade. Que Jesus não a desampara! Assim, a sua mágoa, o seu rancor e a sua ansiedade começarão a se dissipar e você aprenderá a ser feliz!

– Nossa, mãe, que lindo! Esse centro espírita lhe faz bem mesmo! – Júlia disse comovida, com os olhos marejados.

– Filha, você precisa aprender a se conhecer e a se controlar – disse Valquíria em tom meigo. – Não tenha medo da menina que mora nos confins da sua alma. Ela é a parte da sua consciência que ainda não amadureceu e precisa fazê-lo. Se alie a ela e passe a ver o mundo com a ternura, a pureza e a simplicidade dessa menina.

– Como? – questionou.

– Reconheça-a, enxergue seus desejos e suas necessidades, senão ela continuará escondida dentro de você, se manifestando com os comportamentos inadequados, ressentida, machucada, tornando a sua vida infeliz, sabotando todos os seus sonhos. Conhecendo-a, você deixará de sentir esse vazio interior e conseguirá eliminar o mal-estar emocional. Assim, vai se acalmar e deixar de viver preocupada, tensa e apreensiva. E mais, vai deixar de estar sempre irritada, nervosa, cansada e mal-humorada.

– Nossa, que interessante...

– Meu amor, você precisa se libertar, voltar a sorrir, resgatar a alegria de viver, a confiança em si mesma, encarando a vida com os olhos da sua criança interior, com leveza, alegria, gratidão, entusiasmo e otimismo. Nessa jornada interior aprenderá a acalmar a sua mente ansiosa, sendo espontânea. Acredite, tudo sempre dá certo. Preocupações excessivas e persistentes sem motivo desgastam o seu emocional e revelam que tem fé no que é ruim. Por isso atrai espíritos com baixa vibração e vive com a sensação de estar com um terrível nó na garganta, cansada, com tonturas, vertigens, suor, problemas no estômago, náuseas e dores de cabeça.

– Do jeito que a senhora fala parece fácil... – ela murmurou.

– Filha, não é difícil dissolver essa sua armadura agressiva, de falsa força. Encare suas fraquezas, abra o seu coração para a vida, aprenda a relaxar, aproveitar os bons momentos da vida, sendo você mesma! Abandone essas preocupações crônicas, essa auto-opressão. Pare de se preocupar e tome atitudes para mudar o que precisa mudar, enfrentando os desafios para conquistar os seus sonhos... Deixe de ser tão negativa. Para o seu bem, pare de se autocriticar. Aceite que a vida é uma maravilhosa aventura cheia de incertezas. Ah! Faça as pazes com você mesma e lembre-se: você é sua melhor amiga, ou inimiga. Feche a portas para as obsessões! A sua personalidade é formada por sua autoimagem, por suas crenças, seus medos e suas reações, não é o seu eu verdadeiro. Mude as crenças, liberte-se dos medos, mude as reações e mudará sua autoimagem e personalidade. Você não é ansiosa, você está ansiosa. Pare e pense: que parte de você quer o seu mal? Você pode e deve renunciar a esses hábitos destrutivos.

– Pode deixar, vou tentar, qualquer coisa converso com a senhora novamente.

– Filha, vamos ao centro espírita, aprendi tudo isso com as palestras e os estudos. Além dos seus problemas emocionais, você tem mediunidade e precisa educá-la.

– Está bem, se tudo isso que me disse aprendeu no centro, então eu vou. Gostei da nossa conversa. Se eu não gostar não volto. Combinado?

– Combinado! Que bom que aceitou ir! Fico muito feliz! Vou dar a notícia para o seu avô, ele vai ficar muito contente.

– Ah! Outra coisa, antes que me esqueça: você não pode continuar a sentir esse ciúme doentio do Paulo Roberto, sua ansiedade pelo medo de perdê-lo está fazendo com que ele se afaste. Seu relacionamento não está saudável, você é muito grudenta, não deixa ele à vontade, vive vigiando os seus passos, faz acusações sem sentido por causa da sua insegurança. Outro dia vi você olhando o celular dele, isso não se faz. Está procurando fantasmas onde não existe. Ele é um bom moço e está apaixonado. Converse comigo sobre os seus medos, mas não os expresse no seu relacionamento. Evite aquela sua amiga Michele, ela é muito negativa e frustrada e por isso acaba agravando sua insegurança. Selecione com quem anda e confie em você. Abandone o seu lema interno: *para que sofrer amanhã se eu posso sofrer hoje?*

– Como assim, mãe?

– Você sofre por antecipação, o seu namorado não a traiu, mas você imagina que sim e cria um filme na sua cabeça, dele com outra, e, o pior, assiste várias vezes. Por isso alimenta esse ciúme doentio. Não entendo como você faz isso com você mesma. Esta é uma outra forma de autossabotagem, cuidado! Esse tempo que perde criando imagens dele com outra... por que não usa esse tempo criando imagens de vocês dois alegres e felizes? Assim, quando ele vier buscá-la para sair à noite, por exemplo, estará com saudades dele, e não com ciúme, irritada e com raiva. Percebeu a diferença?

– E mais essa... Mais ou menos... – ela respondeu baixinho.

— Filha, você passa o dia inteiro imaginando ele com outra. Quando ele chega, está infeliz e com raiva dele, qualquer coisa é motivo para discutirem. Se inverter isso, se passar o dia inteiro imaginando vocês dois alegres, se amando, passeando, quando ele chegar estará feliz e com saudades dele. Entendeu agora?

— Sim, mais claro impossível. A senhora tem razão, vou tentar mudar. Nessa casa é todo mundo louco. Mas... mudando de assunto, e o Eduardo, como ele está hoje, melhorou da crise?

— Não, ainda não saiu do quarto. Mas tenho certeza de que quando ele aceitar que precisa superar o estresse do passado se libertando das mágoas do pai e cuidando do espiritual, ele vai se curar.

— Credo, mãe, para você tudo é espiritual, que coisa! Com os maus-tratos daquele monstro, ele ficou com marcas profundas como eu e se desestruturou, foi só isso. Sabia que cansa ficar ouvindo que tudo é espiritual o tempo todo?

— Pode ficar cansada, mas a verdade é que ele se tornou prisioneiro do próprio cérebro, daquilo que ele pensa e sente, perdeu o controle de si mesmo e por isso se tornou uma presa fácil para os espíritos obsessores que agravaram o seu problema. Eu sei que a causa da síndrome não é espiritual, mas o seu agravamento sim. Eu sei que um número considerável de pessoas com essa síndrome se cura quando educa sua mente, e outros quando educam a mediunidade. Existem casos e casos. O seu irmão foge do comum. No caso dele, e de muitos outros por aí, existem ações espirituais de obsessores que ampliam telepaticamente as imagens de terror que o remetem a um medo incontrolável. Por isso, além da psicoterapia, ele precisa cuidar do seu lado espiritual.

— Cuidar do espiritual? A senhora às vezes quer ser mais sábia que os psiquiatras que estudam anos a fio essas questões.

— Não, filha, tanto que eu o levei para fazer tratamento com um psiquiatra que lhe receitou medicamentos para amenizar os sintomas e o levo também na psicóloga para tratar das causas da síndrome. Ele toma remédios, mas só eles não são capazes de curá-lo, e faz as seções com a

141

psicoterapeuta, mas eu sei que tudo isso não basta, por isso estou preocupada com a dependência psicológica e física, pois esses remédios apenas entorpecem os seus sentidos. A cura está em ele mudar a sua forma de pensar e encarar a vida. Nesse sentido, o Espiritismo ajuda muito, pois nos oferece uma bússola a seguir com os valores de Jesus. O coração do seu irmão foi muito machucado pela violência do Murilo, ele era pequeno e tinha no pai a figura de um herói. Com os maus-tratos, esse herói morreu e dentro dele ficou muita decepção e dor. Desde cedo perdeu a confiança no mundo, nos adultos, e por isso inconscientemente escolheu se esconder atrás de uma doença. É como se, para se livrar dos perigos, ele tivesse se trancado dentro de um armário ao qual ninguém pudesse ter acesso. No caso dele, o trabalho mediúnico e a caridade ao próximo fariam com que percebesse que ele não é o único a sofrer no plano terreno. No ato de ajudar os outros, estaria se ajudando. A mediunidade do seu irmão é de resgate, ele precisa colocá-la a serviço da humanidade.

– Mãe, por que ele é obrigado a fazer isso? – Júlia questionou intrigada, olhando diretamente para sua mãe com a testa franzida.

– Desculpe, eu não queria interromper a conversa de vocês, mas não pude deixar de ouvir lá da cozinha, cheguei há pouco – disse Paulo, o avô de Júlia. – Filha, ninguém é obrigado a nada, mas quando carregamos em nosso coração a dor, a revolta, a indignação com as atitudes alheias e não conseguimos superar os nossos conflitos, os nossos traumas, os danos que nos causaram, quando não conseguimos construir uma vida saudável, é sinal de que nos faltam recursos internos, e somente os conquistamos com a reforma moral, com a fé em Deus e em Jesus. Assim, nossas desventuras são um convite para lembrarmos que existe uma força superior e que essa vida é mais que o mundo material. O seu irmão desde pequeno ouve vozes, vê vultos, mas nunca se interessou em estudar o Espiritismo. Ele frequenta o centro comigo e sua mãe, recebe passes, melhora, se acalma, mas a cura depende unicamente de ele compreender que seus canais mediúnicos estão à mercê da influência dos seres do baixo astral, dos espíritos trevosos, pois os seus sentimentos são de ódio e rancor pelo pai, o que gerou culpa e um profundo medo de viver. Por isso, apesar da medicação, da psicoterapia, dos passes, sente tanto mal-estar, angústia, insegurança, medo e inquietação. Por não saber lidar com o estresse da relação com o pai, de superar essas tristes lembranças da infância, violou os sentimentos puros da própria alma. As tonturas, a falta de ar, os frios, as sensações de desmaios são consequências disso tudo. A verdade é que ele está muito desequilibrado. O espiritual não desencadeou a sua síndrome do pânico, mas com certeza a agravou. A partir do momento que ele passou a vibrar a raiva, o ódio e o medo, os conflitos o estressaram e ele passou a atrair espíritos com as mesmas vibrações.

– É, vô, ele precisa superar tudo isso, pois está muito mal. Sábado passado, enquanto a mamãe estava na loja, eu fiz o almoço e com muito custo o convenci a vir comer comigo na cozinha, pois não tinha mais ninguém em casa, o senhor tinha saído também. De repente, a prima Flávia entrou pela porta dos fundos com dois amigos. Quando ele viu os três entrando na cozinha, parecia que ia morrer. Vô, ele teve taquicardia, falta de ar, tontura, tremores, náuseas, embaçou a vista, ficou com a boca seca, sem falar na sudorese e uma imensa sensação de morte. Corri para socorrê-lo, dei água, os remédios e o coloquei imediatamente no quarto. Ele não saiu mais de lá.

– Filha, o caso do seu irmão não é apenas espiritual ou material. A psique desordenada atrai problemas espirituais e os problemas espirituais desordenam a psique. É um círculo vicioso.

capítulo 10

AMOR BANDIDO

"Quando alguém disser que te ama, duvide. Quando alguém provar que te ama, valorize."
Autor desconhecido

    Alguns meses depois de seu sequestro, cansada do cárcere ao qual foi submetida, Isabel, desesperada, resolveu confrontar Ferradura. Assim, solicitou aos capangas que chamassem o seu carrasco para uma conversa.

    Algumas horas depois, após adiar alguns afazeres, Ferradura atendeu ao chamado de Isabel e compareceu ao seu quarto.

    – Deseja falar comigo? – ele questionou com os olhos brilhando de felicidade; afinal, ela não se dirigia a ele há muito tempo.

    – Sim, não quero magoá-lo, mas acho que está na hora de você encarar que é melhor uma derrota honesta do que uma vitória sem escrúpulos. Descobri que mesmo depois de desencarnada me iludi novamente com o amor e estou pagando um alto preço. Gostaria que compreendesse que talvez Deus tenha permitido o nosso encontro para que eu pudesse convidá-lo a pensar, a refletir, a rever a sua beleza interior, a rever suas verdadeiras crenças e a se encontrar com você mesmo novamente, abandonando esse amor platônico, os ressentimentos, o desejo de vingança e o ódio.

– Nossa, você me chamou para isso? Que papo mais furado! – ele respondeu em tom cínico se retirando.

– Espere. Não vá, me escute. Minha passagem em sua vida nesse umbral é um convite para purificar o seu coração, fazer valer sua alma e seguir rumo à sua evolução! Tenho certeza disso! Nesse cativeiro afetivo, na loucura desse amor bandido, compreendi que talvez o amor se fez novamente em mim para que eu pudesse ver a luz que brilha na sua essência e revelá-la a você. A única mulher a encará-lo de igual para igual, capaz de amá-lo, mas jamais venerá-lo e servi-lo. A única mulher capaz de dizer o que precisa ser dito, sem medo de retaliação ou vingança. Se me ama como diz, liberte-me, liberte-nos... Preciso encontrar o meu filho, e neste momento não há nada mais importante na minha vida!

– Você quer me abandonar, é isso? Depois de tantos anos procurando-a, agora que finalmente a encontrei você quer partir por causa de um filho imprestável, um tremendo bandido?

– Não fale assim, ele é o que é por minha culpa, eu o abandonei – ela disse com os olhos marejados. – Ele sofreu maus-tratos, se afastou dos bons sentimentos pela dor. Por isso preciso resgatá-lo, tirá-lo desse lugar horrível, levá-lo para a colônia, para, depois de curado, juntos socorrermos os meus três netos que também estão se desviando seriamente.

– Vai sonhando... – ele respondeu indiferente ao sofrimento de Isabel.

– Ferradura, não posso deixar que o meu erro provoque uma saga de tragédias, atingindo outras gerações. Sei que se resgatá-lo resgatarei meus netos e bisnetos. Meu filho é apenas uma ovelha perdida, por isso estou cooperando com Deus no seu resgate. Quando o achar, sei que o farei se arrepender dos seus erros, o inspirarei a ser um homem justo novamente, um ser digno de pertencer ao rebanho do Cristo por meio da reparação sincera dos seus atos cruéis. Como disse Jesus: "Haverá mais alegria no céu por um pecador que se arrepende do que por noventa e nove justos que não precisam arrepender-se".

– Isso é balela. A verdade é que você está me trocando por ele. Sabe que se partir poderá nunca mais me ver? É isso o que você quer? – ele questionou com os olhos esbugalhados, aflitos e já ficando nervoso.

– Tente compreender o que estou lhe dizendo! Neste cenário equivocado, neste meu drama, aceito com humildade o que a Lei Divina está realizando em mim. Luz e trevas são dois lados do nosso Criador. Parece que tenho que crescer mesmo estando nas trevas com você. A Lei Divina não me perdoou e me entregou a você para eu esgotar todas as minhas ilusões. Não adianta forçar o nosso destino. Estamos vivendo essa experiência para que os nossos princípios morais viciados, o nosso amor obsessivo e egoísta, sejam esgotados de uma vez por todas e nos libertemos deles.

– Você enlouqueceu! Só pode ser isso!

– Saiba que não podemos mais usar um ao outro como capa protetora dos nossos desejos afetivos insanos. O que estamos fazendo por merecer? Ascensionar ou degenerar? Não é permitido pela Lei Divina que um espírito possua o outro. Por que quer me possuir sem o meu consentimento? Acredito que estamos ainda ligados em função das nossas fraquezas passadas e de no fundo alimentarmos esperança de nos equilibrarmos. Nossas obsessões e constantes escolhas egoístas, nossa incapacidade de reconhecer e impor limites no nosso universo emocional e psíquico, remeteram-nos às sombras, sob o seu manto, para que não precisássemos enxergá-las de frente. Passou da hora de enfrentá-las e de nos libertarmos delas. Liberte-me, me deixe sair daqui e liberte-se também!

Ele balançou a cabeça negativamente. Olhou para ela com um ar cruel por um longo momento, como se ele tivesse sido traído e depois respondeu:

– Isabel, depois de centenas de anos consegui encontrá-la. Não posso perdê-la! Sei que tem suas razões para querer sair daqui, mas pare de gastar suas lindas palavras. Você não me convencerá a libertá-la. Não posso, não quero perdê-la. Conforme-se, será minha escrava pela eternidade, porque eu te amo! Eu te amo! Não quero sair das trevas, amo esse lugar! Estou bem como estou e você ficará muito bem ao meu lado também.

– Ferradura, nessa prisão, não acha que já fui punida o suficiente? Liberte-me para que eu possa salvar o meu filho e ascender à luz e não permitir que contamine o meu amor, que foi e continuará sendo luz ainda que por ora eu habite as trevas. Não provoque a minha queda só porque eu te amo! Liberte-me! Por que você insiste em alimentar um vício, uma possessão, uma ilusão sem sentido a que dá o nome de amor? Você não me ama! Que destino você traçou para mim, sem o meu consentimento? O que pretende? Isso pode ser tudo, menos amor!

– Pretendo tê-la em meus braços pela eternidade. Você é o grande amor da minha vida! Procurei você por centenas de anos! Você agora é minha! Somente minha e de mais ninguém. É isso o que pretendo! Alguma dúvida? – ele respondeu profundamente irritado.

– Nesse nosso encontro, nessa prisão, descobri coisas importantes sobre mim e sobre você. Sou alguém que reapareceu no seu caminho apenas para convidar você a rever a sua vida, as suas atitudes. Aqui nesse reino umbralino se fez líder dos mais fracos, e talvez o preço que a Lei Divina esteja cobrando de você é o de se tornar o líder de si mesmo, líder do homem que habita sua alma, de suas fraquezas internas, reconhecendo-as e eliminando-as.

– Quanta tolice! Quanta bobagem!

– Não grite comigo. O homem bom dentro de você continua renegado. Aqui com você, mais uma vez aprendi que ninguém deseja impunemente, ninguém passa pelo desejo, pela paixão e pelo amor e sai do mesmo jeito. Neste singular, o desejo é em si, foi e está sendo transformador. A não concretização, a separação, traz um bem em si mesmo. Ficamos mais fortes. Amadurecemos. Com você vivo um luto moral, por isso mereço sua ternura e renúncia! Liberte-me!

– Ah! Pobre vítima! Estou com pena de você, mas vai comer na minha mão. Sou um homem capaz de tudo para lhe fazer feliz, mas não vou lhe deixar partir e dividir você com ninguém! Não tente me abandonar que será melhor para você! – ele disse irritado.

– Ferradura, descobri o meu erro, o meu delírio, cresci ao encarar que sou imperfeita, mas mais mãe. Fiquei pior, sangrei, mas saí ganhando. Não sei se percebeu, mas o seu sentimento de amor ainda é paradoxal, tentando apenas dominar e domesticar a única mulher que de fato o ama, tirando-me o direito de ser, de fazer, de pensar, de ir e vir, de realizar. Estou amargurada, no fundo do poço... Não posso entregar minha alma para você...

– Isabel, não quero ouvir mais nada... Chega! Lembre-se dos momentos que vivemos e enxergue que ninguém nunca te amou como eu! Eu te amo de verdade! Ficará pela eternidade do meu lado! – ele gritou nervoso.

Isabel suspirou e disse:

– Você precisa descobrir que o amor também é renúncia! Que o amor nos faz livres quando adquirimos o poder de ajustar nossas expectativas, eliminando a influência maligna do egoísmo, nossas próprias "amarras", quando nos libertamos e libertamos a quem amamos. Não temos o direito de ficar com alguém apenas para satisfazer nossas próprias necessidades de sobrevivência e nossos caprichos. Por que se diverte em me manter sua prisioneira e em despertar meus monstros adormecidos? Não quero sentir raiva, ódio de você, não quero guerrear com você. Quero que me liberte!

– Jamais! Você ficará comigo para sempre! – ele gritou.

– Ferradura, é certo que nos descobrimos viáveis em pele, olho e poesia neste reencontro, na mesma medida em que me vejo cercada de impossibilidades, exorbitante preço existencial, completude por hora impossível, pois tenho outras responsabilidades. Suplício, eu e você. Somos uma promessa de amor que não se cumprirá agora. Tudo está certo como está. Por que me atormenta me fazendo sua prisioneira? Sou um brinquedo? Sou uma diversão? Sou uma coisa? Um troféu? Existem brinquedos e troféus muito melhores, muito mais jovens e bonitos dentro do seu reino. Você está cercado de mulheres maravilhosas que desejam estar ao seu lado! Deixe-me em paz!

– Não quero outra mulher, quero você, só você! Escutou? Se acalme, você está muito nervosa, logo colocará a cabeça no lugar e perceberá que ficar ao meu lado é a melhor opção para a sua vida! Eu te amo! – ele respondeu ansioso, andando de um lado para outro no quarto.

– Você não compreendeu nada do que eu disse? Essa é a melhor opção para você, não para mim. Está cego e surdo para as minhas verdades interiores e para as verdades espirituais. Nessa prisão descobri que ao seu lado sou alma triste... Não posso deixar o amor do meu filho ficar mais uma vez para depois... Tente compreender o que estou lhe dizendo... Você também é uma ovelha desgarrada do rebanho divino. Acorde! Não ficamos juntos naquela vida e parece que não ficaremos juntos neste plano espiritual, pois ainda não é o nosso momento, pois existem responsabilidades maiores.

– Será? Quem disse essa bobagem? – ele questionou encolhendo os ombros.

– O destino! Isso não é amor! É posse. Esse nosso reencontro desencontrado, atrapalhado, desajeitado, carrega todas as experiências de dores das vidas anteriores. Por isso, não podemos ficar juntos! Preciso remediar o que fiz, senão nunca serei feliz!

– Se não é amor o que eu sinto por você, por que será que a procurei por mais de quatrocentos anos? Por que a saudade nunca me abandonou e por que não consegui esquecer você? – ele questionou se aproximando, olhando dentro dos olhos dela e puxando-a para seus braços, segurando sua cintura e tentando beijá-la.

– Não podemos ser egoístas e condenar o meu filho, os meus netos e bisnetos a uma vida miserável. Eu desencadeei um processo muito doloroso. A renúncia ao seu amor neste momento é a cura para a minha e para a sua alma. Não consegue perceber? – ela disse tentando soltar-se dele.

– Não! Não consigo perceber... – ele murmurou com ar decepcionado por causa da rejeição de Isabel.

– Ferradura, hoje eu acredito que amar é transformar o sentimento de amor em gesto moral, sem gerar dano, perda ou sofrimento aos outros, sem o sentimento de posse. Libertar-me desse cativeiro seria um verdadeiro ato de amor, um gesto moral. Lamento se fomos pegos em crise existencial e nesse encontro trouxemos à tona os erros das vidas passadas. Por que não compreende que preciso salvar o meu filho? Por que essa inútil dominação? – ela questionou angustiada.

– Porque eu te amo! Simples assim... – ele respondeu irônico.

– O que eu faço para você entender que precisa se acostumar a viver sem mim? – ela disse desesperada.

– Nada. Você não pode fazer nada, porque não vou viver sem você! Não vou! – ele respondeu enfático.

– Porque se transformou no meu carrasco me mantendo sua prisioneira? Acaso não sabe que já estou dominada? Não por você, mas pelos meus próprios sentimentos. Sentimentos que revivi quando os retirei do baú chamado eternidade ao mergulhar dentro dos seus olhos. Tudo fez sentido. Agora entendi a causa dos meus erros. Vidas após vidas, sem descanso, procurei por você, por esse amor. Em nome desse amor eterno cometi graves delitos.

– Quais? – ele questionou incrédulo.

– Abandonei o meu filho... Eu sei que todo esse sentimento gerado por você e por mim, ainda que levem mil anos, em condições propícias, quando purificarmos nossa alma, resgatarmos os nossos erros, florescerá... Por ora, preciso renunciar a esse amor e salvar o meu filho!

– Isso tudo é tolice! Você não abandonou seu filho por minha causa, foi por causa daquele otário...

– Não! Na verdade, em cada paixão eu estava procurando por você...

– Mentira! Você não me ama e quer me deixar! Você é uma ingrata! Não posso aceitar o seu adeus! – ele disse irritado, puxando-a para os seus braços e beijando-a loucamente. Ela retribuiu ao seu beijo ardente, mas rapidamente se desvencilhou dele e continuou:

– Ferradura, sempre acreditei no amor eterno. Em todas as minhas existências cometi desatinos tentando encontrá-lo. Mas agora compreendi que às vezes nós precisamos aprender a ter coragem de abrir mão de um amor individual, do nosso prazer pessoal em prol daqueles a quem amamos e por quem somos responsáveis.

– Tolice! Não sou responsável por ninguém! Somente por mim e agora por você! – ele disse gritando.

– Você também deve ter espíritos amados precisando do seu socorro em outras dimensões. Saia deste lugar, arrependa-se e aceite as mãos estendidas dos mensageiros espirituais. Vá para uma colônia rever as suas vidas passadas. Você ficou parado no tempo e no espaço... Vá buscar as causas da Lei de Causa e Efeito que nos impediram de ficar juntos naquela vida, provocaram a sua morte naquela fogueira, e nos impedem de ficarmos juntos agora...

– Não parei no tempo, morri queimado porque no mundo dos vivos existem canalhas sem escrúpulos tal como aqui. Mas não vou sair dessa morada que construí para você, por amá-la, isso é loucura! Entenda uma coisa, estamos mortos! Seu filho está morto! E, quer saber? Os vivos que se danem! – ele declarou profundamente irritado.

– Você está enganado. Nunca estive tão viva, estando morta, e nunca estive tão morta, quando estava viva, pois estava distante das verdades do Cristo – ela disse emocionada. – No mundo espiritual me levantei, descobri que o tempo não existe, que a vida continua, que podemos a qualquer momento nos arrepender e reparar nossos erros, nos libertar da culpa, da mágoa e do ressentimento.

– Chega de blá-blá-blá. Não vou libertá-la. Você me pertence! – ele disse.

– Não é blá-blá-blá. Aqui no plano espiritual descobri que um grande amor não é o mais importante quando colocamos em risco a vida de muitas pessoas, de nossos filhos e descendentes. Aprendi que hoje estamos colhendo o que plantamos ontem, que nunca é tarde para abandonarmos o egoísmo, a negligência, para corrigirmos um erro do qual nos envergonhamos, que a família é mais importante que todo o resto, que a riqueza não está no que possuímos, mas no que sentimos e somos, que o verdadeiro amor se eterniza, chega na hora certa; mas para que ele possa se concretizar puro e verdadeiro, é preciso ter paciência para corrigirmos o nosso caráter, a nossa rota, fazendo uso da renúncia quando preciso! Eu amadureci, aprendi com a dor, e você precisa fazer o mesmo!

– Não vou suportar sua partida! De jeito nenhum! – ele afirmou.

– Esse seu jeito impulsivo me magoa, me faz sofrer. Não deixe o nosso amor morrer por sua impulsividade. Se mudarmos, sei que vamos nos reencontrar em breve. Aqui descobri que a felicidade mora na esperança. Descobri que a humildade é importante para reconhecermos os nossos erros, mas que sem a fé em Deus e em Jesus, não é possível descobrir a nossa força interior e ter a necessária coragem para nos corrigirmos. Temos a eternidade para ficarmos juntos, mas não é agora. Comprenda...

– Por que não pode ser agora? É só esquecer esse seu filho idiota! – ele disse perplexo com as falas dela.

– Não fale assim dele... Enxergue que você me ama egoisticamente, com sentimentos, mas não com atitudes! Amor é mais que sentimento! Amor é atitude! Se me amasse me deixaria livre, não me faria sua prisioneira, não me transformaria em um objeto. Quem ama não aprisiona o outro por capricho. Quem ama deixa o outro fazer suas próprias escolhas. O amor não é uma via de mão única.

– Que parte do "Eu te amo" você não entendeu?

– Gostaria que o amor que sente por mim o fizesse abandonar essa máscara de espírito mau e se transformasse em quem você é realmente, um espírito bom e puro. Você não me ama, ama a si mesmo e faz de mim objeto de satisfação do que deseja, não considera a minha felicidade, as minhas necessidades, a minha personalidade e os meus sonhos.

– Não, eu não sou bom! Eu te amo! E quer saber? Sou louco e bandido também. Já falei e falo novamente. Daqui você não sai, você é minha, entendeu? Minha e somente minha e de mais ninguém! – ele gritou histérico, dando um murro na parede com todas as suas forças.

– Não seja violento! Eu acho que está me fazendo pagar um preço muito alto por um dia tê-lo amado. Você me assusta! Você se transformou em um homem bruto e cruel. Esse seu abuso, essa sua ausência de limites, rouba-me a individualidade. Você pode ser do modo que quiser ser, ter a vida que desejar, você pode ter endurecido o seu coração, mas não posso aceitar que continue a ferir os meus limites internos. Por que me mantém sua refém? Refém de suas próprias angústias e dúvidas... Não se importa com o que me acontece, com o que tenho de carregar, se me destrói por dentro aos poucos. Deseja que eu seja eternamente sua escrava?

– Sim! – ele respondeu sorrindo.

– Não posso. Não quero. Não vou ser hipócrita. Não posso ser sua mulher enquanto não aprender a ser mãe! É para isso que vim até esta zona umbralina: vim fazer feliz o coração de mãe infeliz que carrego no peito!

– Assumo o papel de bandido e na minha loucura não vou libertá-la e ponto final! Conforme-se! É melhor para nós dois! – ele disse gritando, totalmente fora de si.

– Não! Não vou abrir mão de consertar os meus erros e fazer feliz em primeiro lugar essa mãe que eu deveria ter sido e que não fui, mas que ainda posso ser. Não vou abrir mão disso para tentar fazer apenas você feliz, pois fracassarei na minha missão materna. Entenda uma coisa, ninguém dá o que não tem! Vou enganar a quem? Hoje sou o que não fui, o que não fiz, pura frustração, desengano e dor! Sei que vai sentir falta de mim, mas preciso partir! – ela disse convicta.

– Você é mesmo a rainha do drama! Que exagero! Deixa o seu passado para lá. Você não precisa fazer nada disso. Pode ficar comigo neste umbral eternamente e ser muito feliz, sem culpa, sem drama – ele disse.

– Não posso deixar o meu filho para lá! – ela disse com os olhos cheios de lágrimas. – Até parece que você não está escutando nada do que estou falando! Até quando vai perpetuar a minha angústia? Até quando vai confundir amor com egoísmo? Até quando tentará silenciosamente tornar-me protótipo dos seus ideais utópicos? Como é que poderei viver, sentir e falar de amor, não sendo o amor em gestos e palavras, não resgatando o amor do meu filho? Hipocrisia. Se não tenho felicidade e realização como mãe, não posso amar mais ninguém. Não posso ser o que ainda não sou, outra coisa que não mãe, e me esconder sob as vestes imaculadas de uma amante, aparentemente feliz por fora, com sorriso falso, mas uma amante insatisfeita, infeliz, frustrada e podre por dentro. A missão que vim cumprir neste lugar é muito pequena, mas a maior de todas: resgatar o meu filho, um filho que inadvertidamente abandonei e fiz caminhar por um calvário de dor, e lutar pelo seu amor, fazer feliz a mãe que hoje quero ser, que não consegui ser, mas que ainda posso vir a ser.

– Você não vai mudar a minha decisão. Eu sei que se partir vai se arrepender. O seu lugar é ao meu lado! – ele respondeu em tom enérgico.

– Não vou me arrepender! Escolhi meu destino espiritual e estou bem com minha escolha, foi minha escolha. Não vou ficar e sofrer ao seu lado tendo que ser o que não sou, o que não quero ser, o que ainda não consegui ser: mãe! Não sei o que você quer de mim. Aceite que não quero ser sua amante, sua escrava sexual, permita que eu siga a minha vida tentando cumprir minha mísera missão: atender aos desejos do meu coração, um coração de mãe, que apenas deseja salvar o seu filho.

– Coração de mãe? Sei... Pode esquecer. Não vou libertá-la! Você não entendeu ainda? – ele disse.

– Ferradura, no mundo espiritual, com o coração puro descobri que Deus é extremamente misericordioso, permitindo o reparo dos erros que cometemos enquanto encarnados. Por isso, não posso perder essa chance. Se não consegui ser uma boa mãe enquanto estava viva, serei uma boa mãe agora, mesmo estando morta. Descobri a vida na morte! Hoje aceito o que não fui e o que sou, por isso sei que vou vencer. Preste atenção: descobri que você é o homem "da" minha vida, que sempre amei, disso não tenho a menor dúvida, mas um homem que não pode neste momento estar "na" minha vida, e disso também não tenho a menor dúvida. Imploro que reflita sobre isso. Não posso crer que um amor tão puro e verdadeiro possa ser a minha ruína e provocar tantos desatinos. O amor não é e não pode ser isso: uma prisão eterna.

– Chega dessa conversa fiada... o que eu fui, o que não fui, o que serei. Chega de tanto lero-lero! Eu já falei que você não vai sair de perto de mim e nada do que você disser vai me fazer mudar de ideia. Não posso permitir que você me abandone! – ele disse muito irritado, erguendo as sobrancelhas e arregalando os olhos.

– Ferradura, é difícil, eu sei, nunca amei ninguém como amo você, mas preciso salvar meu filho!

– Pode esquecer! – ele disse já se afastando dela, rumo à porta.

– Que prisão absurda é essa? Não acredito que você vai embora e vai me manter sua escrava! Por favor, liberte-me, deixe-me livre. Não se vá, ouça-me! – ela pediu aos soluços.

Suas lágrimas o comoveram e ele de súbito parou de andar, lentamente se afastou da porta e voltou para ela, olhou bem dentro dos seus olhos, segurou suas mãos trêmulas e disse:

– Por favor, pare de chorar! Não posso vê-la sofrendo. Desse jeito não consigo ir embora...

– Até quando alimentará essa brincadeira de gostar de me possuir? Compreenda que no momento não posso ficar ao seu lado, amá-lo como merece. Estou do avesso. Eu tenho clareza de que não fui capaz de abandonar os fragmentos de desamor da minha história pregressa, não fui capaz de não me envergonhar pelo que sou, pelo que fiz, ainda não consegui juntar os pedaços de mim mesma que deixei espalhados pelas vidas passadas, que não consegui me perdoar e por isso é impossível recomeçar esse amor de forma legítima. Hoje desejo que nós dois possamos evoluir para atender aos ideais do Cristo, desejo que se conscientize que com essas suas atitudes está machucando desnecessariamente a minha alma.

Ele fitou seus olhos, mas nada respondeu, e ela prosseguiu:

– Desejo que descubra que aquilo que vale a pena ser possuído não pode ser possuído. Esta vida de escrava está ruim demais. Leia a minha alma. E me diga para que tantos poderes neste umbral? Não valem nada se atormenta e aprisiona uma mulher que apenas te ama, mas que neste momento tem outras prioridades. Antes de amá-lo, preciso resgatar o respeito por mim mesma, retomar a minha dignidade e integridade perdidas. Só vou conseguir isso quando salvar o meu filho! Por que para você é tão difícil entender isso? Acabe com esse amor bandido e estúpido de uma vez!

– Não! – ele disse.

– Hoje vou orar e implorar a Deus para que sejamos fortes o suficiente para podermos carregar nosso maior sofrimento: nós mesmos, com a mala cheia de medos e de vergonha pelo que fomos e ainda somos. O amor não deve ser tratado assim... – ela disse apertando forte suas mãos.

Ferradura encolheu os ombros, com os olhos marejados, baixou a cabeça e se retirou rumo à porta. Sem saber, Isabel, com aquelas palavras, despertou algo adormecido em sua alma, ela tocou o seu coração e o fez começar a pensar.

Enquanto ele caminhava, ela o chamou, ele olhou para trás e parou para ouvir o que ela ainda tinha para dizer na esperança de que ela mudasse de ideia.

– Ferradura, saiba que sou apenas uma ponte, a travessia para que você volte a ser você... Sou a travessia para que você consiga perceber a importância de integrar o menino ferido que habita sua alma com o homem que diz me amar. O menino que habita sua alma está machucado e é frágil, o homem se tornou frio e vive de incertezas; o menino é sonho, o homem é ilusão; o menino é coragem, o homem é medo; o menino é verdadeiro, o homem é falso, impulsivo, agressivo e usa máscaras. O menino é puro, o homem é impuro; dentro do menino grita o amor, dentro do homem, a dor; o menino sente, o homem está anestesiado; o menino enxerga; o homem está cego de ódio. O menino precisa ser curado pelo homem, o homem precisa ser recolhido, acolhido e curado por Jesus para seguir sua evolução espiritual. Ambos foram perdoados. O nosso amor foi, é e sempre será, mesmo não sendo...

– Deixe de falar bobagem, você não me ama mais, está deixando o nosso amor morrer... – ele disse, retirando-se do quarto, pegando na maçaneta e abrindo a porta.

– Não é nada disso! Tenha certeza de que apenas estou tentando integrar minha menina à mulher, à mãe amorosa que deveria ter sido e que não fui, para encontrar a paz. Desejo a mesma coisa para você. Lembre-se da parábola de Jesus: "O semeador saiu a semear em vários tipos de solo; quando semeava, uma parte da semente caiu à beira do caminho, e vieram as aves e comeram-na. Outra parte caiu nos lugares pedregosos, onde não havia muita terra; logo nasceu, porque a terra não era profunda, e tendo saído o sol, queimou-se; e porque não tinha raiz, secou-se. Outra caiu entre os espinhos; e os espinhos cresceram, e sufocaram-na, e não deu fruto algum. Mas outras caíram na boa terra e, brotando e crescendo, davam fruto, um grão produzia trinta, outro sessenta e outro cem. Disse: Quem tem ouvidos para ouvir, que ouça." (Marcos 4:3-9). Ferradura, saiba que sou semeadora de vida, discípula do Cristo e em seu nome eu vim semear o amor no jardim do seu coração calejado e endurecido. Deixe a semente deste amor germinar, deixe que ele floresça... Eu sei que o solo do seu coração não é pedregoso, é um solo fértil...

No dia seguinte, após refletir sobre as palavras de Isabel, Ferradura deu uma ordem aos seus capangas:

– Não façam nada. Deixem-na partir. Trombeta! Venha cá! – disse Ferradura irritado e muito nervoso.

– Sim, senhor! O que deseja? – questionou aflito e com ar temeroso.

– Acompanhe Isabel na busca do seu filho, proteja-a como se ela fosse a sua mãe, não deixe nada acontecer a ela. Leve mais alguns homens com você. Traga-a de volta inteira, sem um arranhão! Entendeu? – ele ordenou muito contrariado.

– Sim, senhor! Seu desejo é uma ordem – Trombeta respondeu em tom de servo obediente.

Não demorou e Isabel soube que estava livre para ir ao encontro do seu filho, acompanhada pelos capangas de Ferradura. Ao receber a notícia, ela empalideceu, suou frio e quase desmaiou de tanta emoção.

Não acreditava que aquilo estava acontecendo de verdade. Aquele momento ficou marcado em seu coração. Afinal, ela não se enganara com Ferradura; de fato ela havia enxergado dentro daqueles olhos o menino puro que habitava a sua alma. Em um impulso, orou e agradeceu a Deus por sua liberdade.

Trombeta, seguindo as ordens de seu chefe, reuniu um pequeno exército muito competente para ajudá-la em sua jornada. Então, no final do dia, Isabel partiu com Trombeta e os outros capangas.

Logo em seguida, Ferradura foi até o quarto em que ela ficara e observou o vazio do lugar. Era como se ele tivesse mergulhado em uma profunda escuridão. O quarto vazio, os lençóis da cama gelados e a ausência do seu perfume no ar dilaceraram a sua alma. Naquele momento, sentindo profunda saudade da sua amada, ele deixou de ser o homem forte e arrogante e permitiu que o menino ferido chorasse em silêncio...

capítulo 11

RETORNO AO PASSADO

"Não deixe que os erros cometidos anulem as possibilidades futuras. Descobriu o erro em si mesmo? Arrependa-se. Repare os seus erros, não volte a errar e siga em frente."

José de Moraes

Naquele mundo existiam dores de todos os tipos. Aquele mundo acinzentado e gélido era simplesmente horrível. Era insuportável a carga de ódio, rancores, lamentações, gemidos e clamores dos espíritos sofredores, ignorantes, perturbados, confusos, revoltados e deformados. Eram indescritíveis as péssimas sensações advindas das baixas vibrações dos espíritos dos assassinos, ladrões, terroristas, cafetões, prostitutas, espíritos materialistas e mentirosos, agressivos, violentos, orgulhosos, arrogantes e espíritos suicidas. Espíritos que em algum momento da sua jornada desrespeitaram as leis divinas e insistiram em não aceitar nenhum tipo de ajuda. Aquele mundo tenebroso era uma verdadeira réplica do submundo terreno.

Aquele mundo parecia uma escuridão sem fim, com cheiro de carne podre. Um mundo feio, sem luz, sem cor, sem sabor, sem brilho, cheio de cavernas, penhascos e pântanos lodosos. Morada dos mortos, daqueles espíritos que de fato estavam mortos para os valores e as verdades do Cristo. Era nesse mundo escuro e infernal que Murilo habitava desde a sua morte. Um mundo de sofrimentos, torturas e de profunda escravidão moral.

A porta da cela se abriu, e ela apareceu novamente. Irritada e nervosa como sempre e proferindo palavrões com o seu fiel chicote nas mãos.

– Seu imprestável! Daqui a pouco vai sentir a força das minhas lambadas novamente – disse gargalhando e se retirando após ir até Murilo e lhe dar algumas chibatadas. Satisfeita com sua vingança, deu ordens para que ele fosse removido daquela cela imediatamente e levado mais uma vez para o corredor da morte.

Naquele instante, Murilo arregalou os olhos, ficou alarmado com o horror que o aguardava, abaixou a cabeça, se sentou no chão, se arrastou até o fundo da cela, naquele chão duro e frio, se encolheu todo e com um nó estranho na garganta se desfez em lágrimas. Ficou pensando se algum dia haveria um fim para as suas dores terríveis. Aquilo era simplesmente insuportável. Como se não bastassem os castigos violentos, toda a noite tinha pesadelos com espíritos vingativos que se divertiam atormentando-o. Em vão se revoltou, gritou, esperneou, depois encarou sua desgraça, sabia que estava isolado naquela cela imunda e que ninguém viria lhe ajudar. Inquieto, nervoso, confuso, mais uma vez começou a reviver toda a sua vida, desde a sua infância. Sabia que era o seu passado que o fazia sangrar. Sentiu-se atordoado. Lembrou-se de sua mãe. Seu rosto enrubesceu, seu coração acelerou, as suas mãos tremeram e nesse instante a mágoa, o ressentimento, o ódio que sentia por ela aflorou ferozmente em sua alma. Culpou-a por todos os seus infortúnios e praguejou contra ela com todas as suas forças.

– Malditaaaaa! Um dia vai pagar pelo que me fez! Se não tivesse se perdido na bebida, se não tivesse me abandonado por causa daquele vagabundo, eu não seria tão maltratado por aquela ordinária e talvez não estivesse nesse lugar. Se não tivesse sido tão irresponsável e insensível, talvez meu destino tivesse sido outro. A escuridão dos seus atos apagou a minha luz. A culpa é sua! Maldita, tudo é por sua culpa, sua culpa! Desejo que ranja os dentes em dores e pague o que me fez, como eu estou pagando pelo que fiz.

Após desabafar, Murilo sentiu seu coração bater muito forte, parecia que ia sair pela boca, sua respiração ficou ofegante, era como se um monstro viesse em sua direção. Ficou assustado, se encolheu, mas ele viu se tratar de uma esfera clara envolvida por faíscas parecidas com relâmpagos que encheu todo o ambiente. Dentro dela, o vulto de uma mulher. De repente ele ouviu uma voz, o medo se apossou dele, o suor correu-lhe sobre a face, ficou completamente confuso.

– Eu te amo, perdoe-me, estou indo ao seu encontro, vou tirá-lo desse lugar horrível, tenha fé e esperança. Seu sofrimento está chegando ao fim. Deus está conduzindo minha jornada. O que não fiz por você e por meus netos em vida, acredite que farei agora na morte! Não se preocupe que vou socorrer o seu filho Ricardo... Ele se tornará um homem bom...

Murilo achou aquilo muito estranho, afinal ele nunca teve fé em nada e muito menos esperança de conseguir sair daquele lugar. Não tinha mais nenhum tipo de expectativas, havia se transformado em uma ferida crônica ambulante. Sua alma havia gangrenado. A revolta era sua companheira diária naquela cela fedorenta. De quem seria aquele vulto feminino? Por que aquela voz dizia estar a caminho para salvá-lo? O que estava acontecendo com ele? Em função das torturas estaria delirando? Por que aquela voz afirmava que ajudaria seu filho mais velho, o Ricardo? O que estaria acontecendo no plano terreno com ele? Seus pensamentos o remeteram a imaginar muitas coisas, mas, alguns instantes após a visão, Murilo despertou de seus trôpegos pensamentos quando foi arrancado da cela e levado para o corredor da morte. No caminho em desespero blasfemou contra Deus, seus carrascos e toda a humanidade. Eles eram os culpados por todo o seu sofrimento.

Algumas horas depois, fraco, cansado, cheio de ferimentos por todo o corpo, deprimido e entorpecido pela dor após torturas brutais intermináveis, jogado como um rato de volta a sua cela, sob os olhos maus dos seus carcereiros, convivendo com vermes e ratos, naquela noite com muita dificuldade, sem conseguir se mover, extremamente abalado, ele começou a rever a crueldade de todos os seus atos passados, responsáveis por seu trágico destino. Mesmo sem ter convicção na existência de Deus, pediu para que fosse eliminado do universo de uma vez. Implorou pela morte, mas o seu pedido não foi atendido. Por suas dores serem insuportáveis, sua arrogância e orgulho começaram a desvanecer. Sem conseguir dormir ouviu as ordens de sua megera.

– Amanhã esse imprestável vai experimentar o banco do diabo! Levem-no assim que acordar! – ela ordenou gargalhando!

"Banco do diabo? O que seria isso?" – ele se questionou.

Antes que seu pensamento terminasse, o carcereiro foi até sua cela e gritou:

– Amanhã o dia promete, você está ferrado! Esse banco vai esticar todo o seu corpo até arrebentar seus braços e pernas! Você não imagina como é delicioso! Dorme bem, que amanhã vai ser um dia muito especial! Vai se arrepender de ter morrido! – ele disse gargalhando.

Murilo entrou em pânico, não conseguiu pregar o olho, preocupado com o tal banco. Ficou atormentado e aos poucos, naquela cela aguardando o dia seguinte, começou a compreender que espancar dói e pela primeira vez lembrou-se das dores que impôs aos outros enquanto encarnado, de todos os estragos que espalhou por onde passou. Reviu sua insensibilidade para com os sentimentos dos outros, seu egocentrismo, suas trapaças, mentiras, suas emoções superficiais, seus atos violentos e desonestos, sua sensualidade exagerada. Relembrou todas as suas ações e intenções maléficas. O medo o remetia a refletir sobre as causas da sua desgraça. A dor começava a fazer o seu trabalho e a necessidade de se livrar dela o fez mergulhar em sua mais profunda interioridade. Assim, Murilo foi se despindo camada por camada, desvelando seus mais íntimos segredos, seu ego orgulhoso, suas dores reprimidas, seus medos, frustrações, inseguranças, mágoas, ressentimentos, desilusões, baixa autoestima, vaidade e principalmente o desamor que habitava sua alma. A fragilidade o despiu de suas defesas. O homem frio, insensível e cruel dava passagem para um menino infeliz, triste, machucado, amedrontado, carente e frágil. A culpa começava vagarosamente a despontar em seu ser, um pequeno passo para o remorso. Chorando desesperadamente em silêncio, com pavor do que estava por vir, lembrou-se das surras que deu em sua esposa Valquíria e no sofrimento absurdo que provocou nos seus três filhos, ainda indefesos, sem medir consequências dos estragos em seus mundos internos. O homem irascível transformou-se em um frágil menino, transformou orgulho em choro e se sentiu feito carne no açougue do umbral, no qual expuseram as suas maldades.

Neste instante, algumas lembranças terríveis vieram-lhe à mente como se estivesse vendo um filme.

– Papai!!! Não! Não faz isso, não bate na mamãe! – gritava Ricardo apavorado.

– Não, papai, não machuque a minha mamãe desse jeito! – implorava Júlia chorando e muito trêmula.

– Imunda! Vadiaaaa... Não faz nada direito! Sua vagabunda! – gritava Murilo totalmente fora de si, enquanto espancava Valquíria sem dó e sem piedade na frente dos filhos.

– Paaaaaaaaaiê! Não faz isso! Não machuca a minha mãeee! O rosto dela está sangrando! Você quebrou seus dentes! Seu monstro! – gritava Ricardo em tom de revolta e desespero, em um impulso pulando para cima de seu pai, na vã tentativa de salvar a mãe de sua violência brutal.

Murilo era forte. Sem pestanejar, quando percebeu o menino vindo para cima dele, deu-lhe um tremendo pontapé e vários socos, jogando-o longe, quebrando o seu nariz e o seu braço.

Nesse momento, Júlia e Eduardo encolhidos no canto da sala e abraçados, trêmulos, suando frio, apavorados, choravam amargurados, com medo de que seu pai continuasse a bater em Ricardo e em sua mãe até matá-los. Ricardo caído no chão se contorcia de dor, mas encarava o pai com um olhar carregado de profunda decepção e dor e com muito ódio, desejando fulminá-lo.

— Não, Murilo, pare! Por favor, não me bata mais, pense nos seus filhos! Chega! Não vê que o menino se machucou? Você está bêbado! Pare! – Valquíria disse chorando muito, mas ele não parava de espancá-la.

— Manhêêê! Foge daqui para bem longe! – gritava Júlia aos prantos, amedrontada.

— Júlia, pelo amor de Deus, corre... vai chamar o Gilberto, ele deve estar no bar da esquina, pede para ele vir aqui dar um jeito no seu pai – pediu Valquíria desesperada tentando se desvencilhar do Murilo.

— Não vai chamar o Gilberto coisa nenhuma – gritou Murilo completamente fora de si, com voz de bêbado, já se acalmando. Sabia que o Gilberto era capaz de lhe dar uns bons socos para acabar com aquela palhaçada. Eram amigos de muitos anos, mas Gilberto não admitia violência contra mulheres e crianças. Mesmo cambaleando, desgastada emocionalmente, com o corpo todo espancado, os olhos machucados, a boca sangrando, Valquíria com muito esforço se desvencilhou de Murilo e correu em direção ao filho com o nariz e braço machucados.

— Filho... Por favor... Aguente! Venha, vamos para o hospital. Não se desespere, se acalme, isso é culpa da bebida, ele deve ter tomado uma garrafa de cachaça. Amanhã ele nem vai se lembrar direito do que fez com a gente. Está completamente bêbado, o Gilberto vai cuidar dele. Vamos!

O menino assentiu com a cabeça. As lágrimas cobriam-lhe as faces e o ódio pelo pai crescia a cada dia. Júlia foi chamar o Gilberto, que logo veio socorrer a família. Deu alguns sopapos em Murilo e o colocou para dormir. Enquanto isso, Júlia começou a passar mal, apresentou vômitos e diarreia por dois dias. Eduardo acompanhou a mãe e o irmão até o hospital e depois, quando retornaram do hospital, no silêncio do seu quarto chorou a noite inteira. Teve pesadelos horríveis, desejou morrer, e a partir desse dia passou a ter pesadelos constantes e se trancou em si mesmo.

Sentado no canto da cela todo encolhido, abraçando os joelhos, Murilo se assustou com as cenas familiares dolorosas em função dos seus atos hediondos. Sua cabeça zuniu, seus olhos ficaram vidrados no vazio. Atordoado percebeu o quanto maltratara toda a sua família.

Em seguida, lembrou-se das brigas nos bares, dos golpes financeiros que aplicou em centenas de pessoas, do suicídio que provocou em um dos seus clientes após tomar-lhe todos os seus bens, do tráfico de drogas, na morte estúpida de Cristina, sua amante, que durante uma briga com ele caiu, batendo a cabeça, vindo a falecer. Minguado, cansado, quase sem forças, em um ímpeto criou coragem, ajoelhou e do seu jeito começou a conversar com Deus:

– Nunca acreditei que existisse um Deus, mas também nunca acreditei na vida após a morte. Sei que morri, mas continuo vivo. Assim, deduzo que um Deus possa de fato existir. Se o Senhor existe, e se pode me ouvir, nesse momento pergunto: por que me deste uma mãe bêbada, vadia e que me abandonou? E para piorar minha situação, um pai egoísta, negligente, desligado, que demorou anos para perceber o quanto fui vítima de violência e perseguido por uma tia ordinária que me destruiu por dentro? Por quê? Por que me condenastes a não crer nos seres humanos desde tenra infância, quando ainda era um menino puro, bondoso e inocente? Muitas foram as vezes que rezei pedindo socorro, implorando para o Senhor me libertar daquele imenso sofrimento, mas nunca fui ouvido. O Senhor nunca me ajudou.

– Cala a boca, seu imprestável, esse papo furado está me irritando! Cala essa sua boca imunda antes que lhe arrebente! – gritou um espírito preso na cela ao lado com uma aparência assustadora. Parecia um esqueleto ambulante de tão magro e acabado.

– A conversa não chegou nesse chiqueiro! Vem me fazer calar a boca, seu miserável. – Murilo respondeu esbravejando.

– Está se arrependendo do que fez? Sua bola murchou? Está chamando pelo papai do céu para vim lhe salvar desse inferno? Aqui não se fala dele e muito menos com ele, seu otário! Não vê que ele o abandonou, o excluiu do seu reino e o condenou aos infernos pela eternidade?! – gritou um outro espírito preso em uma cela mais distante, gargalhando.

– Calem a boca todos vocês! – gritou o carcereiro irritado.

Murilo, ignorando todos, evitando confusão, mentalmente continuou sua conversa com o provável Deus.

– O Senhor tem noção da dor e da humilhação que senti a cada espancamento daquela megera mal amada? Como eu podia me defender de tanta hostilidade aos quatro anos de idade? Sabia que eu me sentia impotente, pois o meu pai não me defendia daquela ordinária e duvidava do que eu lhe contava? Deus, fui violentado moralmente e tive que me submeter a situações terrificantes. Por muito tempo fui objeto de maus-tratos. Nunca compreendi porque ela desejava a minha destruição, porque ela me escolheu para ser seu objeto de morte. Como compreender a violência física e psicológica daquela velha interesseira e hipócritaaaaa? Ela me odiava, mas ficava comigo pelo dinheiro. Como compreender o abandono, a rejeição da minha própria mãe? O Senhor tem noção da dor que senti ao ser rejeitado e abandonado, do ódio que senti por todos eles e ainda sinto? Tem noção da tensão incontrolável que vivenciei anos a fio e dos danos físicos que aquela tia maldita me causou? Tenho o corpo todo marcado por cicatrizes e queimaduras de cigarro nos braços, na barriga e nas pernas. Sabe quantos golpes levei na cabeça? Quantos chutes e socos? Sabe como é terrível ficar trancado dentro de um armário por mais de doze horas com fome e com sede, todo sujo de fezes e urina? A verdade é que me rasgaram por dentro. A dor passou a me possuir. Os atos de humilhação dela, a indiferença do meu pai e o abandono de minha mãe me deixaram claro que eu era um verme e não era digno de ser amado. Fui tratado como um marginal e por isso me tornei um. Para superar o medo, o pavor dos castigos que ela me impunha, eliminei as lágrimas, todos os meus sentimentos, me tornei um homem forte, indiferente, frio e insensível. Quando meu pai descobriu já era tarde, os traumas destruíram minha fé, esperança e o meu mundo psíquico. Ele demorou a se recuperar da dor do abandono de minha mãe, ficou anos a fio apático e sentado no sofá contemplando o vazio e olhando para o próprio umbigo. E eu? Um menino inocente com apenas quatro anos jogado na casa de uma tia monstruosa. Meu pai não falava comigo, se fechou na sua dor. Não ouvia minhas reclamações, não acreditava que sua irmã era um monstro horrível. Por isso, aos dezoito anos saí de casa, pois não consegui perdoá-lo. Três anos depois da fuga da minha mãe, ele começou a frequentar um centro espírita e tempos depois passou a me ensinar sobre Deus e Jesus, mas não acreditei, pois se ele tinha Deus ao seu lado como pôde ser tão cego e não perceber o que a irmã dele fazia comigo? Quantas vezes indaguei: que Deus é esse que me jogou para os monstros devorarem? Fui devorado. Tem noção de quantas vezes pensei que iria enlouquecer? Tem noção de quantas vezes tentei o suicídio? Para me libertar da dor das torturas, do ódio que sentia de meu pai, e da culpa por sentir tudo o que sentia. Acreditei que eu era o monstro. Como um filho pode odiar sua mãe e seu pai? Assim, para me libertar do que sentia, sem dinheiro, sem casa, sem formação e trabalho fui morar numa região pobre e repleta de marginais com elevados índices de criminalidade, que envolvia estelionato, tráfico de drogas, roubos e prostituição. Vivi no meio de bandidos com constantes conflitos violentos. No começo fui "mula" de traficantes. Aprendi a dar golpes para sobreviver. Depois de um tempo juntei dinheiro e fui para um bairro melhor, estudei, ganhei poder, casei-me, mas nunca abandonei a antiga profissão. Nunca aceitei a autoridade de ninguém e quando contrariado sempre respondi com agressividade e violência. O mesmo tipo de tratamento que recebi e continuo recebendo nesse inferno. Hoje sei que foi uma forma de me vingar da vida e do Senhor. Descontei o ódio da minha mãe e da minha tia na minha mulher, nos meus filhos, clientes e amantes. Se o Senhor existe mesmo e está ouvindo a minha história, me tira desse lugar, me dá outra chance. Quero fazer tudo diferente, quero recomeçar... Deus, se o Senhor existe, ajude-me a esquecer tudo isso, cura a minha alma...

    Parece que Deus mais uma vez não ouviu o desabafo de Murilo. No dia seguinte, como ordenado pela megera, ele foi levado para o banco do diabo. Tratava-se de um tipo de máquina de tortura. Uma mesa com dois rolos nas suas extremidades. Sem piedade ele foi colocado no banco e teve seus pés e mãos amarrados, e seus carrascos giravam os rolos em direção contrária de forma a esticar todo o seu corpo. Em um dado momento, seus braços e pés foram arrancados do seu corpo. Os gritos de dor foram ouvidos por toda a região umbralina. Arrancaram-lhe também os olhos.

Após esse ato cruel, ele foi jogado em sua cela novamente. As poucas forças que lhe restaram serviram para ele blasfemar, xingar, alimentar e reviver pensamentos e sentimentos de puro ódio e vingança. Amaldiçoou sua mãe e Deus. Por meses a fio o seu ódio foi tão forte, tão destrutivo e sombrio, que ele acabou enlouquecendo, perdendo a noção de tempo e espaço, o raciocínio e a memória, fechando-se em si mesmo. Com baixa vibração, revoltado, confuso, sem raciocinar, dementado, sem perceber, foi deformando progressivamente toda a sua mente. O que Murilo desconhecia é que as moléculas do seu períspirito estavam sendo moldadas pelos seus pensamentos negativos e destrutivos. Aos poucos estava adquirindo uma forma ovalada. Em dado momento, o carcereiro notou o processo de transformação de Murilo e correu para avisar Lúcia, sua chefa querida.

– Senhora! Ele esta perdendo a forma humana, como os outros fracotes! Perdeu os movimentos e não consegue falar mais! Se não parar com as torturas ele virará ovóide!

– Maldito, agora não tenho como castigá-lo. Retire-o da cela e jogue-o no porão com os outros, antes que a transformação se complete. Não esqueça de trancar, você bem sabe que em alguns dias, quando esquecer as torturas, aos poucos ele voltará ao normal. Antes que isso aconteça, vamos manipulá-lo e remetê-lo a uma simbiose com algum encarnado safado, que fomos contratados para destruir. Veja a lista, vamos ligá-lo a um desses imediatamente.

– Sim, senhora, pode deixar, fique tranquila! – ele respondeu solícito. – Vou providenciar essa simbiose obsessiva agora mesmo!

Enquanto isso, Isabel procurava Murilo em todos os lugares. Acompanhada pelos capangas de Ferradura, desesperada vasculhava todas as cavernas. Andaram por várias regiões umbralinas e nada de encontrarem o seu amado filho.

– Vamos voltar, desista! Não vamos conseguir encontrar o seu filho

Murilo. Ele deve estar nas cavernas mais profundas que existem nesse vale, e lá não podemos ir, é muito perigoso! – disse um deles.

– Vocês podem voltar a hora que desejarem, não pedi para ninguém me acompanhar! – ela respondeu sem dar ouvidos às recomendações do capanga e indo em direção à zona umbralina mais violenta.

– Volte, dona Isabel! O chefe pediu que a acompanhássemos, mas nesse vale tenebroso não podemos entrar! A senhora não tem noção do que esses espíritos são capazes de fazer! Eles são muito cruéis! Vamos embora já, sua segurança está em perigo! – gritou Trombeta, o chefe dos capangas.

– Já falei que vocês podem ir embora, eu vou continuar a procurar o meu filho e não tenho medo de nada nem de ninguém! – ela disse em tom alto e áspero.

– Dona Isabel, nenhum espírito sobrevive nesse lugar imundo! São torturados até virarem ovoides! A senhora é muito ingênua! Está se arriscando ao entrar em contato com forças muito maléficas. Pode virar escrava sexual deles! – ele respondeu apavorado.

– Você está exagerando! Só vou entrar e procurar meu filho! Ninguém vai me escravizar! – ela respondeu.

– A senhora está enganada! Pensa que é assim, entra nesse vale tenebroso, procura pelo seu filho, o encontra e o pega pela mão e vai embora tranquilamente? Quando colocar os pés nesse inferno, vai ser sequestrada, será levada como escrava sexual de um dos chefes desse lugar, não sai nunca mais! Se resistir sofrerá torturas das mais cruéis! E se quer saber, nem o Ferradura tem forças suficientes para vir tirá--la desse lugar monstruoso! Escute os meus conselhos e vamos voltar imediatamente para os domínios do Ferradura! Conversamos com ele e quem sabe ele providencia os caras certos para vir a esse lugar em busca do seu filho – disse Trombeta com tom muito preocupado e nervoso.

– Desiste dessa busca insana, se ele virou ovóide não tem como achá-lo! É loucura! – disse outro capanga já indo embora.

– Por que devo desistir? O que é um ovóide? – ela questionou curiosa.

– Quando as torturas e dores são demais, alguns espíritos sentem tanto ódio, em um nível tão profundo, que perdem a forma humana. E esse lugar é mestre em fazer isso com os espíritos que são capturados. Em formato ovalado são hipnotizados e usados pelos senhores das trevas para obsidiar os encarnados e desencarnados. Viram parasitas úteis aos seus intentos macabros. A senhora não tem noção do tamanho da encrenca! – explicou Trombeta.

– Não acredito! Não vou voltar! Podem ir em frente, voltem para o seu líder, Ferradura. Deixem-me em paz na minha busca! Não vou desistir do meu filho!

Isabel teimou e seguiu em frente. Trombeta, desesperado, acompanhou-a, mas os outros os abandonaram à própria sorte.

– Como assim vocês voltaram? – gritou Ferradura, muito nervoso ao saber do que aconteceu com sua amada.

– Fique calmo, chefe! O Trombeta foi com ela – disse um deles.

– Vocês são um bando de covardes inúteis! Não me resta outra alternativa a não ser reunir um exército e ir resgatá-la. Seus vermes imundos! – gritou Ferradura histérico.

Durante dias, Isabel e Trombeta caminharam pelos vales das sombras e sofreram vários tipos de ataques de espíritos tentando sugar-lhes toda a energia. Seus corpos perispirituais foram afetados, sentiam-se como farrapos humanos, faltavam-lhe forças, mas ela não desistia, mesmo se arrastando mergulhou cada vez mais fundo naquele vale umbralino.

Ferradura não perdeu tempo, reuniu seus homens e partiu atrás da sua amada.

capítulo 12

TUDO POR AMOR

"A calma na luta é sempre um sinal de força e confiança, enquanto a violência, pelo contrário, é prova de fraqueza e de falta de confiança em si mesmo."
(Autor desconhecido)

Escuridão total. Tiraram o capuz do rosto de Isabel e de Trombeta. Os olhos deles ardiam e estavam embaçados. Não enxergavam. Estavam cercados por uma gangue muito esquisita, formada por espíritos de várias idades, composta por alguns ainda muito jovens, mas não menos cruéis que os mais velhos. Apesar do horror que Isabel estava vivendo, ela estava calma, não se ouvia reclamação, nem de dor, nem de medo, tampouco de cansaço. O único pensamento que alimentava era: "estou passando por isso para encontrar e salvar o meu filho, vou conseguir salvá-lo". Trombeta estava muito agitado, com o olhar apavorado, e não encontrava uma forma de sair ileso daquela situação. Seus pensamentos eram os piores possíveis: "estamos ferrados", "vamos virar escravos", "não vamos sair inteiros dessa"...

– Levem esses dois para o domínio do Dragão! Ele está mesmo querendo outras amantes e escravos para o trabalho – gritou o líder da gangue, Joel!

– Hoje é nosso dia de sorte, com esses dois pagamos parte da dívida com ele! Ficará satisfeito principalmente com essa mulher! Como podem ser tão idiotas e terem vindo para nós como um presente! – disse o outro, chamado Pelota, gargalhando estrondosamente.

– Ainda bem, pois a captura de espíritos nos vales está cada vez mais difícil, eles estão muito espertos, aprenderam a se esconder – disse Joel.

– Esses são otários, mano! Muito otários mesmo! – disse Pelota gargalhando.

Isabel não se abalou, em silêncio seguiu para onde a estavam levando. Em seu coração ela tinha certeza de que essa jornada lhe traria o seu filho de volta. Por isso, não se importava com as dificuldades do caminho.

Ao chegar ao domínio do Dragão, Trombeta se desesperou. Apesar de ser um lugar organizado, era um ambiente horripilante, angustiante e fedorento, com o ar muito pesado e sufocante.

Eles foram levados a julgamento no centro daquele reino e foram imediatamente condenados pela invasão cometida. Trombeta foi condenado a trabalhar nas construções do reino, serviço que havia abandonado há muito tempo, e tentou argumentar que o seu líder Ferradura ficaria muito irado com seu sequestro, explicar que estavam em busca de Murilo, mas não adiantou. Ele foi remetido para as construções como escravo e Isabel para o harém do Dragão. Ela não imaginava o que enfrentaria a partir daquele momento. Conheceu um domínio macabro com rituais, costumes e hábitos totalmente diferentes do que estava acostumada e precisou se sujeitar a todos eles.

– Entre naquele aposento, escolha uma roupa, tem de todas as épocas e gostos, e depois se dirija aos aposentos dos guardiões do Dragão. Vai servir a todos eles esta noite – disse Lila, uma das mulheres preferidas do Dragão.

– O quê? O que está me dizendo? – questionou Isabel assustada.
– Trate de se arrumar rápido! – ela disse se retirando.
Isabel ficou desnorteada e de súbito sentiu profundo mal-estar, suas pernas ficaram bambas, sentiu fraqueza, tontura e precisou se sentar. Não se arrumou como Lila ordenara. Ficou imóvel no aposento sentindo muito nojo pelo que teria que se sujeitar a fazer naquele lugar.
Algum tempo depois vieram buscá-la, mas ela reagiu violentamente, lutou com vários capangas do Dragão. Resultado? Foi amarrada, chicoteada, espancada de todas as formas e presa.
Com dores terríveis, na cela começou a delirar. Sem saber, além das dores provocadas pelo espancamento, estava começando a absorver todo o mundo mental doentio do seu filho Murilo, que agora estava aos poucos se transformando em um parasita. Ela estava sendo envolvida pela consciência negativa dele e isto estava provocando mudanças em seus pensamentos, sentimentos e atitudes. A culpa, o remorso por tê-lo abandonado, permitiu que se instalasse entre os dois um processo obsessivo, que se não tratado lhe sugaria todas as energias.
Alguns dias depois ela foi retirada da cela e jogada aos aposentos dos guardiões do Dragão. Amarraram suas mãos, colocaram um pano em sua boca e começaram a lhe estuprar. Ela não tinha noção de quantos eram. Trataram-na como um animal, bateram nela com muita força. Foi abusada a noite inteira até que perdeu a consciência.
– Com o tempo você acostuma e acaba até gostando. Esse é um vale que agrega espíritos com compulsão sexual, psicopatas assassinos, estupradores, pedófilos, guerrilheiros, terroristas, assaltantes, todos os viciados em pornografia, orgias e traficantes. Vestem-se de várias formas. Alguns acreditam que ainda são cavaleiros medievais; outros que são príncipes; outros, soldados e outros pensam que são governadores. Enfim, pararam no tempo. Você vai aprender a gostar deles e quem sabe ganhará amantes que a cobrirão de favores. Seja inteligente – disse Lila debochada enquanto carregava Isabel de volta à sua cela.
– Você enlouqueceu? Acha que é possível aprender a gostar desses

espíritos nojentos, bêbados, fedorentos e horríveis?! – disse Isabel em tom desesperado.

– Sim! Com o tempo se acostuma com as suas deformações e compreende que são assim porque não superaram a forma como foram mortos. Alguns continuam sem as pernas ou sem os braços; outros com feridas abertas na cabeça, no peito, na barriga, provocadas por um tiro; outros ainda permanecem sangrando em função das facadas. Enfim, aqui tem de tudo! Já falei, com o tempo você se acostuma a eles! – ela disse dando de ombros e se retirando.

Sentindo-se humilhada, com um sentimento de desespero e repugnância, revoltou-se com seus carrascos e jurou sair daquele lugar e encontrar o seu filho custasse o que custasse. Alguns dias depois:

– Se tentar fugir novamente, será punida drasticamente até perder a sua forma, entendeu sua idiota? Não tente fugir, vai ser muito pior para você! – gritou Lila ao capturar Isabel no salão de festas, rumo aos portões de saída dos domínios do Dragão.

– Eu preciso sair deste lugar horrível! Preciso achar meu filho! – ela respondeu.

– Que parte do "não tente fugir" novamente, você não assimilou? – ela disse lhe dando pontapés, – E outra coisa, a partir de hoje fique atenta ao tocarem a campainha. Será o sinal para ir servir sem demora todos os homens do Dragão.

Por muito tempo, não sabemos se por três, seis ou doze meses – para ela parecia uma eternidade –, Isabel foi castigada por suas fugas mal sucedidas. O infortúnio dominou seu coração e nunca se sentira tão amargurada. Com o tempo passou a obedecer às ordens de Lila, não mais tentou fugir e ficou presa sem qualquer ato de revolta para se livrar das torturas cruéis a que era submetida a cada tentativa de fuga. A partir daquele momento ouviu muitas vezes o som da campainha que ressoava vindo da sala de Lila, avisando o momento do seu tormento. Assim, apesar da repulsa íntima, como escrava do submundo, ela serviu aos homens do Dragão da forma que eles desejavam, mantendo-se alienada, fria e distante. Não tinha como escapar do terrível jugo daquele lugar tenebroso. Ora satisfazia as extravagâncias dos seus capangas, ora dos seus aliados, bem como dos seus visitantes e até dos seus inimigos em negociações de tréguas.

Isabel vivia um pesadelo insuportável, sem tréguas, vítimas de constantes zombarias. Seus sentimentos eram confusos, sentia profunda angústia e medo de não conseguir sair daquele lugar e um enorme pavor da violência daqueles espíritos nojentos. As sensações eram muito ruins, um frio gélido lhe envolvia todo o corpo. As relações sexuais eram dolorosas, era como se esfaqueassem o seu útero. Sentia-se fraca, perdia energia, se sentia podre e totalmente esgotada. Aquela prostituição a aterrorizava. Com aquela vida Isabel adoeceu, à noite sucumbia em seu íntimo, rolava na cama de um lado para o outro com suores febris.

Como todas as mães arrependidas, vislumbrou encontrar seu filho, mas não acreditou que para isso teria que viver com um inimigo destruidor e com toda a sua luxúria. Isabel havia se tornado uma pobre alma chorosa, um lixo, escória, uma mãe esmagada, cheia de horror e sem a menor dignidade. Era assim que ela se sentia todo o tempo. Para piorar sua situação, durante a noite em sua cela ouvia gritos horripilantes de dor e tristeza de outros presos. Seu coração parecia que ia sair pela boca de tanto pavor.

Nessas horas, imagens tenebrosas invadiram a sua mente, as lembranças de seu filho pequeno chorando pela sua ausência a atormentava constantemente. Longos prantos, longos gemidos. Sem controle, algumas vezes revivia cenas de assassinatos, roubos, suicídios e torturas. Sem desejar aflorava do seu mundo interior todas as lembranças de suas vidas passadas. Algumas vezes lembrou-se das palavras do conselheiro:

"Isabel, você não vai suportar. Suas dores serão ainda mais profundas, sua alma dilacerará, viverá grande tormenta, cairá na loucura e não terei como ajudá-la. Será atacada pelas sombras enfurecidas, será escrava de espíritos cruéis, mergulhará no abismo. Para o seu bem, por ora, esqueça essa imensa insensatez."

Como admitir que cometera um equívoco e que o conselheiro estava certo? A infeliz soluçava. Parecia que ia enlouquecer e sofrer um colapso. Em alguns momentos a dor era tanta que chegou a desmaiar. Solitária em seus aposentos, em desespero gemia, gritava, esperneava, sofria, era como se estivesse condenada ao horror e sem a mínima possibilidade de encontrar uma saída para os seus tormentos, mas no fundo do seu coração ela mantinha foco no seu objetivo, não desistia de realizar o seu sonho. Suas lágrimas, que quase formavam um oceano, apenas expressavam a dor e a agonia que o seu coração sentia. Como seria possível suportar sua dura realidade com a quebra de todos os seus valores? O que mais viria para violá-la inteira por dentro? Essa expiação revelou todas as suas misérias íntimas e a fez desejar corrigir todas as suas fraquezas morais.

Durante várias noites se lembrou de Ferradura; afinal, ele a amava, e o cativeiro que ele havia lhe imposto parecia um paraíso comparado com o que estava vivendo. Onde ele estava que não vinha salvá-la? E João, seu ex-marido, onde estaria? Imersa em suas angústias passou a viver uma vida dupla, criou uma realidade paralela. Dentro si habitavam duas mulheres, a indigna e imoral que servia ao Dragão e a digna e repleta de virtudes que suportava tudo aquilo para de alguma forma realizar um dia o seu sonho, o de encontrar o seu amado filho.

Ela não havia se transformado em uma covarde e por isso nos seus piores momentos, entre soluços, buscava não sucumbir e compreender as lições do seu cativeiro, orando fervorosamente, pedindo auxílio e forças para Deus e para Jesus para suportar com um mínimo de dignidade sua tenebrosa realidade.

Apesar de inúmeras tentativas, Ferradura não conseguiu resgatá-la, os exércitos do Dragão eram muito maiores e bem mais equipados que o seu. Após vários combates fracassados, apesar de inconformado, ele retornou para o seu domínio com o resto do exército que lhe sobrara. Durante as batalhas perdeu centenas de homens.

Com aquela vida, atordoada, Isabel tinha dificuldade para pensar. Algumas vezes fraquejava, mas buscava em seu interior uma força sobre-humana para não se sentir derrotada, seguir em frente e superar essa dolorosa experiência, alimentando em seu coração a esperança de um dia conseguir salvar o seu filho. Sabia que havia se tornado um joguete nas mãos daqueles espíritos trevosos e resistir não melhoraria a sua situação.

    Estava desencantada com tudo, mas o arrependimento pelos erros cometidos, a fé inabalável em Deus e em Jesus, fortificavam o seu coração com esperança, dando-lhe coragem de suportar com garra a sua triste sina. Apesar de confusa, da aparente ruína, ela sabia que essa fase turbulenta não perduraria para sempre, algo dentro dela lhe dizia que todo aquele sofrimento seria passageiro. Com o passar dos meses, mesmo naquela realidade disforme, com humildade se esforçou para se submeter sem revolta aos horrores físicos, mentais, emocionais e psicológicos daquele reino, na esperança de conquistar algum dia o direito de continuar a busca por seu filho, através dos favores do terrível Dragão. Não lhe restava outra alternativa.

    Assim, apesar da angústia, aos poucos procurou se adaptar aos hábitos e costumes daquele reino umbralino, e pela sua sabedoria, obediência e qualidade dos serviços prestados, com o tempo conquistou o Dragão, e o seu suplício diminuiu. Apesar de sofrer como prisioneira e com todo o desgaste emocional e energético, com a baixa vibração do lugar, em pouco tempo ela se tornou uma excelente aluna e muito útil aos intentos do Dragão. Com facilidade ela dominava alguns dos inimigos dele, que acabavam fazendo o que ela queria em função de sua beleza e perspicácia, mas na verdade eles eram manipulados, e sem terem a menor consciência, através dela atendiam aos desejos mais íntimos do Dragão. Ela os incentivava a capturar espíritos na crosta terrestre para aumentar o seu exército, a libertar os seus prisioneiros de outros domínios, a resgatar as suas mulheres sequestradas por outros líderes negros, a atender os trabalhos encomendados pelos encarnados, a roubar energias dos encarnados, a incentivar os encarnados a beber, a se drogar, a praticar a luxúria, entre outras coisas. Por tudo isso, o Dragão passou a respeitá-la, a admirá-la, a protegê-la e a ensinar alguns de seus segredos de sobrevivência naquele lugar infernal. Ele ensinou Isabel sobre o poder da mente. No convívio com ele e a sua gangue ela aprendeu a controlar seus impulsos, emoções e sentimentos, a dirigir a sua mente, a evitar ataques psíquicos, a praticar a telepatia, enfim, a se proteger dos outros trevosos.

Esses absurdos que ela era obrigada a vivenciar a fizeram chorar angustiada em silêncio por muitas noites, mas ela não tinha como sobreviver naquele lugar se não atendesse aos caprichos do Dragão. Após cair nas graças do chefão, ela aproveitou os seus contatos e toda a sua influência para investigar sobre o paradeiro do seu filho Murilo.

– Isabel, é muito difícil, quase impossível localizar um espírito por essas bandas, esses vales são sem fim, ele pode estar em qualquer lugar, e, o pior, pode não ter suportado as torturas e se transformado em um ovóide e estar jogado em um local qualquer, sendo manipulado para destruir encarnados! Desista dessa busca! – disse Artur, um antigo guerreiro medieval e um dos maiores aliados do Dragão, que estava completamente apaixonado por Isabel.

– Meu querido, tente descobrir se alguém em especial o encomendou. Mande verificar nos reinos femininos. Descobri que nesses lugares algumas mulheres vingativas e revoltadas se transformam em grandes líderes de terríveis gangues, criando seus reinos, parecidos com o do Dragão. Quem sabe uma delas não o sequestrou por vingança, por ele ter maltratado algumas mulheres em sua última existência no plano terreno? E saiba que não vou desistir nunca do sonho de ter meu filho novamente em meus braços! A fé e a esperança é que me dão forças de permanecer nesse lugar hediondo. Sei que vamos encontrá-lo! Ajude-me! – ela suplicou em tom carinhoso.

– Quem lhe deu essas informações? – ele questionou curioso.

– A Lila me orientou a falar com o chefe da gangue dos jovens revoltados! Aqueles que ficam na ala de fora do reino do Dragão como verdadeiros cães de guarda – ela respondeu.

– Ah, sei... a gangue dos abortados revoltados, aqueles cujas mães desprezaram e eles carregam um imenso ódio por delas.

– Sim, deve ser. Mas por que sendo tão jovens servem ao Dragão dessa maneira? – ela questionou intrigada.

– Eles estão aqui porque com a ajuda dos nossos soldados descem na crosta terrestre e perseguem indefinidamente suas veneradas mães, pais e irmãos, causando-lhes infortúnios. Trocamos favores, por isso conhecem tanto sobre os reinos femininos. Ficam à espreita. Quando alguma delas desencarna e cai no umbral, eles correm atrás, negociam o seu passe.

– Com que intuito? – ela questionou assustada.

– Não seja ingênua, Isabel, com o intuito de se vingarem, ora essa! Trazem suas mamães assassinas para seus domínios e as martirizam.

– Nunca imaginei uma coisa dessas! – ela disse assustada e parecendo pensativa.

Isabel ficou parada, absorta, chocada, nunca imaginou que crianças e jovens abortados perseguissem seus familiares daquele jeito. Isso calou fundo no seu coração e alimentou o sonho de algum dia fazer alguma coisa para mudar essa triste realidade.

– Hei, acorda! Presta atenção no que estou falando. Boneca, você pensa que está onde? Acorda pra realidade! – ele disse gargalhando, trazendo Isabel de volta do transe.

– Certo, vamos deixar por ora esse assunto de lado. Por favor, ajude-me a encontrar meu filho!

– Está bem, vou enviar alguns líderes a vários reinos femininos e quem sabe encontremos o seu filho. Agora, satisfaça-me, afinal mereço pelo favor que lhe prestarei – ele disse mordendo o lábio inferior com um sorriso malandro.

Alguns dias depois, Artur procurou Isabel com novidades.

– Jura? Verdade? Você conseguiu descobrir que ele foi levado por alguns mercenários para o reino dessa tal Lúcia? Que notícia maravilhosa! Muito obrigada! – disse ofegante Isabel após receber a notícia de

Artur. – E agora, como vamos resgatá-lo? – ela questionou com os olhos arregalados de tanta alegria.

– Vou ter que conversar com o Dragão, pedir sua autorização. Vamos ver se ele aceita fazer-lhe esse favor. Não posso invadir o reino de Lúcia, eles têm muitos acordos. Isso representaria desencadear uma guerra entre os reinos. Mas fique calma, no banquete de amanhã falarei com ele. Vá muito linda! Se vista como uma mulher da noite! Ele teve um grande amor, e um belo vestido de noite tocará o seu coração ao seu favor!

– Pode deixar, vou providenciar com a Lila, tenho certeza de que ela vai me ajudar a plasmar esse vestido! E por que ele não está com o seu grande amor? – ela questionou, intrigada.

– A moça se regenerou e foi levada para as colônias de socorro – ele respondeu.

O banquete estava iniciando quando Isabel entrou no salão de festas. Ela estava estonteante, simplesmente deslumbrante com seu vestido preto básico, longo, sem mangas, ressaltando toda a sua silhueta e seios, com luvas pretas que lhe cobriam os braços. Um lindo colar de pérolas e brincos completavam o seu visual, realçando seus longos cabelos negros e olhos azuis. Parecia uma boneca de luxo. Ao entrar, ela arrancou suspiros de muitos convidados. O Dragão sentiu seu rosto ruborescer e seu coração acelerar. Conferiu se estava bem arrumado, o terno, a camisa e o sapato. Passou a mão nos cabelos, querendo ajeitá-los. Sentiu os nervos frouxos. Como não havia percebido até então a beleza descomunal de Isabel? Como havia deixado por tanto tempo aquele tesouro nas mãos de homens tão desprezíveis e indignos? Sem titubear, olhou-a fixamente, com um olhar expressivo, sensual, foi em sua direção, pegou em sua mão e a acomodou do seu lado na mesa de jantar. Na frente de todos roubou-lhe um beijo na boca; enquanto seus olhos ardiam em desejo, tomou-lhe as mãos e a acariciou. Naquele momento surgiu um novo vínculo entre eles. Isabel sorriu serenamente. Imediatamente o Dragão chamou Lila e lhe deu uma ordem:

– A partir de hoje ela não serve a mais ninguém a não ser a mim. Entendeu? – disse em tom autoritário.

– Sim, senhor! – ela respondeu prontamente.

– Arrume os aposentos da minha ex-mulher para ela. Reforme tudo, plasme um guarda-roupa inteiro. Atenda todos os seus caprichos! – ele ordenou.

– Compreendi perfeitamente, meu senhor! Pode ficar tranquilo – respondeu Lila com um ar contrariado, de inveja por Isabel acabar de ser escolhida para substituir a ex-esposa dele. Nunca nenhuma mulher havia conseguido tal proeza.

O jantar correu maravilhosamente. O Dragão tratou da manutenção do seu poder com seus convidados, sobre a ampliação dos seus domínios, suas construções mirabolantes, entre outros assuntos.

Após o jantar, como Artur havia prometido a Isabel, falou com ele sobre o resgate de Murilo. Ele concordou imediatamente e deu ordens para que Artur organizasse um pequeno exército e se dirigisse aos domínios de Lúcia com o fim de resgatar imediatamente Murilo.

Isabel não acreditou quando Artur lhe deu a notícia. Emocionada, atendeu aos caprichos sexuais do Dragão. Em seguida, trancou-se em seus aposentos e orou silenciosamente para o seu filho, pedindo-lhe perdão, emanando energias amorosas para fortalecer-lhe a alma, na tentativa de libertá-lo aos poucos do cativeiro do ódio.

– Meu querido filho, oro para que me perdoe pelo meu ato insano de tê-lo abandonado. Sei que carrega a dor de eu nunca ter lido uma história para você dormir, de não ter lhe dado banho, penteado o seu cabelo, levado na escola. Por não ter lhe ensinado a vestir-se, a sobreviver no mundo, a conhecer Deus. Não me odeie. Vim nesse umbral para salvá-lo. Espero um dia poder ter a bênção de contemplar o seu sorriso. Eu vou adorar conversar com você, compartilhar sonhos e resgatar meus netos. Saiba que minha vida tem sido um verdadeiro tormento. Meu coração é pura escuridão. Por amá-lo e ter consciência dos meus erros e na tentativa de repará-los, encontro forças necessárias para superar esse horror. Sempre confiei que Deus me guiaria até você. Por isso me lancei nestes vales tenebrosos. Há algum tempo estou escravizada, mas esse é o preço que estou pagando pelo recomeço da sua vida. Sei que errei, e o que não fiz como sua mãe enquanto encarnada estou tentando fazer agora. Não me odeie. O arrependimento me fez lutar dia e noite para lhe salvar. Eu te amo. Perdoe-me. Sinto-me grata por poder ajudá-lo. Juntos vamos superar todo esse horror e nos dedicar ao bem-estar da sua família, meus netos queridos. Mesmo que em vida não tenha sido um pai presente, equilibrado, fará por eles no plano espiritual o que não fez encarnado, assim como eu. Agradeço a Deus por sua generosidade, por ter fortalecido o meu coração com o seu amor para eu conseguir chegar até você. Sinto muito meu filho, me perdoe, saiba que eu te amo.

Assim que terminou suas orações, dormiu em paz, na certeza de que seus sonhos seriam realizados.

– Isabel! Isabel! – uma voz distante a chamava.

– Isabel! Seu neto precisa de ajuda! – a voz lhe dizia.

Isabel acordou sobressaltada, ouvindo a voz de dona Eulália a lhe chamar. Ela sabia o que isso significava. Imediatamente recolheu-se em orações. Fechou os olhos, mentalizou a equipe médica de cura e emanou com toda a sua força energia de amor. Ela sabia que eles receberiam a sua energia e a canalizariam para o seu neto enfermo, em risco de desencarnar antes da hora. Era assim que elas trabalharam muitos anos no pronto-socorro espiritual. À noite, antes de dormirem, mentalizavam Jesus, toda a Sua luz de amor, e a emanavam para os médicos missionários socorrerem os necessitados em cirurgias graves nos hospitais terrenos.

Neste instante ela pediu para Jesus permitir que ela fosse para junto de seu neto e lembrou-se dos sábios ensinamentos de dona Eulália.

– Filha, quando alguém precisar de ajuda espiritual, quer seja por problemas emocionais graves como a depressão, o desânimo, o desespero, algum tipo de dor, quer seja por problemas de saúde, em cirurgias difíceis, ao deitar-se feche os olhos, mentalize a equipe médica e Jesus indo ao seu socorro irradiando muita luz dourada a partir do seu coração e inundando todo o ambiente da pessoa que estiver socorrendo. Em seguida, coloque esse alguém em pé na sua frente, recebendo energia de todas as cores vinda do centro da Terra e do universo. Primeiro mentalize a cor vermelha, depois o laranja, o amarelo, o verde, o azul, o dourado, o prata, o violeta. Envolva a pessoa com todas essas cores e depois a coloque protegida em um círculo de luz branca. Em seguida, mentalize flores brancas caindo em cima da pessoa necessitada e Jesus a abençoando e lhe curando. Envolva todo o ambiente com flores brancas e luz dourada. Termine com a oração que ele nos ensinou. Quando não tiver ninguém precisando da sua ajuda, mentalize a equipe médica antes de dormir e tenha o mesmo procedimento: mentalize Jesus e irradie amor do seu coração para a equipe médica de cura. Eles receberão a sua energia e realizarão verdadeiros milagres!

– Pode deixar, dona Eulália. Conte comigo sempre!

– Outra coisa, quando sentir que alguém, um amigo ou ente querido, precisa de ajuda para curar o corpo, a mente ou o espírito, proceda da mesma forma, com uma pequena diferença: após emanar as energias curativas, peça para Deus e para Jesus permitirem que o seu espírito os visite. Muitas vezes, será acompanhada por outros mensageiros na realização da tarefa, mas, dependendo de onde estiver, não se lembrará...

capítulo 13

O PREÇO DA INCONSEQUENCIA

"Ame seus inimigos, faça o bem para aqueles que te odeiam, abençoe aqueles que te amaldiçoam, reze por aqueles que te maltratam. Se alguém te bater no rosto, ofereça a outra face."
Jesus Cristo

    – Eu não acredito no que está me dizendo! Como assim ele está internadooooo? Meu Deus! Quanta tragédia nesta família. Isso não acaba nuncaaaa! – disse Valquíria desesperada ao telefone, como se acabasse de sofrer um imenso golpe.
    – Mãe, a polícia me ligou e me informou que ele foi esfaqueado na casa da moça que ele que estava namorando – disse Júlia nervosa e com a voz alterada. – Parece que ele a conheceu em uma boate, naquela noite em que tentou voltar para casa quando saiu da prisão. O ex-namorado, enciumado por estarem morando juntos, invadiu a casa dela ontem à

noite e o retalhou. Ele está entre a vida e a morte. Os médicos disseram que o caso dele é muito grave, pois um olho, o rim e o fígado foram perfurados e ele está com hemorragia interna. Ele vai ser operado daqui a pouco. Vem para cá agora! Já estou no Hospital da Vila Prudente.

– Minha nossa! Estou indo agora mesmo! – respondeu Valquíria desligando o telefone totalmente desnorteada. Enfiou-se debaixo do chuveiro. Precisava despertar, estava tonta. Como assim, seu filho estava entre a vida e a morte? Por que tanto sofrimento? Trocou-se apressada, enfiou uma calça jeans e uma blusa e saiu gritando pela casa, chamando por seu sogro.

– Paulo, por favor, traga o Eduardo! Vamos todos para o hospital agora mesmo!

– O que aconteceu? Por que essa gritaria? – Paulo questionou aflito entrando na cozinha.

– O Ricardo foi esfaqueado! – ela gritou desesperada enquanto procurava pela casa toda a chave do carro.

– Minha Nossa Senhora da Aparecida! É pra já, vou me trocar e pegar o menino! – ele respondeu da cozinha, jogando a xícara de café em cima da pia, que estava cheia de pratos sujos.

Em poucos minutos, Valquíria, Paulo e Eduardo entraram no carro e foram apressados para o hospital.

– Mãe, fique calma, ele já está em cirurgia. O médico disse que vai demorar mais ou menos seis horas – disse Júlia angustiada, assim que Valquíria chegou à sala de espera com Paulo e Eduardo.

– É grave? Ele vai se recuperar? – Valquíria questionou aflita e toda trêmula.

– Eles não sabem, tudo vai depender da cirurgia, se conseguirem estancar a hemorragia interna e como ele reagirá aos medicamentos – disse Júlia entristecida.

– Vamos todos orar. Acredito em milagres! Ele vai sair dessa, tenho certeza! Nem se preocupem! Deus e Jesus, por meio da equipe médica de cura do plano espiritual, operam milagres todos os dias! Tenho certeza de que salvarão meu neto! – disse Paulo muito otimista.

– Tomara que o senhor esteja certo! Se ele não aguentar não vou me perdoar, afinal não permiti que ele ficasse em casa – disse Valquíria chorosa.

– Mãe, pare de se culpar, ele é bem grandinho e sabia onde estava se metendo. A escolha foi dele. Se tivesse optado por trabalhar mesmo que fosse de garçom ou cozinheiro, teria como se sustentar. Não precisava ir morar na casa de uma garota de programa, namorada de um traficante, para ser sustentado. A senhora não é culpada pelos atos inconsequentes do seu filho. A verdade é que tanto o ex-namorado traficante como o cafetão dela ficaram incomodados com a presença dele na vida dela. Esse foi o preço que ele pagou por ser tão folgado, imprudente e não dar valor à própria vida, evitando perigos desnecessários – ela disse.

Apesar de Júlia ter sido dura ao julgar o irmão, Valquíria consentiu balançando positivamente a cabeça, mas não disse mais nada, calou-se com os olhos cheios de lágrimas.

Enquanto isso, na sala de cirurgia, os médicos lutavam feito loucos para salvar a vida de Ricardo. A cirurgia correu bem, mas durante e após o seu término, em função da perda de muito sangue, ele teve três paradas cardíacas. Os médicos tentaram reanimá-lo. Em alguns minutos o milagre aconteceu. Ele reviveu.

As horas de espera eram insuportáveis, Valquíria estava cansada, nervosa e pálida. Júlia, ansiosa e nervosa. Eduardo, encolhido em um canto e Paulo, em silêncio orando.

Algum tempo depois a família apreensiva ouviu do médico:

– Vocês acreditam em milagres?

– Sim! Estamos em oração! – Paulo respondeu aflito.

– Seu neto acabou de receber um milagre. Com a minha experiência, nunca vi ninguém perder três litros de sangue, ter hemorragia interna, três paradas cardíacas durante e após a cirurgia, uma parada respiratória e sobreviver. Agradeçam a Deus e continuem orando para o seu total restabelecimento. Daqui a uma hora mais ou menos ele vai para a UTI, mas deixem para visitá-lo amanhã. Vão para casa descansar, está tudo bem. Qualquer alteração no quadro o hospital entra em contato com vocês.

– Graças a Deus! – gritou Júlia.

Valquíria fechou os olhos e agradeceu a Deus. Que alívio sentiram todos naquele instante.

– Deixa que amanhã eu venho vê-lo na UTI – disse Júlia. – É melhor ele não ver vocês dois ainda, afinal estão brigados. Ele pode se aborrecer. Não é conveniente ele ficar nervoso numa hora dessas e ter uma complicação.

– Você tem razão – concordou Valquíria. – Venha vê-lo amanhã e lhe diga que estivemos aqui torcendo por ele...

Naquela noite, Ricardo, após despertar da anestesia, sozinho naquela UTI, chorou muito. Sentiu-se completamente perdido. A imagem do seu algoz era forte em sua mente e o cheiro do sangue não lhe saía das narinas. Não queria se lembrar do olhar vibrante e maligno do seu agressor, do brilho do metal afiado perfurando a sua barriga e o sangue jorrando. Pôs a mão no rosto em desespero e pela primeira vez, de repente, percebeu o que havia feito até aquele instante com a própria vida.

Em questão de minutos, enxergou que por anos a fio ficou aprisionado em um cativeiro emocional no qual as lembranças da infância, de seu pai e de sua mãe eram os seus algozes. Concluiu ter desperdiçado a sua vida, os seus talentos, os seus dias em busca do fútil, do fácil, usando sua infância infeliz como desculpa para suas próprias escolhas. Pela primeira vez, entre lágrimas, reconheceu que o seu caráter era fraco e que por isso fez as escolhas que fez, não por causa do seu pai ter sido um homem violento e sua mãe uma mulher submissa, mas porque, de alguma forma, ele encontrou na violência uma forma de subjugar os outros e ter os seus desejos satisfeitos sem maiores sacrifícios. O poder lhe atraía. A vida fácil sem responsabilidades lhe agradava. A verdade lhe doeu no fundo da alma. Compreendeu a sua responsabilidade em manter-se em uma vida delinquente, vazia e sem sentido. Naquele exato momento, Ricardo sentiu um forte desejo de apropriar-se de si mesmo, de libertar-se do passado e construir uma nova vida. Adormeceu perdido em suas lembranças, orando e pedindo uma nova chance ao nosso Criador e seu amado filho Jesus.

No dia seguinte, Júlia foi visitar o irmão e soube que ele estava reagindo bem, mas ficaria mais alguns dias na UTI. Quando ele acordou e viu a sua irmã ao seu lado, ele ficou muito feliz.

– Oh, minha irmã! Você me perdoou e veio me ver! Que alegria tê-la aqui ao meu lado – ele balbuciou baixinho com a voz fraca. – Obrigada por ter vindo.

– Não fale, fique bem quietinho. O pior já passou. Agora nada mais lhe ameaça. Você já saiu dessa! – ela disse em tom carinhoso.

– E a mamãe, o vovô e o Eduardo, onde estão? – ele questionou com tom muito ansioso.

– Ontem eles ficaram no hospital o tempo todo – ela respondeu. – Só foram embora quando o médico não deixou você receber visitas. Hoje eles ficaram em casa, eu vim sozinha, porque vocês estavam brigados...

– Entendo, mas diga para eles que quero vê-los. Estou com saudades e já esqueci o que aconteceu – ele disse em tom carente.

– Que bom, eles vão ficar muito felizes. Com certeza virão amanhã! – ela respondeu alegre.

– Minha irmã, eu acho que eu morri e voltei. Vi coisas que nunca imaginei existirem. Tenha certeza de uma coisa, quando sair desse hospital serei outro homem! Vou mudar toda a minha vida. Agora é pra valer! Deixei de ser cético – ele disse com certa dificuldade e com ar de assustado.

– Nossa! O que foi que você viu para falar com tanta convicção? Ah! Desculpa a minha curiosidade, deixa para me contar amanhã, não é bom se esforçar – ela disse preocupada.

– Não, hoje eu já estou muito bem, dormi a manhã toda, cansei de ficar sozinho olhando para o teto até você chegar – ele disse.

– Se é assim, então me conta tudo em detalhes! – ela respondeu curiosa.

– É difícil descrever, mas vou tentar – ele disse. – Eu me lembro que antes de dormir revi toda a minha vida e depois chorei muito. Em um relance, vi tudo o que fiz e depois orei a Deus pedindo auxílio. Ao dormir sonhei que estava meio alto, tinha bebido algumas cervejas, e sentei no sofá para ver televisão. Ao mudar de canal, não vi mais nada, mergulhei em um abismo escuro. Senti uma dor tremenda e vi um vulto horrível gargalhando na minha frente com um faca afiada em sua mão. Acho que desmaiei, mas antes senti um cheiro muito forte de sangue...

– Deve ter sido a hora em que foi esfaqueado, deve ter perdido os sentidos – Júlia completou.

– Isso, pois eu não me lembro como vim parar neste hospital. Então, logo depois das facadas parece que voei por um corredor imenso e muito escuro. No final dele havia uma saída que levava para um lugar escuro e sinistro, com uma paisagem nebulosa. Lembro-me que o chão era árido, o ar pesado e fétido e por todos os lados eu via muitos vultos horríveis voando. Naquela escuridão imensa, eu via centenas de pessoas maltrapilhas, caminhando todas amontoadas. Algumas gemendo e lamentando, outras revoltadas, gritando e xingando e outras ainda desesperadas. Na hora pensei que estava tendo um terrível pesadelo. E o pior, todas elas tentavam me agarrar. Parecia que elas estavam me puxando para aquele lugar horroroso! Fiquei apavorado! De repente, alguém tocou meu ombro por trás. Quando me virei, era uma senhora linda e toda iluminada. Como eu não a conhecia, perguntei o seu nome e ela respondeu que era a minha vó Isabel, ex-esposa do nosso avô Paulo.

– Nossa, que máximo! Não conheci nossa avó. Será que era ela mesma? – questionou Júlia com tom surpreso e alegre ao mesmo tempo.

– Não sei, mas ela me disse que se eu não mudasse de vida, as minhas atitudes e os meus pensamentos, por minha condição moral e vibratória, era naquele lugar tenebroso, morada dos espíritos endividados, desequilibrados e perturbados, que um dia eu habitaria e ninguém poderia fazer nada para me ajudar. Depois que ela me disse isso, pegou pela minha mão e me levou para umas grutas enormes. Em cada gruta ela se ajoelhava na direção de alguns moribundos que gemiam e choravam. Parecia que ela os curava apenas estendendo sobre eles as suas mãos. Ao lado dela, vi alguns homens de branco que a acompanhavam

189

e a ajudavam nessa tarefa. Ela me disse que eles eram missionários. Eles também colocavam as mãos nos doentes que gemiam e choravam – ele disse esticando os dois braços, tentando demonstrar para a irmã a cena, e continuou: – Com esses olhos, eu vi que saía das mãos dela e das mãos deles uns feixes enormes de luz e os doentes imediatamente se sentiam melhor. Alguns conseguiam se levantar e acompanhavam os missionários para outro lugar. Depois disso acordei transpirando, todo trêmulo e muito assustado.

– Caramba, devem ser os missionários de luz de que a mamãe tanto fala! A vovó deve estar trabalhando com eles! Que fantástico! – ela disse animada.

– Pois é, fiquei horrorizado com tudo o que vi. Percebi que enquanto estiver me recuperando neste hospital, tenho muito no que pensar. Ah! Diz para a mamãe que não estou bravo com ela. Depois de tudo o que aprontei ela estava certa de me colocar para fora de casa. Minha raiva foi imensa, odiei ela e o vovô por muitos meses, mas isso já passou. Sou responsável por tudo o que me aconteceu. Agora eu percebi que eu errei muito com eles, pisei na bola feio...

– Com certeza, Ricardo! Ontem eles não saíram do hospital para nada. Hoje não vieram porque temeram lhe provocar fortes emoções e lhe prejudicar...

– Eu entendo... Diga para eles que desejo vê-los – ele respondeu.

– Sim, eu digo, fique tranquilo. Mas devo confessar que fiquei feliz com esse seu pesadelo. Pelo que me disse, o pesadelo o fez refletir e despertou o desejo de mudar sua maneira de ser...

– Você não imagina o quanto! Não serei o mesmo depois dessa experiência, nem se eu quisesse... – ele respondeu com tom de medo.

Após a visita ao seu irmão, Júlia retornou para casa com boas notícias. Todos ficaram felizes com a melhora de Ricardo e com sua solicitação para que fossem visitá-lo. Na UTI era permitido apenas um visitante por dia. No dia seguinte, Valquíria e Paulo foram visitá-lo, mas ele estava dormindo. Assim, não falaram com ele. Ricardo ficou uns cinco dias naquela UTI e depois foi transferido para o quarto.

– Mãe, que bom que a senhora e o vovô ficaram o tempo todo aguardando a minha cirurgia. A Júlia me contou. Tenho certeza de que as orações de vocês me salvaram! Muito obrigado! – ele disse sorrindo ao acordar e ver a sua mãe ao seu lado.

– Oh, meu filho, que susto! Quase morri também. Que coisa horrível que lhe aconteceu! – ela disse lastimosa se aproximando do filho e beijando a sua testa com carinho.

– Mãe, saiba que eu quando sair deste hospital e recuperar-me da cirurgia serei outro homem! Contei para a Júlia que vi a vovó. Ela me socorreu e me aconselhou. Tenho certeza de que era ela! A Júlia lhe contou?

– Não. Nossa! Que coisa maravilhosa está me dizendo! Viu a sua avó? Onde? Como ela estava?

– Linda! Até achei estranho, uma avó com uns quarenta anos, cabelos longos... Mas sei que era ela mesma! Vi coisas terríveis que me mudaram por dentro. Não dá para explicar. Uma coisa eu entendi: preciso mudar meu comportamento e parar de brincar de viver.

– Nossa! Foi sério mesmo! – ela disse.

– A senhora não pode imaginar o quanto! Vou levar a vida com mais responsabilidade e seriedade daqui para frente. Vou me tratar, retificar todos os meus erros. Não serei mais folgado e tampouco violento. Mãe, acredite, esse infortúnio aconteceu para salvar a minha alma. Agora entendo quando dizem que as desgraças nos dão belas lições...

– Que belas palavras, mas que mudança brusca! – ela disse em tom admirado.

– Mãe, não foi brincadeira não! O impacto que sofri com as imagens do meu agressor enfiando a faca na minha barriga e daquelas pessoas agonizando naquele lugar escuro, horrível, fizeram-me sangrar por dentro e despertaram sentimentos novos, senti-me envergonhado por tudo o que fiz até agora. Eu entendi perfeitamente o recado da vovó...

– Que coisa impressionante... – ela murmurou.

– Mãe, a verdade é que vi cenas terríveis, mas senti muitas coisas que não sei explicar. A vovó e os mensageiros conversaram comigo, mas não consigo me lembrar de tudo. Acordei com a sensação de que a vida toda tentei ser esperto e fui atacado pela minha própria esperteza. Cada um dos atos hediondos que pratiquei se voltaram contra o meu próprio coração. Não passo de um bandido fracassado. Foquei minha atenção, pensamentos e sentimentos no que eu não tinha, um bom pai, e descuidei do que eu tinha, uma boa mãe, um avô carinhoso e irmãos maravilhosos.

Valquíria não conseguia acreditar no que estava ouvindo do seu filho. O seu coração estava em festa com aquelas palavras. Ela não disse nada, apenas sorriu. Ele continuou:

– Mãe, por uma infância difícil, desisti de mim e espalhei muita dor. Por muito tempo, fiquei perdido, sem rumo, os meus pés não sabiam por onde caminhar, eu não sabia para onde ir... Com essa experiência, ao menos agora eu tenho certeza para onde eu não quero ir! Acredite, a vovó me ajudou muito! Muito mesmo!

– Foi tão forte assim? – ela questionou com os olhos arregalados.

– Sim, mãe, foi terrível! O lugar era hediondo com criaturas terríveis! Percebi que eu estava distraído dos verdadeiros valores da vida, em função da minha insensatez pela decepção com meu pai. Depois dessa visão, comecei a fazer uma profunda autoavaliação. Quer saber? Concluí hoje de manhã que esse infortúnio veio para me libertar do mau-caratismo, da frivolidade e da tolice...

– Que bom, meu filho... Fico feliz que está reagindo dessa maneira. Deus ouviu as minhas preces. Conte comigo sempre...

– Mãe, perdoe-me... – ele disse com a voz baixa.

– Há muito o perdoei, meu filho... – ela respondeu com os olhos cheios de lágrimas.

– Perdoe-me, no fundo achava que você merecia toda a dor que lhe causei... De certa forma me vinguei de você...

– Por que diz isso, Ricardo? – ela questionou com ar espantado.

– Porque culpei a senhora por tudo o que me aconteceu na infância.

Comportar-me mal foi uma forma de protestar, de fazer a senhora sofrer, de me vingar, porque a dor era maior do que eu... – ele disse todo sem graça.

– Perdoe-me, meu filho, pelo medo de me separar do seu pai e de encarar a vida que alimentei durante anos – ela disse empalidecendo e muito sem graça. Após longa pausa para se recompor, ela continuou: – Você bem sabe que me sujeitei aos maus-tratos do seu pai por medo das suas ameaças e de não conseguir sobreviver. Fui uma tremenda covarde! Com medo de enfrentar uma separação, de aprender a lutar, de trabalhar para sustentar os meus filhos, me submeti a uma relação violenta e destrutiva e permiti que vocês fossem destruídos comigo. Se diz ter feito o que fez para protestar, saiba que no fundo eu mereci. Colhi o que não plantei. A falta de coragem para enfrentar o mundo, a minha covardia, condenou você e seus irmãos a uma infância terrível e a personalidades problemáticas. Sou eu quem lhe deve desculpas. Sinto muito. Perdoe-me, meu filho. Eu te amo!

– Não tem o que perdoar, mãe! As suas escolhas não justificam as minhas! Esse acidente horrível está transformando a minha vida. Tenho vivido uma enorme tempestade interior a partir do que a vovó me mostrou do outro lado da vida, e por isso estou me avaliando. Nesse processo percebi as causas dos meus atos. Senti profunda vergonha, remorso e arrependimento, por isso estou lhe pedindo perdão. Aos poucos revi a minha história e as lembranças que não se limitaram ao passado, mas ao presente também, e isso me fez concluir que até agora vivi na imundície, na loucura e na maldade, não por causa daquele imundo a quem chamei de pai, mas pela forma como reagi ao que ele nos fez e por conta das péssimas escolhas que fiz. Percebi que com meus atos inconsequentes perdi a alma, ferindo todo mundo e principalmente uma mulher maravilhosa e sofrida que é você, minha querida e amada mãe. Passou da hora de eu crescer e realizar uma reforma interior, esquecer o meu pai e a sua monstruosidade e reconstruir a minha vida de forma honesta e sem violência, escrever uma outra história, com final feliz, valorizando a mim mesmo, a senhora, o vovô e meus irmãos. Não quero acabar como meu pai, assassinado em um beco escuro qualquer.

Valquíria precisou conter as lágrimas. Emocionada, disse-lhe:

– Meu filho, isso é maravilhoso! Vamos nos desapegar do sofrimento passado, com a certeza de que Deus é justo, de que tudo tem um motivo. Com o coração repleto de esperanças, vamos unidos recomeçar...

– Isso mesmo! Tenho certeza de que a sua luz e a do vovô vão me ajudar a superar toda a minha escuridão interior...

– Graças a Deus! Não conheci sua avó, mas lhe serei eternamente grata – disse Valquíria emocionada.

– Eu também não tenho como agradecê-la. Mas me diga uma coisa, o vovô e o Eduardo, como estão? – ele questionou mudando de assunto.

– O vovô está lá fora com o Eduardo, eles não puderam entrar. Você só pode receber duas visitas por dia. E como hoje você recebeu a visita de uma amiga antes de mim, eles voltarão amanhã. O Eduardo está bem, calado como sempre, mas está melhorando da síndrome do pânico. Ele foi ao inferno e voltou. Agora, quase não tem crises. A tremedeira, o suor gelado, a ânsia e os calafrios diminuíram.

– Como? A última vez que o vi ele estava péssimo, vivia trancado no quarto e não saía para nada... – ele disse com tom penalizado.

– Ele fez vários tratamentos que não deram resultado, mas parece que agora acertamos a psiquiatra e o tratamento espiritual. Ele está bem melhor, o medo está desaparecendo aos poucos. Finalmente ele entendeu que a síndrome se manifestou em função do seu emocional estar com sérios problemas e do estresse. Ele tomou medicamentos durante um bom tempo, mas depois parou com a medicação. A psicóloga o ensinou a lidar com seus medos e ele compreendeu que precisava curar a causa, o estresse emocional a que foi submetido por muitos anos com a violência do seu pai. As conversas com a psicóloga e os passes espirituais o ajudaram muito.

– Que notícia boa, mamãe! Estou muito feliz por ele. E os estudos?

– Ele voltou a estudar. Ano que vem já vai prestar o vestibular. Ele quer fazer Psicologia. Acredita? – ela respondeu sorrindo.

– Que bom! É uma profissão nobre – ele respondeu.

– Ele disse que vai ser o melhor psicólogo do mundo, que vai ajudar a todos os que sofrem de síndrome do pânico.

– Ele vai começar comigo, preciso curar muitas doenças da alma...

Valquíria e Ricardo conversaram mais alguns minutos, logo a enfermeira apareceu e encerrou a visita. Ela foi para casa muito pensativa em função do que o filho lhe contara. Então ele havia visto a avó, ela havia mostrado o umbral para ele, e ele estava disposto a mudar? Ela estaria sonhando? Será que finalmente seu filho despertara para a vida? De agora em diante seria um homem responsável e honesto? Aquela tragédia havia se transformado em uma bênção divina? Valquíria mal conseguiu dormir naquela noite.

No dia seguinte, Paulo e Eduardo foram visitá-lo.

– Com licença, podemos entrar? – disse Paulo sorrindo para o neto na porta do quarto.

– Claro, vovô, entre, entre! Fique à vontade. Venha para perto de mim, quero lhe dar um abraço! – disse Ricardo, feliz com a chegada do avô e do irmão. – Venha cá, Eduardo. Aproxime-se!

Os dois foram até a cabeceira da cama e abraçaram Ricardo. Valquíria, na sala de espera, estava emocionada por ver a família reunida novamente.

– Vovô, o senhor soube que vi a vovó e que ela me mostrou um lugar horrível?

– Sim, sua mãe me contou ontem ao retornarmos para casa. Fiquei muito feliz. Há muito tempo perdoei a sua avó. Sei que ela está bem. E que bom que ela pôde vir lhe ajudar! Estou muito feliz mesmo! – disse Paulo em tom terno.

– Pois é... tenho muito o que pensar daqui para a frente, e agora chegou a hora de o senhor me ajudar. Quando sair daqui quero saber tudo sobre a espiritualidade. Quero entender a fundo tudo o que eu vi.

– Será uma alegria indescritível lhe apresentar as verdades do Cristo. Vamos começar com *O Evangelho Segundo o Espiritismo* e *O Livro dos Espíritos,* de Allan Kardec!

– Estou curioso... – ele respondeu.

– Você vai gostar! – respondeu Paulo todo animado.

– E você, meu irmão, como está? – Ricardo questionou olhando para Eduardo, que estava observando os dois conversarem.

– Eu estou bem melhor – ele respondeu.

– Tem novidades para me contar?

– Nada de especial, voltei a estudar e estou muito melhor das crises, acho que já estou quase curado. Foi muito difícil, mas devagar estou superando – ele respondeu.

– Que complicado tudo isso, né? – disse Ricardo.

– É... foi muito complicado. Sofri muito, mas com os remédios, com a terapia e os atendimentos no centro aprendi a lidar com as crises saindo do círculo vicioso, encontrando as causas e ignorando os meus próprios pensamentos, sentimentos e os sintomas. Toda vez que eu sentia medo começava a cantar, a ler, a orar, buscava me distrair e a pensar que não devia ter medo de sentir medo, pois era normal. Assim, com o tempo reeduquei minha forma de pensar, e os ataques aos poucos foram enfraquecendo. Foi um processo gradual, mas estou ótimo! E não tenho mais medo de ter uma crise do pânico; se por acaso tiver, já sei lidar com ela.

– Que bom, meu irmão, fico feliz. Mas me diz uma coisa, como você acha que a espiritualidade lhe ajudou? – Ricardo perguntou intrigado.

– O tratamento com os passes magnéticos me fortaleceram – Eduardo respondeu –, e o tratamento de desobsessão afastou os espíritos que eu havia atraído e que agravaram os meus medos. Além disso, aprendi no centro espírita a cultivar pensamentos positivos, a focar minha atenção em coisas boas e belas e nas lembranças felizes. "Preciso confiar em mim mesmo", "Posso vencer esse problema", "Sou forte e capaz", "Eu consigo", "Vou superar", "Deus e Jesus me amam", "A espiritualidade me protege e ampara". Eu dizia essas frases vinte vezes por dia. Assim, fui ficando menos ansioso e aprendi a confiar em mim, em Deus e em Jesus, bem como nos missionários divinos que nunca me abandonaram. Isso ajudou a diminuir as minhas crises. A psicóloga me ensinou a lidar com o ódio e a decepção profundos que guardava no coração por causa das atitudes violentas do nosso pai, com a vida e com Deus. Descobri que nós falamos que confiamos em Deus, mas na verdade nós não confiamos.

– Nossa, por que esta dizendo isso? – questionou Paulo intrigado.

– Confiança é um sentimento de segurança e de tranquilidade – Eduardo respondeu. – Como confiar nas pessoas quando o seu próprio pai é um monstro? Como confiar em nós mesmos, se somos inconstantes e nos consideramos incapazes? Vivemos de forma que se alguém nos olha fixamente achamos que está planejando nos atacar; se alguém nos sorri, pensamos que deseja alguma coisa; se nos elogia é pior ainda, está delirando ou quer dinheiro emprestado. Na verdade, o que nos domina neste mundo é o medo e a desconfiança. Duvidamos de tudo e de todos. Como confiar em Deus quando a nossa vida às vezes é muito difícil, é volúvel, instável e violenta? Durante o tratamento, descobri que a decepção é um atalho para a confiança e para o amadurecimento e que confiar é um gesto de amor, é entregar-se totalmente sem pensar tal qual fazem as crianças.

– Que frase mais linda! Pelo que vejo amadureceu mesmo! – disse o avô sorridente.

– Vô, nestes últimos meses, aprendi a confiar, mesmo durante a inconstância, mesmo com o bem e o mal que me aconteceram. Aprendi a ter fé durante os momentos de incertezas, a compreender a importância de me jogar na vida para de fato vivê-la. Compreendi isso quando a minha psicóloga me fez parar para pensar por que um bebê se entrega nos braços da mãe e não teme passar fome, frio ou sede. Concluí que é porque ele simplesmente não pensa como os adultos, ele apenas sente o calor do seio materno e se sente protegido nele. Assim, percebi que confiamos demasiadamente na razão e muito pouco no nosso próprio sentir. O que nos faz temer viver e duvidar de Deus é o ato de pensar, a razão. Somos surdos e cegos para as verdades espirituais. Precisamos aprender a sentir Deus nos pequenos milagres diários e a confiar plenamente nele, nos entregando.

– Você tem razão, meu neto, pois Jesus disse: "[Olhai para os lírios do campo, como eles crescem; não trabalham nem fiam. E eu vos digo que nem mesmo Salomão, em toda a sua glória, se vestiu como qualquer deles." (Mateus 6:28-29) O que Jesus quis nos dizer com essa parábola é que os lírios do campo não se preocupam com a sua sobrevivência, não sofrem de ansiedade e medo, pois não pensam; são o que são e confiam na vida. Ele quis nos dizer ainda que se Deus cuida dos lírios vestindo-os majestosamente, com que amor não cuidará de nós? – disse Paulo para os netos.

– Isso mesmo, vô, por isso melhorei, pois parei de pensar e passei a sentir. Passei a ser como os lírios. Nesse momento me entreguei, confiei em mim, em Jesus e em Deus! No fundo descobri que não confiava em Deus e nem em Jesus, porque não confiava em mim mesmo. Não gostava de mim porque me achava um menino mau que odiava o pai...

– E por que isso, meu irmão? – questionou Ricardo curioso.

– Acho que é porque acreditei nas palavras do nosso pai que dizia que eu era um imprestável, um idiota e um inútil – ele respondeu. – Ouvi isso dele desde que me entendo por gente. Se ele era adulto e sabia das coisas, e ele estava dizendo isso de mim, então eu devia ser isso mesmo. Acreditei nele e desacreditei totalmente de mim mesmo. Passei a me odiar e a odiá-lo, a não gostar do que via no espelho. Deixei de ser quem eu era, um garoto bom, forte e corajoso para ser o que ele dizia que eu era, um garoto imprestável, fraco e covarde. Meu pai, com suas loucuras, sequestrou a minha essência. Enterrou-me nas profundezas de mim mesmo. Por suas terríveis palavras afastei-me da minha própria alma, parei de vibrar a minha própria energia, escondi-me no labirinto da minha alma, distanciei-me de quem eu era e passei a usar máscaras. Tornei-me meu pior inimigo. Entende?

– Como entendo... todos nós fomos vítimas das loucuras do nosso pai! – Ricardo respondeu entristecido.

– Pois é, meu irmão. Hoje, após três anos de tratamento psicológico e espiritual, com vinte e um anos de idade, estou em um processo de resgate de mim mesmo. O que eu acredito que eu sou? O que eu sinto que eu sou? O que eu sou? Não sou o que dizem, pensam ou acham que eu sou. O que de fato eu sou? Eu sou o que eu sou? O que eu sinto? O que eu desejo? Descobri que preciso fazer as pazes com o espelho e me entregar de corpo e alma para mim mesmo, amando o que sou e não o que desejam que eu seja – disse Eduardo em tom firme.

– Nossa, meu irmão... Essas suas frases são profundas... Parou de vibrar sua própria energia e passou a vibrar uma energia falsa, de quem não era, pois acreditou no que o nosso pai dizia a seu respeito e que era falso? A insensatez, a imaturidade do nosso pai destruiu o seu eu verdadeiro, a sua essência? É isso o que está dizendo? – questionou Ricardo encantado com as colocações do irmão caçula.

– Isso mesmo! Quando acreditamos no que os outros falam a respeito de nós, sem verificarmos se o que estão falando é verdadeiro, sem saber o que, como e quem somos, perdemos o eixo, nos desequilibramos e nos desconectamos com a nossa própria alma, passamos a ser o que na verdade não somos e achamos que somos, porque alguém disse que somos. Assim, esquecemo-nos de quem verdadeiramente somos e nos perdemos de nós mesmos. Ficamos distantes da nossa essência.

– Como isso acontece? – Ricardo questionou.

– Sem termos consciência, raptamos o nosso eu verdadeiro e o aprisionamos num cárcere escuro bem no fundo da nossa alma. Descobri que o grande desafio da nossa vida para superarmos o nosso sofrimento é resgatar esse eu que prendemos e desprezamos quando éramos crianças. Somente mergulhando dentro de nós mesmos é que podemos resgatar o que somos e sermos o que somos. Para isso é preciso esquecer tudo, absolutamente tudo o que disseram sobre nós...

– Uau, isso é pura filosofia e faz muito sentido. Acho que fui sequestrado também. Como você preciso me resgatar, libertar-me do cárcere da minha própria alma... – disse Ricardo animado com a conversa.

– Sim, Jesus foi o maior filósofo do mundo! Em suas parábolas encontramos a prova disso. Quando ele disse "vinde a mim as criancinhas, pois é delas o reino dos céus", ele nos convidou a resgatarmos a nossa pureza, a nossa alegria, a nossa essência que os adultos desequilibrados nos fazem perder ao longo do nosso crescimento.

– É, meu irmão, com essa conversa chego à conclusão de que Deus nos ama. Você descobrindo tudo isso por meio do tratamento da síndrome do pânico, eu com essa tentativa de homicídio... No fundo somos abençoados. Essas coisas nos aconteceram para nos ajudar a pensar diferente sobre tudo e para fazermos tudo diferente daqui para a frente.

– Gostei do trocadilho. Ora, ora, ora, meus netos estão filosofando sobre a vida e sobre Deus. Isso me deixa realizado – disse Paulo, sorrindo satisfeito.

– Não vejo a hora de sair deste hospital – disse Ricardo.

– E ir para nossa casa – completou Paulo.

– O quê? Vocês vão me receber em casa novamente?

– Claro, meu filho, conversei com a sua mãe, ela já arrumou o quarto dos fundos ao lado da lavanderia para mim e eu vou devolver o seu quarto.

– Não, vovô, eu fico no quarto dos fundos, pode deixar! – declarou Ricardo.

– De jeito nenhum! O que é seu lhe está sendo devolvido – disse o avô.

Ricardo não terminou de ouvir as últimas palavras ditas por seu avô, a enfermeira os interrompeu solicitando para se retirarem, pois já haviam ultrapassado em mais de meia hora o horário de visita. A contragosto, os dois levantaram e se retiraram. Em seguida, Ricardo tomou seus medicamentos e adormeceu feliz, pois soube pela enfermeira que em poucos dias teria alta.

capítulo 14

A GRANDE DÚVIDA

"Com suas péssimas escolhas, o homem mergulha em verdadeiros tormentos, transformando a sua vida e a dos que o cercam em um verdadeiro inferno."

Autor desconhecido

Naquela manhã, a chuva forte congestionou o centro da cidade de São Paulo. Os investigadores, encharcados até os ossos, subiram apressados as escadas do hospital, pois o elevador estava em manutenção, para falar com Ricardo.

– Olá, tudo bem com você? Não se assuste, somos investigadores – disse Olavo para Ricardo assim que entrou no quarto.

– Sim, estou bem melhor! Escapei por pouco... – ele respondeu sorrindo.

– É... ficamos sabendo que foi esfaqueado e quase bateu as botas – disse o investigador Francisco em tom descontraído.

– Achamos que quem fez isso foi o tal de Bigode, o ex-namorado da

Lucila, sua atual namorada. Soubemos que ele é um traficante da pesada. Achamos que ele tentou acabar com a sua vida por ciúme dela. Por ter acontecido na nossa jurisdição, vamos investigar o caso – disse Olavo.

– Investiguei a história dele no bairro e na rua onde você mora, mas infelizmente ninguém viu ou ouviu alguma coisa que nos seja útil para confirmar as nossas suspeitas e pegar quem fez isso com você – declarou Francisco.

– A sua garota também depôs na delegacia. Ela disse que não viu quem o atacou, mas é claro que sabemos que ela mentiu – disse Francisco franzindo as sobrancelhas e passando a mão na barba.

– A investigação no apartamento não levou a nada, sem pistas, sem digitais, sem a arma do crime e sem qualquer outra prova. Acho que esse caso vai ser arquivado... – comentou Olavo.

– Quem você acha que fez isso? – questionou Francisco olhando bem dentro dos olhos de Ricardo.

– Não faço ideia. Não vi o agressor. Eu estava assistindo televisão e ele me pegou por trás. Ele estava de máscara. Não duvido que tenha sido o tal do Bigode. Certa noite, na boate, ele me fez sérias ameaças, mas não dei importância – ele disse.

– Não temos provas contra ele. Não temos nenhuma testemunha. Nesses casos, as pessoas têm medo de depor, de falar o que viram. Ainda que alguém tenha visto o seu agressor, fica de bico calado por medo de ser apagado. Isso nos impede de pegar quem fez isso com você – disse Francisco.

– Rapaz, preste atenção: você vai precisar se cuidar muito daqui para a frente. Se puder terminar esse namoro com essa moça, vai ser bem melhor para você. Quando a sua mãe me ligou, ela não me disse que o seu agressor havia arrancado os três dedos da sua mão direita e muito menos que ele havia machucado o seu olho esquerdo desse jeito. Isso é um tremendo aviso. Se teimar em sair com ela, ele voltará para terminar o serviço. Afaste-se dela o mais rápido possível. Você entendeu? – disse Olavo.

– Claro! Nós já terminamos. Ela nem veio me visitar no hospital. Acho que ficou com medo de sobrar para ela... Os médicos operaram o meu olho, acho que vou recuperar parte da visão... – Ricardo respondeu cabisbaixo e entristecido.

– Esperamos que se recupere plenamente, mas vê se coloca uma pedra nesse assunto e segue sua vida sem olhar para trás! – disse Francisco com ar preocupado.

– Fique tranquilo. Nunca mais vou ver essa mulher! – ele afirmou convicto.

– Acho bom mesmo. Mas agora vamos falar um pouco sobre o assassinato do seu pai – disse Olavo.

– Do que se trata? – Ricardo questionou aflito.

– Nada demais. Queremos saber onde você estava na noite em que seu pai foi morto – questionou Francisco.

– Ora, estava preso – ele respondeu rapidamente.

– Pense bem na sua resposta... Você não precisa mentir para nós. Verifiquei a data da sua prisão e ela aconteceu dez dias depois da morte do seu pai – disse Olavo.

– O que está acontecendo, investigador? O senhor está me deixando ansioso e nervoso. Por que está desconfiando de mim? – Ricardo questionou aflito.

– Porque você tinha grandes diferenças com o seu pai, e ele o agrediu violentamente várias vezes – respondeu Francisco.

– Eu não matei meu pai! – ele respondeu, começando a alterar a voz para um tom mais agressivo.

– Ninguém está acusando você. Estamos apenas levantando os fatos. É o nosso trabalho. Não precisa ficar tão nervoso – disse Olavo.

– Acabei de sair de uma cirurgia terrível e você vem me acusar de ter matado o meu pai? Por favor, retirem-se do meu quarto. Deixem-me em paz! Só vou responder alguma coisa na presença do meu advogado – ele disse.

– Calma garoto, não precisa ficar tão agitado. Já ouviu aquele ditado: "quem não deve, não teme"? Sua reação está me fazendo pensar que está escondendo alguma coisa... – disse Francisco.

– Não estou escondendo nada! Não fiz nada! Por que vocês não falam com a minha irmã Júlia e meu avô Paulo? Fiquei sabendo que alguns dias antes do meu pai morrer eles brigaram feio – ele respondeu nervoso.

– Você está insinuando que a sua irmã ou seu avô podem ter matado o seu pai? – questionou Olavo com ar desconfiado.

– Não! De jeito nenhum! Apenas estou sugerindo que vocês conversem com eles para descobrir o motivo da briga. Quando souberem isso terão novas pistas, com certeza! E não acredito que tenha sido um dos dois – ele afirmou convicto.

– Então por que não facilita as coisas pra gente e conta o que aconteceu de uma vez? – pediu Francisco.

– Não! Ela que conte o que aconteceu para vocês – ele respondeu nervoso.

– Para mim, você está nos enrolando! Acho que você está escondendo alguma coisa muito importante de nós – disse Olavo. – Vou descobrir ou não me chamo Olavo.

– Eu já falei mais do que devia. Agora, por favor, saiam já do meu quarto! – ele pediu nervoso e já passando mal. Os aparelhos começaram a apitar e duas enfermeiras entraram no quarto para socorrê-lo e imediatamente retiram os investigadores.

– Vocês podiam tê-lo matado! A situação dele ainda requer cuidados especiais. A cirurgia foi bem-sucedida, mas ele precisa de repouso, de sossego para se recuperar! Por favor, saiam e não voltem mais aqui! – disse uma delas.

– Fique sossegada, já coletamos as informações de que precisávamos. Até logo! – disse Olavo.

– Foi muito estranha a reação dele. Ficou nervoso demais. Aí tem. Ele está escondendo alguma coisa. Quer saber? Para mim foi ele quem matou o pai. Só preciso descobrir o motivo – comentou Olavo olhando dentro dos olhos de Francisco.

– Faz tempo que você desconfia dele. Precisamos encontrar provas que o coloquem na cena do crime. O nosso tempo está acabando. Esse caso em breve também será arquivado.

Assim que saíram do hospital, os detetives foram imediatamente conversar com Júlia e Paulo. Ao chegarem à casa de Valquíria, não encontraram nenhum dos dois. Decepcionados, retornaram à delegacia.

A noite estava fria. Valquíria estava fazendo o jantar quando foi pega de surpresa com o toque da campainha. Eram os investigadores que retornavam para dar continuidade ao trabalho.

– Desculpe-nos o horário – disse Francisco quando ela abriu a porta. – Precisamos conversar com a sua filha Júlia e com o seu ex-sogro Paulo. Estivemos hoje pela manhã no hospital e o Ricardo nos contou sobre uma briga entre eles e o Murilo alguns dias antes do assassinato.

Foi visível a expressão de indignação de Valquíria pelas visitas indesejadas na hora do jantar.

– Vocês tiveram coragem de ir até o hospital e incomodar meu filho que acabou de sofrer uma cirurgia grave? Vocês estão loucos? Querem que ele se junte ao pai? – ela questionou nervosa, já fora de si.

– Calma, dona Valquíria, não fica desse jeito, não aconteceu nada, só fizemos umas perguntinhas, o garoto está bem. Fomos verificar se ele tinha um álibi e não tinha. Quando o acusamos, ele nos contou sobre a briga do Murilo com o Paulo e a Júlia. Queremos esclarecer os fatos.

– Meu Deus! Isso não acaba nunca? Que briga? – ela questionou.

– Uma briga feia entre sua filha, seu ex-sogro e o Murilo – respondeu o investigador.

– Não sei de briga nenhuma. Acho que o Ricardo se confundiu – ela disse com ar de assustada.

– Não tem confusão nenhuma. Eles brigaram por algo muito sério e queremos saber o que aconteceu nos mínimos detalhes – disse Olavo.

– Está bem. Entrem, sentem-se e aguardem que vou chamar os dois para conversar com vocês e esclarecer essa história de uma vez por todas.

Os detetives, em silêncio, observaram a respiração ofegante, suas mãos trêmulas e o nervosismo velado. "Por que será que ela ficava tão nervosa com aquele assunto?", questionou-se Olavo. Não demorou e Júlia entrou na sala e sentou-se descontraída ao lado dos detetives.

– O que desejam? Em que posso ajudá-los? – perguntou ela, com ar tranquilo.

– E o seu avô? Onde ele está? – questionou um dos investigadores.

– Ele já vem, está terminando o banho.

– Hoje conversamos com o Ricardo no hospital e ele nos contou sobre uma briga entre você, o seu avô e o seu pai alguns dias antes de ele ser assassinado. Gostaríamos de saber o motivo dessa divergência entre vocês.

– O Ricardo, aquele linguarudo. Ele não contou para vocês o motivo da briga?

– Não. Ele disse que você deveria nos contar.

– O que está dizendo, Júlia? Então vocês brigaram mesmo? – Valquíria perguntou desconcertada.

– Sim, mamãe, foi a pior cena que já vi na minha vida. O vovô deu vários socos no rosto do papai e ele revidou. Tentei separá-los, mas não consegui. Até o Eduardo interferiu para me socorrer, pois o papai voou em cima de mim quando fui defender o vovô – ela disse com ar entristecido.

– Minha nossa! O que aconteceu para os dois brigarem desse jeito? – perguntou Valquíria.

Nesse instante, Paulo entrou na sala dizendo:

– Briguei com ele para evitar uma desgraça.

– Que desgraça? – questionou o investigador curioso.

– Leia esse documento – ele disse estendendo a mão com o papel na direção do investigador. – Por favor, leia em voz alta.

Olavo pegou o documento e começou a ler:

– "Por este instrumento particular de procuração, eu, Valquíria Manzur, R.G. nº 19.445.337, brasileira, desquitada, residente à Rua Alvares de Azevedo, 345, na capital de São Paulo, no estado de SP, outorgo a Murilo Manzur todos os poderes sobre o imóvel situado..., podendo ele vender, alugar, assinar todos os atos que se tornem necessários..."

– Esse documento é uma procuração? – questionou Valquíria indignada.

– Sim, mamãe. Aquele monstro vendeu essa casa sem o seu conhecimento – disse Júlia. – Quando os novos proprietários vieram comunicar que precisaríamos desocupá-la em sete dias, pois haviam comprado a casa há mais de noventa dias, o vovô quase teve um enfarto. O pai falsificou a sua assinatura sem o menor escrúpulo...

– Hum... Agora estou me lembrando, por isso que você me questionou se eu tinha vendido a casa – ela disse olhando para o ex-sogro – e eu respondi que não.

– Sim. Depois dessa conversa que tive com você, procurei um advogado e fui até o fórum e lá descobrimos essa procuração... – respondeu Paulo empalidecendo.

– O pai vendeu a casa sem a sua autorização e, o pior..., gastou todo o dinheiro! – disse Júlia com ar indignado.

– Minha nossa! Não podia imaginar uma coisa dessas... – disse Valquíria com tom de desespero e perplexa ao mesmo tempo, colocando a mão na cabeça e andando pela sala de um lado para o outro, não acreditando no que acabara de ouvir. – E por que não me contaram?

– Mãe, o vovô vendeu tudo o que tinha para resolver essa questão. Ele preferiu não dizer nada para a senhora não ficar desesperada e ir brigar com o pai. Ele devolveu o dinheiro da compra da casa para os compradores e lógico que depois de tudo resolvido foi tomar satisfação com o papai. Por isso eles brigaram. Mas o vovô não matou o pai, tenho certeza disso! – disse Júlia.

– Claro que não matei meu filho! Apenas fui pedir para ele parar de falsificar a assinatura da Valquíria e nunca mais vender essa casa! – disse Paulo com tom angustiado, olhando com receio para os investigadores.

– Tem certeza de que não matou o seu filho no desespero? – questionou o investigador Olavo olhando bem dentro dos olhos de Paulo.

– Claro que tenho! – ele respondeu gritando.

– E você, Júlia, por acaso não ficou revoltada e voltou a brigar com o seu pai dias depois, e sem querer acabou dando um tiro nele, defendendo-se? – questionou o investigador Francisco com os olhos arregalados.

– Não! Vontade não me faltou, mas não matei meu pai! – ela respondeu sem esconder a irritação com o investigador.

— E seu irmão Eduardo? Você disse que ele tentou ajudá-la quando o seu pai tentou lhe agredir. Será que ele não procurou o pai e o matou defendendo a mãe? – questionou Francisco.

— Imagine se o Eduardo faria uma coisa dessas! Ele é um menino puro. Sofreu anos com a síndrome do pânico. Nem saía do quarto! Acompanhou-nos naquele dia porque não tinha quem ficasse com ele aqui em casa.

— Gostaria de conversar com o seu filho Eduardo – pediu Olavo para a Valquíria.

— Ele está estudando na casa de um amigo aqui perto. Ele vai prestar vestibular, mas vou ligar e pedir para ele vir falar com vocês. Aguardem uns minutos.

— Então o senhor precisou vender o que tinha para pagar a dívida do seu filho? – questionou Francisco para esticar a conversa enquanto Eduardo não chegava.

— Sim, vendi minha casa e um terreno que eu tinha na praia, e juntei o dinheiro às minhas economias, pois essa casa é muito cara – ele respondeu cabisbaixo com as mãos entrelaçadas, não escondendo seu descontentamento com o comportamento do filho.

— E o Murilo, o que lhe disse quando o senhor foi tomar satisfação? – questionou o investigador.

— Que a casa também era dele e que ele daria a parte dela assim que levantasse dinheiro com outros negócios. Eu fiquei muito nervoso com ele. Ele não me deu alternativa. E o mais grave é que ele me pediu dinheiro emprestado para devolver para o dono de um posto de gasolina que ele vendeu também. Recebeu e gastou tudo no jogo de pôquer.

— Como assim? Não entendi! Ele vendeu um posto de gasolina que não lhe pertencia e gastou o dinheiro?

— Depois que foi mandado embora da empresa na qual era gerente comercial, Murilo passou a viver de rolos. Ele fazia intermediação de compra e venda de bares, de lanchonetes, de postos de gasolina ou qualquer outro negócio. Ah! Vendia imóveis também. O problema era que alguns comerciantes confiavam nele e assinavam procurações de compra e venda e ele os roubava. Ele enganou vários deles.

– Nossa, mas essa informação é valiosa para as investigações. Com esse tipo de atitude ele assinou sua sentença de morte. Algum comerciante pode tê-lo assassinado por vingança... – disse Olavo levantando as sobrancelhas. – Por que o senhor não nos contou isso antes? As investigações estavam para ser encerradas e o caso arquivado.

Paulo sacudiu a cabeça concordando com a hipótese do investigador.

– Não achei isso relevante, afinal Murilo se envolvia com todo tipo de gente e eu acredito que tenham sido os traficantes que o assassinaram, e não os seus clientes. A maioria deles são trabalhadores honestos. Não matariam Murilo.

– O senhor é que pensa. Existem pessoas boas que quando são enganadas nos negócios perdem a cabeça... – disse Francisco. – Vamos investigar. O senhor pode nos dizer onde ele intermediava os negócios? Nas investigações sobre a sua vida, essa informação não apareceu, e o pessoal do bar, da boate, ninguém nos disse nada a esse respeito.

– Ele tinha um escritório em Itaquaquecetuba, é naquela região que ele comprava e vendia imóveis e intermediava vários negócios. Aqui ele vendia drogas...

– O senhor pode nos dar o endereço?

– Claro! Esperem que vou anotar para vocês. Um minuto...

Os investigadores ficaram impressionados com as revelações da noite. Neste instante entraram pela porta da sala Eduardo e seu amigo.

– Olá, me chamaram?

– Sim, queremos saber sobre suas mágoas e ressentimentos com o seu pai e saber onde estava no dia em que ele foi assassinado.

– Estava em casa com mamãe e Júlia – ele respondeu.

– Você odiava o seu pai? – questionou o detetive Olavo olhando firmemente nos olhos do moço para observar suas reações.

– Sim! Odiava e ainda odeio com todas as minhas forças. Não tenho por que mentir, aprendi nestes anos com a terapia a assumir o que verdadeiramente sinto. Meu pai era um verdadeiro monstro e foi por causa dele que sofri anos a fio com a síndrome do pânico. Mas não o matei, se é isso que desejam saber. Sentir ódio é uma coisa, expressar esse ódio com atos violentos é outra bem diferente.

– Você sabe de alguma coisa que pode nos ajudar nas investigações? – questionou Francisco.

– Talvez. Meu pai era um requintado patife, boa pinta, mulherengo, devia para todo mundo, andava com traficantes, mas sempre tinha muito dinheiro, dos outros é claro. Certo dia, passando perto do bar do Tonhão, vi o seu contador, o Valdomiro, muito nervoso com ele por causa de documentos falsos. Dias depois todo mundo ficou sabendo que o Valdomiro foi preso. Eu o ouvi ameaçar o meu pai de morte – disse Eduardo com tom de amargura na voz.

– Puxa vida, mais uma informação importante. Vamos investigar esse tal de Valdomiro também.

Não se sabe ao certo quantos dias os investigadores se dedicaram a investigar as novas pistas, mas quando retornaram semanas depois das novas investigações à casa de Valquíria, ambos estavam pálidos e abatidos e seus olhos pareciam sem brilho por causa do cansaço.

– Por falta de provas talvez tenhamos que arquivar o caso – disse Francisco para Valquíria enquanto tomava um delicioso cafezinho com bolachas.

– Por quê? As novas pistas não ajudaram? – ela questionou.

– Não – respondeu o investigador Olavo com ar desanimado. – O contador Valdomiro está fora de suspeita, pois ele estava preso no dia do assassinato. Confessou odiar o Murilo em função de ele ter sido acusado de estelionato, mas segundo a sua versão quem falsificou os documentos de compra e venda de um prédio na Paulista foi o Murilo. Os antigos proprietários provaram com a ajuda de um perito que a assinatura deles foi falsificada. Por estar de posse dos documentos falsos, o Valdomiro não teve como provar a sua inocência durante o processo, por isso foi preso, e o Murilo mais uma vez se safou.

210

– Fomos até Itaquaquecetuba, o escritório estava fechado, localizamos uma advogada que ajudava o Murilo nas transações comerciais, mas não encontramos nenhuma prova contra os comerciantes que o Murilo prejudicou. As digitais encontradas no corpo dele não batem com nenhuma dessas pessoas. Colhemos várias digitais e nada foi conclusivo. Confesso que eu estava confiante em descobrir alguma coisa relevante; afinal, essas novas pistas apontaram para direções muito diferentes das iniciais – disse Olavo.

– Nossa, como é difícil descobrir assassinos neste país! – disse Valquíria com tom desolado.

– Infelizmente ainda não temos todos os equipamentos periciais necessários, por isso muitos inquéritos acabam sendo arquivados – disse Francisco.

– Fique tranquila, o nosso delegado está disposto a resolver todos os inquéritos, ele não gosta de ser derrotado, muito menos da impunidade. Ele tem metas e está se esforçando e nos dando todo apoio possível e impossível para esta e outras investigações serem concluídas.

– Vamos continuar procurando o agiota e a mulher cuja unha ficou cravada no corpo do seu ex-marido. A propósito, se lembrar-se de alguma mulher que ainda não investigamos nos avise – disse Francisco, levantando do sofá rumo à porta.

– Vou desvendar esse caso, ou não me chamo Olavo! – disse, encerrando as investigações naquele momento e se retirando com o amigo. Já no carro, disse pensativo: – Francisco, vou seguir os meus instintos. Tenho uma desconfiança, já lhe disse que acho que quem matou Murilo foi o Ricardo. Amanhã mesmo irei até o Paraná investigar umas coisas – disse Olavo enquanto seguiam rumo à delegacia.

– É, você tem batido nesta tecla. Faça o que acha que deve. Conte com o meu apoio. Se for preciso vou com você – disse Francisco sorrindo e abanando a cabeça.

– Asseguro-lhe que tenho sérias razões para fazer isso. Se eu estiver certo, semana que vem descobrimos quem matou Murilo e talvez Gilberto.

211

– Nossa! Não vai me dizer quais são essas razões? – ele questionou.

– Por enquanto não. Será uma surpresa até para você. Quero fechar todos os pontos em aberto desta investigação – disse Olavo com um sorriso enigmático. – Faça-me um favor?

– Claro! – respondeu prontamente Francisco.

– Amanhã cedo, retorne à casa do Gilberto e leve o perito. Recolha as digitais da casa inteira novamente. Algo me diz que vamos encontrar uma digital que não encontramos da primeira vez. A impressão que tenho é de que alguém está falando no meu ouvido, me dando essa dica. É como se alguém soubesse quem matou o Murilo e deseja que eu descubra. Faça isso que estou lhe pedindo!

– Pode deixar! Fique sossegado. Quando retornar do Paraná já estará com as novas digitais para analisar. Que coisa mais estranha... Me explica melhor esse negócio de que tem alguém falando no seu ouvido... Será que é algum espírito?

– Pode ser... – Olavo respondeu rindo.

– Não acredito nessas coisas, mas a Valquíria e a Luiza outro dia lá no hospital falaram sobre obsessões espirituais. Confesso que fiquei apavorado, mas sei lá... De repente tem alguma alma penada conduzindo as investigações...

– Sou investigador, mas acredito na espiritualidade, meu pai era kardecista... – disse Olavo com os olhos fixos nos do amigo.

– Hum... Agora está explicado... – disse Francisco encarando o parceiro com o olhar espantado.

Durante o trajeto até a delegacia, Francisco ficou em completo silêncio, com os olhos arregalados e uma expressão pensativa, debatendo em sua mente a revelação do amigo. Olavo percebeu, balançou a cabeça de um lado para o outro e sorriu do jeito apavorado do amigo, mas nada disse. Ao chegarem à delegacia, deram continuidade aos seus afazeres.

capítulo 15

O MILAGRE

> "Eis que até mesmo o mais forte rochedo ruirá perante a vontade do Senhor. Até mesmo a mais forte das fortalezas sucumbirá perante a vontade do Senhor."
> *(Jesus Cristo)*

No silêncio da noite, sob forte tempestade, com o ar gélido e pesado, Artur, Isabel e seu exército se aproximaram do portão de entrada dos domínios de Lúcia para resgatar Murilo. Foram em paz, mas se fosse preciso guerreariam para libertá-lo. O coração de Isabel pulsava forte. De um lado sentia-se frágil, com medo do que enfrentariam, e de outro sentia-se forte, determinada a resgatar seu filho.

– Como ousam vir até os nossos domínios? O que desejam? – gritou um dos guardiões do portão de entrada do reino de Lúcia.

– Queremos falar com Lúcia, fomos enviados pelo grande Dragão. Abra os portões! – gritou Artur, que estava liderando um pequeno exército.

– Vou avisar nossa líder, aguarde um momento – disse o guardião.

– Não demore, estamos apressados e a tempestade aqui fora está infernal! – gritou Artur.

Os portões foram abertos e eles foram acompanhados até as instalações luxuosas de Lúcia.

– Ora, ora, o que o grande cavaleiro Artur e seus soldados desejam em meu humilde reino? E quem é essa mulher ao seu lado? – Lúcia questionou curiosa, oferecendo-lhes uma bebida, garantindo assim um clima de trégua.

– Soubemos que há algum tempo recebeu como prisioneiro um espírito chamado Murilo, é verdade? – questionou Artur.

– Sim, já faz algum tempo. Sei que vieram a pedido do Dragão, por isso me diga, por que o interesse dele nesse verme? – ela questionou.

– Acho que se trata de um grande interesse pessoal, algo do tipo vingança, sabe como é que é, parece que ele mexeu com uma das protegidas dele – Artur respondeu.

– Hum, que interessante. Então eu e o Dragão temos o mesmo tipo de interesse nesse imundo? Saiba que negociei o passe desse desgraçado, porque ele matou minha irmã na última encarnação. E já cuidei dele como merece – ela disse gargalhando.

– Interessante. Será que podemos negociar o passe dele? Gostaria de levá-lo para o meu senhor realizar seu intento – disse com cautela Artur, erguendo as sobrancelhas e alisando seu bigode.

– O passe dele não está à venda. É uma pena, mas esse infeliz não sairá dos meus domínios. Tenho muito respeito pelo senhor Dragão, mas diga que já me vinguei por nós dois, ele está aos poucos perdendo a forma humana e foi utilizado em uns trabalhinhos encomendados por alguns encarnados. Por isso, não posso me desfazer dele, está sendo muito útil.

– Eu compreendo, mas gostaria de atender aos desejos do meu senhor e negociar o seu passe imediatamente. O que quer em troca por ele?

– Não está à venda, já falei. Não quero nada em troca! – ela disse em tom áspero.

– Pense bem. Contrariar o Dragão não é um bom negócio. Ele é caprichoso, quando quer uma coisa, a senhora sabe, ou consegue por bem ou consegue por mal; mas no final ele sempre consegue. Para que perder tempo? – ele disse em tom irônico.

– Está me ameaçando? – ela questionou enfezada.

– De jeito nenhum, não se trata de uma ameaça, mas de uma orientação. Por favor, mande buscá-lo agora mesmo, não tenho a noite toda... – ele respondeu também irônico.

– Que parte do "ele não está à venda", "não aceito trocas" você não entendeu? – Lúcia voltou a perguntar.

Sem pensar, Artur sacou sua espada e começou a destruir o lugar e ir para cima dos capangas de Lúcia. A confusão começou. O confronto foi violento. Isabel se escondeu. Todos os capangas de Lúcia vieram lutar para defendê-la, mas um a um foram derrubados pelos soldados violentos do exército de Artur, que tinham uma arma eletrizante que provocava um estado de torpor nos seus inimigos. Assim, em pouco tempo todos foram dominados. Lúcia e suas servas foram amarradas. Irritado, Artur exigiu que elas entregassem Murilo, para levá-lo para o Dragão, conforme lhe fora ordenado.

Lúcia olhou para Artur com ódio, mas atendeu sua ordem, levou-o até o porão onde Murilo fora jogado. No caminho esbravejou:

– Você está ferrado, vou acabar com você e com o Dragão – ela gritou irada.

– Acho melhor calar essa sua boca e ficar quieta. Se o Dragão desejar, todo o seu reino será devastado, bem sabe que ele tem recursos e aliados terríveis, que todos temem nesses vales. Não provoque sua ira. Nos entregue o Murilo e o assunto está encerrado. É a melhor opção para você – ele disse, muito nervoso.

– Acho que é aquele ali – ela apontou para um ser quase disforme, cadavérico.

– Tem certeza? Não está me enganando? Se o fizer o azar será seu, volto com um exército maior e mais equipado e acabo com o seu reino. Entendeu? – ele disse com tom enérgico.

– É ele mesmo, não sou burra para tentar enganá-lo. Sei que não tenho o poder do Dragão e tampouco os seus recursos. Pega esse verme e some da minha frente! Canalha! – ela disse revoltada.

– Muriloooo? Muriiilo? Você é o Murilo? – Isabel questionou para o espírito para o qual Lúcia havia apontado, mas ele nada respondeu.

– Quem está me chamando? – respondeu uma voz meiga e suave vinda do fundo do porão.

– Que brincadeira é essa? Estou chamando pelo Murilo, um homem barbado, e está respondendo uma criança? – questionou Isabel assustada.

– Acho que ele endoidou. – disse Artur assustado.

Os homens gargalharam.

– Murilo, onde você está? Apareça para que eu possa vê-lo, vim tirar você deste lugar horrível – disse Isabel emocionada.

– Você vai me levar de volta para a minha mamãe? – a voz infantil questionou.

– Sim, você é o Murilo mesmo? – ela questionou novamente muito alarmada.

–Sim, sou o Murilo. Tenho quatro anos. A mamãe saiu e ainda não voltou. Estou esperando por ela aqui neste lugar escuro há um tempão.

– Como a sua mãe se chama? – Artur questionou intrigado.

– Isabel, minha mamãe se chama Isabel – ele respondeu. – Não sei o que aconteceu, estava dormindo e acordei neste porão escuro... cheio desses ovos gigantes. Estou sozinho. Estou com muito medo! – ele disse choramingando.

– Não tenha medo, apareça, quero ver você – disse Isabel apreensiva.

Naquele instante, ninguém entendeu nada. Como uma criança estava naquele lugar e afirmava ser o Murilo?

– Esse verme para se libertar da dor refugiou-se em seu passado. Deve ter recebido energia de amor de alguém e relembrado toda a sua vida, e principalmente a sua infância, no período anterior ao abandono da sua mãe. O retorno a essas lembranças devem ter sido tão fortes e violentas que ele, sem perceber, inebriado por elas, plasmou a sua forma voltando a ser criança. Bela estratégia e muito rara por essas bandas! – explicou Lúcia espumando de raiva, muito nervosa.

– Apareça. Não tenha medo – pediu Isabel com tom suave e carinhoso, ignorando as falas da outra.

O menino hesitante saiu do fundo do porão e veio devagarzinho até eles.

Quando Isabel viu Murilo vindo em sua direção, quase desmaiou. Suas pernas bambearam, suas mãos começaram a tremer, seus olhos derramaram muitas lágrimas. Afinal, esperava encontrar um homem adulto, e não o seu menino com quatro anos, idade na qual ela ainda não o havia abandonado. Com um nó na garganta, aos soluços, com o coração palpitando, tomado de uma emoção indescritível, ela se aproximou de seu filho.

– Mamãããããeeeeeeee! – ele gritou pulando no colo dela, jogando-se nos seus braços!

– Calma, tudo está bem agora, meu filhinho – ela murmurou envolvendo o seu frágil corpinho em seus braços e desatando a chorar convulsivamente.

– Mamãe, você demorou para vir me buscar. Fiquei com medo, fiquei assustado! Não sei como fui parar naquele lugar horrível! Senti muito medo! Que bom que a senhora veio me buscar! Senti medo, chorei muito sozinho...

– Perdoe-me pela demora, meu amor, eu me atrasei, mas agora estou com você e tenha certeza de que vou cuidar de você, vou lhe proteger, enxugar suas lágrimas, lutar pelos seus sonhos, e nunca mais vou lhe abandonar. Nunca mais! Eu te amo! Perdoe-me, sinto muito. Eu te amo! – ela disse emocionada.

Abraçada ao filho e com muita emoção, transbordando alegria em todo o seu ser, sem pudor, silenciosamente agradeceu a Deus por ter realizado o seu sonho, que por anos a fio parecia impossível.

O coração acorrentado de Isabel acabara de se libertar. O seu sonho e a sua luta a redimiram. Toda a sua culpa desaparecera. Viu diante de si um mundo belo e verdadeiro. Em seu íntimo, sua felicidade e gratidão a Deus e a Jesus eram imensuráveis e, sem perceber, naquele instante se tornou um canal puro de amor que alterou a sua vibração e a de seu amado filho. Sua alegria em poder ser a mãe que desejou ser por tantos anos a fez desvencilhar-se de todos os horrores vividos, da tristeza oculta em sua alma, alimentando o seu coração aliviado com a esperança de ser capaz de resgatar junto ao seu filho, agora com quatro anos, sem a memória do seu abandono, o seu amor e a comunhão de ambos com Deus e Jesus.

Naquele instante respirou a eternidade. Seu coração pulsava forte e sua estrela interior brilhava. Percebeu em sua jornada insana o milagre divino que teve como fonte o seu amor e sentiu profundamente o despertar para o que realmente importa na trama de nossas existências. Nessa caminhada, reviu valores, fortaleceu sua fé, aprendeu a lidar com o pior e descobriu que o amor é belo, e nele reside a promessa. Apesar das dificuldades enfrentadas, do ambiente negativo, do medo, da repressão, dos tormentos e abusos sofridos, do cativeiro sexual, abandonou a razão, o ato de pensar e agiu pelo seu puro sentir, seguiu a luz do seu amor, do seu coração de mãe, e pôde sentir a alegria de ter ido além do desespero, de ter acreditado no seu sonho, de ter sido determinada, paciente, forte e por isso vitoriosa. Aprendeu que a dor não é permanente e que a coragem, a vontade de lutar, de reparar nossos erros, seja lá por qual motivo for, seguindo nosso coração e sonhos, faz com que Deus jamais nos abandone.

A cena foi emocionante, até mesmo os homens mais duros e cruéis do reino do Dragão esconderam a emoção embaixo de suas fardas, barbas e bigodes quando ela chegou com o Murilo, uma criança em seus braços, acompanhada de Artur. Todos ficaram estarrecidos com o que acontecera. Todos sabiam que era possível mudar sua forma perispiritual, mas há centenas de anos uma criança não entrava naquele reino, e principalmente daquele jeito.

Logo que entraram no salão principal do reino do Dragão, de repente, sem que ninguém controlasse, uma luz imensa que vinha do alto preencheu todo o espaço, envolvendo Isabel e seu filho. Instantes depois, sob o testemunho de todos eles, mãe e filho desapareceram.

É... Parece que Deus ouviu as preces de Murilo e lhe deu outra chance, devolvendo-lhe o seu espírito puro e inocente de criança. Assim, após os infernais tormentos no umbral, ao lado de sua mãe na colônia espiritual, pela misericórdia divina terá condições de resgatar os valores que lhe foram roubados na terrível infância terrena. Os planos de Deus são mesmo surpreendentes...

O Dragão e seus comparsas não acreditaram no que acabara de acontecer.

– De novo não! – gritou Artur com tom inconformado.

O Dragão abaixou a cabeça e se retirou em profundo silêncio. Enquanto ele caminhava, Artur lhe disse:

– Dragão, meu mestre, creio que o senhor está no lugar errado. Percebeu que é a segunda mulher pela qual se apaixona, faz de tudo para agradá-la e um mensageiro de luz vem buscá-la? Acho que tem alguma coisa muito errada com o senhor. Acontecer uma vez vai lá. Mas duas! O senhor não é quem aparenta ser – disse Artur indignado e com ar de desconfiado. Dragão nada respondeu e seguiu para os seus afazeres habituais.

– Não vai me dizer nada? – disse Artur parecendo irritado. – Vou avisar o Ferradura que ela se foi, estou cansado de enfrentar seus soldados na entrada do nosso vale. O camarada é insistente, não desiste de enviar seus capangas para resgatá-la. Agora ele sossega de vez. Ah! Vou libertar da prisão aquele verme do João, seu ex-marido, que veio até aqui para salvá-la. Agora ele pode ir para onde achar melhor. Não vai mais nos incomodar...

– Faça isso... – disse Dragão já distante com a voz baixa e rouca, parecendo estar profundamente decepcionado e entristecido.

•••

– Seja bem-vinda, minha irmã – disse dona Eulália sorrindo para Isabel e seu filho Murilo.

– Obrigada por nos socorrer! – respondeu Isabel emocionada abraçando dona Eulália com carinho.

– Recebemos uma ordem do auto escalão para socorrê-la. Sua vibração de amor foi tão forte que alcançou as esferas elevadas. Estamos felizes com a sua chegada e do seu menino. Acomodem-se na ala das famílias. Reservamos uma casa para você e para ele.

– Muito obrigada, dona Eulália – ela respondeu sorridente apesar da aparência cansada e desgastada.

– É, minha irmã, os milagres acontecem no mundo terreno e no mundo espiritual. Você e seu filho são exemplos vivos das palavras de Jesus: "se tiverdes fé como um grão de mostarda, direis a este monte: Passa daqui para acolá, e ele passará, nada vos será impossível". (Lucas 17.6)

– Se mil vidas eu tiver, mil vidas servirei a Deus e a Jesus em gratidão pelo milagre que concederam em minha vida e na vida de meu filho – ela respondeu com os olhos cheios de lágrimas não contendo sua emoção.

– Amanhã temos muito o que conversar sobre o seu trabalho na ala das crianças, muitos meses se passaram desde que partiu – disse dona Eulália sorrindo.

– Com certeza! Trabalharei com afinco! Tenho muitas coisas para lhe contar – respondeu Isabel se retirando.

Após acomodar-se em seu novo lar com seu filho, alimentá-lo e colocá-lo para dormir, Isabel, feliz, plena, com o coração transbordando gratidão, orou a Deus mais uma vez pelo milagre de reencontrá-lo. Milagre que desfez o seu passado e demonstrou a imensa misericórdia e intercessão divina, refletindo em sua vida as leis do eterno amor do nosso Pai Maior e seu amado Filho Jesus.

– Deus, meu pai amado, em nome de Jesus eu não me canso de lhe agradecer! Sou grata pela nova oportunidade que me destes. Sou grata pelos desafios e pelas lições recebidas durante minhas tristes andanças. Na caminhada os dias se passaram lentamente, mas me livrei de meus próprios enganos. Não posso mentir. Confesso que foi muito difícil, mas sei que mesmo nos meus passos incertos, quando perdi a noção dos perigos, tive coragem de seguir em frente, porque o Senhor me acompanhava a cada passo, fazendo-me sentir confiante. Por isso, nunca mudei o sonho de ter o meu filho de volta em minha vida. Sou grata por permitir resgatá-lo. Sou grata por finalmente poder entregar o amor que um dia lhe neguei pelo meu egoísmo. Sei que valeu meu esforço sobre-humano, libertei-me, eliminei as ilusões naquele mundo no mínimo estranho e fiz feliz meu coração. Tudo passou. Neste momento, volto os meus olhos para todas as mães do plano terreno e espiritual que um dia por qualquer motivo tenham rejeitado, abandonado ou abortado os seus filhos. Neste instante, peço que o Senhor fortaleça os seus espíritos, as perdoe e as abençoe. Que elas saibam que o seu amor é imenso, que sua misericórdia é infinita e que não importa o erro que cometemos, sempre é possível nos redimirmos pois o seu amor nos envolve e o Senhor sempre nos dá outra chance, nos perdoando, amparando e socorrendo. Assim, espero que todas as mães do nosso planeta e dos mundos espirituais de todo o nosso universo possam reparar os seus erros como eu reparei os meus. Que abandonem a culpa, a autocomiseração, a autossabotagem e sejam capazes de crer em sua infinita bondade e sua misericórdia e irem à luta, com fé e coragem, resgatando-os por meio do arrependimento, das orações e do seu eterno amor. Deus, Pai Amado, em nome de Jesus, seu filho, envia os seus anjos sobre elas, iluminando os seus corações. Estende a vossa mão, para que elas aprendam a confiar em Vós. Permita que fortaleçam o amor em seus corações e que de cabeça erguida aprendam a ter esperança e forças para superarem o drama de suas culpas. Que elas saibam que nunca é tarde para deixar pulsar forte o amor materno em seus corações e a aprenderem a cuidar, amar e proteger seus filhos!

capítulo 16

PEDAÇOS DE FELICIDADE

"Eduque-se o homem e teremos uma Terra transformada e feliz."
Chico Xavier

O pronto-socorro espiritual naquela manhã parecia grandioso e brilhava por causa da luz do sol. Isabel acordou muito feliz. Levantou o mais depressa que pôde e correu para junto de Murilo para ver se ele ainda estava dormindo ou se havia acordado. A imagem do seu filho dormindo como um anjo a emocionou e por muito tempo ela ficou a contemplá-lo em silêncio. Nunca sentiu maior alegria na vida, a de ver aquele lindo e puro coração dormindo em paz. Quantas lutas ela travou para ter novamente o seu filho em seus braços!

Agora, os dias, os meses se passavam tranquilos e Isabel se sentia a mãe mais feliz do mundo, dividia o seu tempo a cuidar do seu filho e das crianças abortadas e recém-desencarnadas, trabalho árduo que realizava com muito amor.

O momento mais feliz do seu dia era quando pegava Murilo na escola e recebia seus abraços, beijos e sorrisos. Os dois caminhavam alegremente pelas ruas floridas a caminho de casa, conversando, rindo e brincando. Murilo naquele pronto-socorro espiritual se desenvolvia como um garoto normal: corria, pulava, brincava, vivia alegre e saltitante; enfim, estava muito feliz ao lado de sua mãe e dos amigos do pronto-socorro. Algumas vezes questionou sobre seu pai, Paulo, e Isabel respondia que ele estava em uma terra distante, cumprindo uma missão, mas que qualquer dia desses eles iriam visitá-lo.

Para surpresa de Isabel, Murilo aceitou a ausência do pai sem maiores problemas. Assim, cercado do amor e do carinho maternos, Murilo crescia apresentando um comportamento equilibrado, sem agressividade, insegurança, baixa autoestima ou culpa.

O tempo passava rápido para Isabel, sem perceber já estava fazendo um ano que ela estava com o filho. Para alegrá-lo, reuniu todos os amigos do pronto-socorro espiritual e comemorou o aniversário de cinco anos dele. Murilo ficou encantado com a festa que sua mãe organizou. Em dado momento, pulou em seus braços e gritou:

– Te amo, mamãe! Você é tudo para mim!

E claro, não é preciso dizer que ela quase se dissolveu em lágrimas de tanta alegria. Os dois conversavam muito e, certo dia, antes de dormir, já na cama, Murilo disse para ela:

– Mamãe, quando eu crescer serei um grande homem, como o conselheiro Clemente!

– Meu filho, você com certeza será um grande homem e ajudará a humanidade em nome de Jesus!

– Isso mesmo, mamãe, logo serei "gente grande" e ajudarei muita gente aqui...

– Agora vamos orar e dormir – ela disse, segurando suas mãozinhas e beijando seu rosto.

– Conta uma história? – ele pediu sorrindo.

– Claro, meu amor – ela disse. – Era uma vez...

E ele adormeceu feliz no aconchego de sua doce voz.

No dia seguinte, após o trabalho na ala das crianças, Isabel procurou dona Eulália, muito eufórica.

– Dona Eulália, podemos marcar uma reunião?

– Ora, ora, quanta alegria e felicidade nesses seus olhos brilhantes! Claro que podemos marcar uma reunião. Do que se trata? Em minhas andanças no umbral, vi muitas mães que abortaram seus filhos, corroídas pela culpa, gemendo e chorando – disse Isabel emocionada –, e de outro lado vi também muitos jovens revoltados com as mães que os abortaram, perseguindo seus pais e irmãos reencarnados. Naquele lugar tive a oportunidade de ver de tudo. Por isso, pensei em montar uma equipe de resgate e ir socorrer essas mães e esses jovens, bem como os pais terrenos. E com o tempo, quando o Murilo recuperar sua plena consciência e seguir sua evolução espiritual, pensei em formar e liderar uma equipe fixa nos arredores do umbral, para ser mais fácil os atendimentos a essas crianças e esses jovens. Quero formar uma grande equipe! Seremos os "obreiros da esperança"!

– Minha nossa! Isabel, que projeto maravilhoso! Conte comigo, minha cara, toda ideia e ajuda é sempre bem-vinda. Apesar de nossos esforços ainda não esgotamos todas as possibilidades. Tenho certeza de que o conselheiro Clemente encaminhará seu projeto às esferas superiores com muito orgulho. E ninguém melhor do que você para liderar esse trabalho! Vamos marcar uma reunião amanhã mesmo e você me trará os detalhes – respondeu dona Eulália irradiando compaixão e contentamento. Agora, Isabel, precisamos tocar em um assunto muito delicado para você... Sei que está muito feliz ao lado do seu filho, e apesar do períspirito dele ainda estar miniaturizado, de ele ter voltado a ser uma criança pela misericórdia divina, saiba que em breve ele retomará a consciência plena, a compleição adulta na condição da última vida – explicou dona Eulália, preocupada com a reação de Isabel. – Ele será encaminhado para a ala dos adultos, e lá o trabalho será intenso.

– Mas já? Faz apenas um ano que estou como ele. É muito pouco tempo. Corremos o risco de perdê-lo, pois ele poderá despertar a consciência e se sentir muito infeliz e frustrado, recordando todo o seu sofrimento. Poderá se tornar um homem insensível novamente – disse Isabel com tom decepcionado e preocupado.

– Eu sei, minha cara, mas aqui o tempo é diferente, ele cresce rapidamente e precisa retomar a consciência plena e seguir o seu processo evolutivo – ela explicou.

– Dona Eulália, eu preciso de um pouco mais de tempo ao seu lado para garantir uma educação em valores, para que ele se desvencilhe de uma vez por todas dos traumas fixados em seu perispírito. A senhora bem sabe que as regras nesse sentido não são tão rígidas e, apesar do seu crescimento acelerado, ele pode ficar ao meu lado até se recompor plenamente e ter condições de resgatar toda a memória do seu passado. Ele foi para o umbral em extremo desequilíbrio e ainda precisa de cuidados especiais – Isabel disse em tom suplicante.

– Recebi ordens superiores... – ela disse.

– Converse com o conselheiro e diga que gostaria que o bem recebido aqui neste lugar maravilhoso se sobrepusesse ao mal que ele sofreu no umbral e no plano terreno. Se pararmos para analisar, que chances ele teve nessa última encarnação? Ele moldou a sua personalidade a partir das circunstâncias. O meu abandono, os maus-tratos da tia, a negligência do pai, a convivência com os traficantes, foram pano de fundo para assimilar o vírus mental da maldade – disse Isabel.

– Como assim, vírus mental da maldade? Não entendi – questionou dona Eulália intrigada.

– Convivendo com bandidos, tornou-se um deles – respondeu Isabel. – Ainda criança estava aberto a qualquer sugestão. Indefeso, vulnerável e sem orientação adequada, foi presa fácil dos valores subvertidos da tia e dos traficantes. Crianças e jovens em formação são abertos a infecções mentais. Ele se contaminou com os valores deturpados deles. Aprendeu com a tia que a tortura faz parte da vida, e com os traficantes que é natural dar golpes, roubar, mentir e enganar. Assim, se tornou um predador social. As crianças seguem os modelos dos adultos. A lista de padrões comportamentais arbitrários, insensatos, oferecidos pelos adultos é extensa e a possibilidade de serem seguidos tem uma probabilidade estatística muito alta. A "moda" é um exemplo de comportamento que se assemelha a uma epidemia. Uma mensagem subliminar é lançada na mente da criança ou jovem e como um vírus mental eles são imediatamente contaminados. No plano terreno, as crianças e os jovens são compelidos a imitar a moda. Se observarmos como um todo, a obra humana, a violência, a fome, a sede, os crimes, a falta de educação, as guerras, não estariam as mentes humanas sendo contaminadas por uma infecção maligna epidêmica de toda ordem?

– Com certeza! Mas, Isabel, no caso do seu filho, pelo que eu sei, o Paulo tentou passar valores morais para ele na fase do seu crescimento – disse dona Eulália.

– Sim, quase cinco anos após os maus-tratos! Dona Eulália, o pai dele ficou indiferente, sem condições emocionais de ajudar o filho durante três anos! O que a senhora acha que representam três anos de tortura moral e física na vida de uma criança indefesa?

– Uma verdadeira tragédia. Eu sei disso... – ela respondeu.

– A falta de amor, cuidado, proteção e segurança o fizeram crescer revoltado e com ódio do mundo. O Paulo demorou em se refazer, superar o meu abandono e cuidar do Murilo. Levou quase três anos para conseguir aceitar ajuda espiritual no centro que o amigo frequentava...

– Não foi fácil para ele, não foi fácil para o Murilo... – dona Eulália murmurou.

– O Murilo tinha quase dez anos quando o pai começou a lhe passar os valores espirituais recém-aprendidos. Já era tarde demais. Ele já havia formado a base da sua personalidade, escolhendo ser um carrasco tal qual a tia. A senhora bem sabe que as dificuldades no relacionamento dos adultos entre si e entre os adultos e as crianças se refletem infalivelmente na psique delas, podendo produzir perturbações até mesmo doentias.

– E como! Aqui na colônia há muitas crianças se recuperando da loucura dos seus pais. Você bem sabe disso, pois cuida delas há anos – dona Eulália comentou.

– Sim, e aprendi nos cursos algumas teorias com as psicólogas, uma delas levanta a hipótese de que as crianças de zero a sete anos observam o meio familiar no qual convivem e escolhem um modelo de personalidade de um dos adultos para se espelhar e imitar. E depois, na adolescência, reforçam o modelo escolhido. Um observa a mãe submissa e acredita que a submissão garantirá melhor sua sobrevivência naquela selva familiar. Outro escolhe ser violento como o pai que grita, bate, esperneia e todos obedecem; outro ainda escolhe ser indiferente como um tio, avô ou avó, achando que a indiferença é melhor que a submissão ou a agressividade, e assim por diante.

– É, minha cara, ninguém nasce pronto; todos escolhem uma personalidade, que nada mais é do que um conjunto de crenças, medos e reações, e cada tipo de personalidade traz as suas mensagens.

– Com certeza! Quantos espíritos desequilibrados porque no plano terreno foram muito racionais e autocontrolados, no fundo acreditavam que errar não era bom, temiam falhar, eram perfeccionistas e acabaram sendo carrascos de si mesmos e dos outros; outros que eram muito sentimentalistas, tentaram agradar os demais a qualquer preço, mas acabaram infelizes, não reconhecendo as próprias necessidades, pois temiam não merecer ser amados e frustraram-se pelo pouco que receberam em função do muito que doaram.

– É, Isabel, sem falar nos espíritos que foram muito ambiciosos, nutriram paixão excessiva pelo trabalho, foram competitivos ao extremo, apenas porque desejavam ter valor, acreditavam que eram o que faziam e acabaram negligenciando as questões pessoais, a família. Alguns tiveram enfarto, outros AVC e tantas outras doenças, e vieram para cá...

– Quantas crianças introspectivas e reservadas chegam todos os dias, sentindo-se vulneráveis, e apesar de terem sido criativas, inspiradas, temiam enquanto encarnadas não terem importância para os outros.

– Na ala dos adultos atendo muitos intelectuais que, apesar de serem visionários, de viverem à frente do seu tempo, de todos os seus talentos, abandonaram a si mesmos, pois temeram se tornar inúteis e incompetentes.

– Pois é, dona Eulália, são inúmeros os tipos de personalidade dos seres humanos que atendemos aqui neste pronto-socorro, nos quais as crianças se espelharam, mas muitos deles se esqueceram que são muito além da personalidade que escolheram, que dentro deles habita um espírito eterno que anseia que a personalidade escolhida os ajude no cumprimento da sua missão que era simples: ser feliz e evoluir.

– Isabel, esse assunto, aliás, diga-se de passagem, é bem complexo, pois, fora a criança escolher um modelo de personalidade no seio familiar, sabemos que ela carrega bagagens, características de outras vidas. E tem ainda a questão da hereditariedade.

– Sim, claro! Mas é a escolha da personalidade observada no ambiente familiar que vai deflagrar ou não essas bagagens. Se uma criança carrega a bagagem da baixa autoestima ou da depressão de outras vidas, mas é cercada de amor, cuidados e carinho, tem a possibilidade de superar essa bagagem negativa desenvolvendo a autoestima e satisfação pela vida. Do contrário, é quase impossível. Sem dúvida que abandonada, sem amor, deflagrará toda a bagagem negativa. Por isso o meu desespero em resgatar o Murilo. Eu fui responsável pela sua queda moral. Como mãe, falhei em não ficar ao seu lado, em lhe poupar dos maus-tratos e lhe fornecer um modelo de personalidade maduro e equilibrado.

– Eu sei que, segundo essas teorias, inconscientemente as crianças escolhem um modelo de personalidade de um dos adultos a sua volta que elas acreditam que vai garantir-lhe a sua sobrevivência. Assim, não é uma escolha ingênua – disse dona Eulália.

– As pessoas se enganam acreditando que nascem do jeito que são e pronto!

– Isso mesmo! Sem terem noção, elas escolhem serem como são, ainda muito pequenas, na tentativa de sobreviver e de se dar bem no meio social em que estão inseridas, e carregam a base do modelo da personalidade escolhida para o resto de suas vidas.

– Por isso muitas pessoas quebram a cara, fracassam nos relacionamentos, no trabalho e na vida, pois, quando crianças, inconscientemente escolheram uma personalidade que funcionava plenamente apenas no seio familiar ao qual pertenciam – disse Isabel com tom penalizado.

– É, minha amiga, somente no enfrentamento com o mundo, ao se relacionarem com os outros, no trabalho, na escola ou nos relacionamentos amorosos, descobrem por meio da dor, dos conflitos, das perdas, frustrações, decepções, das separações traumáticas, que o modelo de personalidade que escolheram quando ainda crianças não garantiu o sucesso nas relações e precisa ser urgentemente reajustado – disse dona Eulália com pesar na voz.

– Por isso é que muitos espíritos desencarnam com traumas terríveis em função da sua forma de ser e levam anos para superar as suas tragédias pessoais e emocionais – completou Isabel.

– Pois é. O triste é que em vez de avaliarem a sua personalidade e seus efeitos e fazerem novas escolhas enquanto estão vivendo no plano terreno, ou seja, buscarem o autoconhecimento para ajustarem a sua personalidade de acordo com as novas realidades, mudando suas crenças, medos e reações, cristalizam uma forma de ser, baseada na crença do "eu sou assim", "nasci assim" e "vou morrer assim", "quem quiser que me aceite do jeito que sou", desperdiçando a oportunidade de se reformarem intimamente, o que acaba condenando-as a uma vida e a uma morte infeliz – disse dona Eulália.

– Com certeza, pois chegam aqui do jeito que são no plano terreno... Muitos passam a vida inteira trocando de parceiros que sejam capazes de suportar a sua agressividade e falta de educação. Foi isso o que aconteceu com o meu Murilo, ele escolheu e cristalizou uma personalidade agressiva, para suportar as torturas da tia, depois adquiriu hábitos desonestos com os bandidos e carregou essa agressividade e desonestidade para o mundo do seu trabalho, dos relacionamentos com os amigos e com a sua família – disse Isabel entristecida e com os olhos cheios de lágrimas.

– Com suas péssimas escolhas, foi infeliz e fez todos os que o cercavam infelizes. Não foi capaz de se rever e de mudar a sua personalidade destrutiva para conquistar sua felicidade – disse dona Eulália. – Já conversamos sobre isso, ele bem que podia ter refletido e escolhido outro caminho apesar de tudo o que passou. Mas vou conversar com os conselheiros e verificar se há a possibilidade de manter o Murilo nessa idade por mais algum tempo e você continuar a educá-lo aqui no plano espiritual.

– Que bom! Assim, ele terá uma nova chance experimentando o meu amor materno e os nossos atuais valores morais, reestruturando a sua personalidade – Isabel respondeu eufórica.

– Você sabe que o tempo aqui é diferente do tempo no plano terreno. Assim, vou solicitar autorização para ele ficar pelo menos um tempo equivalente a mais um ano ao seu lado.

– Ah! Dona Eulália, a senhora é um anjo em minha vida! Muito obrigada! Muito obrigada mesmo! – Isabel agradeceu emocionada.

– Isabel, não se assuste. Prepare-se, eduque a sua mente para as mudanças vindouras, pois de uma hora para outra o seu filho se tornará um adolescente, e mais rápido do que você possa imaginar, e depois um adulto. O processo do seu crescimento dependerá do tempo que ele precisar para retomar a consciência e da sua situação evolutiva. Aconselho-a a contar tudo o que aconteceu para ele sem demora. Assim, o ajudará a recuperar a memória – explicou dona Eulália, olhando o rosto da amiga com ternura.

– Estou muito assustada em ter que enfrentar essa situação. Não sei como ele reagirá. Mas não se preocupe, falarei com ele em breve... – ela disse com o rosto triste, se retirando para dar continuidade aos seus afazeres.

capítulo 17

RESTOS DO PASSADO

"Cada dia que amanhece assemelha-se a uma página em branco, na qual gravamos nossos pensamentos, ações e atitudes. Na essência, cada dia é a preparação de nosso próprio amanhã."
(Chico Xavier)

Algum tempo se passou desde que Isabel conversou com dona Eulália. Ela sentia pesar-lhe o coração quando pensava em contar ao menino sobre a sua última existência. Apesar de tê-lo resgatado do umbral e estar conduzindo brilhantemente a sua educação, ela ainda se sentia envergonhada pelo passado. Ao lado do menino sentia felicidade, poder e onipotência, mas secretamente temia a sua reação ao saber toda a verdade sobre o que acontecera. Em um belo fim de tarde, respirou fundo, criou coragem e iniciou a conversa com Murilo.

– Meu querido filho – disse Isabel enquanto caminhava pelas ruas floridas do pronto-socorro ao seu lado –, a morte é infinitamente mais estranha do que podemos imaginar. Se pudéssemos ter uma noção do que nos acontece ao desencarnarmos de acordo com os nossos atos e com a nossa vibração, nos esforçaríamos para respeitar as leis divinas e nos tonarmos seres humanos melhores. O estresse, o nervosismo, a desonestidade, a violência verbal e física, o egoísmo, as ilusões, a ambição desmedida, a corrupção e o desamor que por descuido se fazem presentes em nossos corações, enquanto estamos encarnados no plano terreno, apagam a nossa luz, remetem-nos a ficar sem direção e a cometer atrocidades, e lamentavelmente a nos perdermos nos confins do nosso próprio universo interno, resultando em vidas e desencarnes no mínimo trágicos.

– Compreendo muito bem o que a senhora está tentando me dizer – disse Murilo com a voz rouca, normal para um garoto com quase dezoito anos, e com o ar satisfeito por estar recebendo conselhos. – É natural que, como minha mãe, deseje me orientar. O trabalho que realizo como ajudante na enfermaria permite-me observar o estado emocional deplorável de muitos espíritos que aqui chegam...

– Precisamos ter uma conversa muito difícil – ela disse constrangida. – O que vou lhe dizer agora vai chocá-lo, mas assim que terminar de me ouvir, caso fique muito nervoso, peço que respire fundo e conte até três antes de reagir e decidir tomar alguma decisão. Combinado?

– Sim, mãe! Fique tranquila. Pode me dizer o que tem para dizer sem medo – ele respondeu com ar inocente.

Isabel parecia uma alma torturada em uma sepultura. Aquele parecia ser o pior momento da sua vida. Sua expressão era de dor, dilacerada pelas lembranças. Havia em sua alma angústia como uma mortalha, que o tempo ainda não havia curado, provocada pelo medo de perder seu filho. Ela olhou para Murilo nervosamente, enquanto todo o seu corpo tremia. O assunto era muito delicado para ser comunicado para ele. Enquanto criava coragem para lhe revelar a verdade sobre o seu passado, ela o convidou para se sentarem em um dos bancos da praça florida do pronto-socorro espiritual. Naquele horário estava vazia e lá poderiam ficar mais à vontade.

– Eu me horrorizo pelo que fiz com seu pai e com você... Cometi erros graves, mas o pior deles foi ter abandonado você ainda criança...

Um olhar de profunda surpresa cobriu a fisionomia de Murilo. E Isabel, ignorando sua reação, continuou:

– Hoje, após tudo o que aprendi, percebo o quanto fui imatura e infantil – ela disse em tom de decepcionada consigo mesma. – Sou de origem muito humilde e sempre sonhei em ter uma vida maravilhosa. Assim, em vez de pensar em estudar e trabalhar, eu escolhi o caminho mais cômodo, sonhei em encontrar segurança, em ser sustentada, cuidada e protegida por um homem, espelhando os contos de fadas e seguindo os conselhos da minha avó. Quando me casei com o seu pai, acreditei que havia encontrado o meu príncipe encantado. Com o tempo percebi que seu pai estava a milhões de quilômetros de distância de ser um "príncipe", pois não conseguia me dar uma vida luxuosa. Ele nos sustentava com muita dificuldade e aquela vida monótona e cheia de restrições, quase miserável, me revoltava. Seu pai se esforçava para ser um companheiro e ter paciência com os meus caprichos. As dificuldades financeiras constantes, o tédio e a rotina do casamento, sem falar nos afazeres domésticos, fizeram com que eu me sentisse uma escrava e o tempo todo infeliz e deprimida. Assim, alimentei atitudes destrutivas.

– O quê? O que a senhora está me dizendo? Abandonou a mim e ao meu pai? Quando? Pelo que me recordo, aos quatro anos de idade eu estava sozinho naquele porão horrível e a senhora foi lá me salvar! Como me abandonou se está comigo desde aquele dia? – ele questionou perplexo, com ar de quem não estava entendendo nada...

– Filho, você já é um adolescente e tem condições de compreender o que vou explicar. Você está em um pronto-socorro espiritual. Você desencarnou adulto, vítima de um assassinato, e foi para o umbral, uma dimensão espiritual de baixa vibração. Estamos aqui há mais ou menos dois anos, equivalente ao tempo do plano terreno, e você cresceu rapidamente. Tudo o que vou lhe contar é referente à sua última existência, quando estava encarnado... – ela disse melancólica.

– Eu sei, já me explicaram nos cursos que eu estou morto... Então a senhora me abandonou no plano terreno, foi isso? Mas não me abandonou no plano espiritual...

– Sim – ela respondeu empalidecendo, sentindo que ia desmaiar, mas respirou fundo e continuou a sua narrativa.

– Mãe, não precisa temer em me contar a sua, ou melhor, a nossa história... Continue...

– Em função das minhas frustrações e depressão, pois não me sentia amada pelo seu pai, comecei a beber, a frequentar bailes e bares, buscando um novo relacionamento, sonhando em ter uma nova vida. Em vez de ajudar o seu pai a construir um lar honesto e feliz, fazendo a minha parte, sendo uma mulher adulta e responsável, trabalhando para ajudá-lo a superar as dificuldades financeiras, resolvi arrumar outro homem. Assim, por anos alimentei minhas ilusões e fiz você e o seu pai sofrerem com o meu desleixo, minha indiferença e meus amantes. Passei a fazer dívidas, a passar cheque sem fundos, a comprar tudo o que via pela frente, roupas, sapatos, perfumes caros, a arrumar o cabelo e fazer as unhas com a intenção de mudar o meu trágico destino – ela disse envergonhada.

– Não conseguiu evitar prejudicar os outros dessa forma? – ele questionou com ar indignado.

– Não, pois na época não tinha consciência de que era uma mulher adulta, porém completamente infantil, que se comportava como uma criança mimada que não conseguia aceitar a sua dura realidade financeira. Deixei-me levar pela ilusão de que podia ter o que queria com prestações, sem prever as dificuldades para saldar minhas dívidas devido aos altos juros, lesando muitas pessoas, empresas e comerciantes – ela respondeu com pesar na voz.

Murilo nada respondeu, com os olhos cheios de lágrimas continuou ouvindo a sua mãe.

– Filho, fiz dívidas e não me preocupei em saldá-las. Preferi alimentar as minhas ilusões a cumprir com as minhas obrigações de cidadã, mãe e esposa, mas me arrependi.

– Conseguiu descobrir as razões que a levaram a fazer isso? – ele questionou desconcertado.

– Sim. Eu carregava uma dívida emocional tremenda; na verdade eu acreditava que "o mundo me devia" uma vida luxuosa, afinal eu merecia ter tudo o que desejasse. Gastei mais do que podia para me sentir respeitada e amada pelos outros. Nos cursos e nas palestras que frequentei aqui neste pronto-socorro, descobri que eu estava presa a uma "dívida do passado".

– Como assim? – ele questionou curioso.

– Cresci carente, com a sensação de escassez. Sentia-me vítima da sorte e dentro de mim existia um cobrador que o tempo todo me dizia que o mundo me devia algo, assim tomei decisões que reforçavam essa crença. Sempre acreditei que sentia falta dos bens materiais e que a aprovação e o amor dos outros se manifestariam dependendo da forma como eu me vestia e calçava. Por isso, mesmo sem ter condições, supri minha carência afetiva comprando perfumes, joias, roupas e sapatos de marca, porque essas coisas definiam quem eu ilusoriamente acreditava ser: uma mulher respeitada. O tempo todo eu sentia falta de algo sem saber ao certo o que era e nunca estava satisfeita. Alimentava a sensação de que nunca tinha dinheiro e coisas o suficiente...

– Então você destruiu a sua vida por não se conhecer a fundo? Por não ter consciência da sua carência afetiva, transferindo para o desejo de ter cada vez mais bens materiais descuidando do lar? – perguntou ele, em um tom decepcionado.

– Sim, meu filho. Era como se eu fosse um talão de cheques ambulante, lembrando ao mundo e a Deus que eles tinham uma imensa divida para comigo. Nessa época eu carregava um sentimento enorme de injustiça. Deus era injusto e o mundo era mais injusto ainda. Em vez de ser honesta, de lutar para a construção de um mundo melhor por meio de um trabalho digno, fui completamente irresponsável, sempre fiz dívidas e, o pior, procurei homens com dinheiro e deixei essa "dívida emocional" guiar o meu destino. Demorou para que eu descobrisse que quem me devia não era o mundo, mas o meu pai, que nunca me deu carinho, colo, atenção e amor. Por onde passei deixei uma péssima reputação. O fato de o meu pai não ter me dado amor não justificava eu ser irresponsável para com meus semelhantes, e isso aprendi aqui... – ela disse completamente atordoada com as próprias revelações.

– Que bom, mãe, que no plano espiritual continuamos o nosso aprendizado... – ele murmurou baixinho.

– Graças à misericórdia divina e aos incansáveis mensageiros do Cristo que trabalham dia e noite em prol da humanidade. Após todos esses cursos e a tomada de consciência, acredito que quando reencarnar terei uma vida financeira de acordo com a minha realidade, não lesando mais ninguém.

– E, a propósito, conseguiu mudar o seu destino enquanto encarnada?

– Sim. Saí do tédio. Recomecei a namorar como se fosse uma adolescente. Em uma bela noite enluarada, em um barzinho, o patrão do seu pai, que estava com alguns amigos, viu-me e se aproximou de mim. Eu disse que estava separada do seu pai e então ele me convidou para ir até o apartamento dele. Aceitei na hora e em pouco tempo fugi com ele sem pensar em você – ela disse com o coração cheio de angústia.

– E o papai, como ele ficou com essa sua atitude? – ele questionou com tom entristecido.

– Arrasado! Demorou muitos anos para ele se refazer e eu descobrir o quanto havia sido mesquinha e calculista. Dei o nome de amor à minha ambição, às minhas necessidades materiais. Achava que estava apaixonada pelo João, mas na verdade eu estava apaixonada pelo dinheiro dele. Enganei a ele e a mim mesma.

– Nossa! E o que aconteceu comigo? – indagou ele, com ansiedade.

– Você ficou sob os cuidados da sua tia Bernadete, que o torturou fisicamente de todas as formas. Revoltado, saiu de casa, não perdoou seu pai. Foi morar com os bandidos. Tornou-se um homem insensível, mesquinho e violento. Deu golpes em muitas pessoas, tornou-se um grande estelionatário. Casou-se e agrediu a sua esposa e os seus três filhos, que atualmente estão precisando muito de você. O caçula está se recuperando da síndrome de pânico, o mais velho está para ser preso e a menina está desempregada.

– Nossa! Estou abismado com tudo o que está me revelando. Eu fui um monstro horrível? – ele disse com o olhar espantado e o rosto tenso. Naquele momento, Murilo sentiu seu coração ser golpeado, e as imagens do passado começaram a desfilar em sua mente.

– Sim, e eu fui a responsável pelo seu triste destino... – ela murmurou sem graça, penitenciando-se.

Tentando se recompor, Murilo, trêmulo, suando, controlando suas emoções e sem demonstrar impaciência ou revolta, parecia uma estátua e ouvia atentamente a história de sua mãe.

– Na cidade de Florianópolis, no sul do Brasil, sofri imensamente, pois rapidamente descobri que o João também não era o meu príncipe encantado. Os negócios dele faliram, pois a sua empresa era forte em São Paulo mas lá em Florianópolis fracassou. As dificuldades financeiras novamente me remeteram a ficar deprimida e a beber. Cinco anos depois de estarmos juntos, descobri um câncer. Tratei por muitos anos, mas deu metástase por todo o corpo e vim a falecer. Fui para o umbral, fiquei muitos anos lá até me render a Deus e a Jesus, perceber os meus erros, pedir perdão e ter o desejo sincero de repará-los. Fui resgatada para esse pronto-socorro sob os cuidados da dona Eulália. Aqui recebi amor, carinho e adquiri conhecimentos. Depois decidi ir resgatá-lo, o resto você já sabe...

Murilo respirou fundo e ficou em total silêncio, com os olhos cheios de lágrimas, o suor percorrendo todo o seu corpo e um ar de quem estava muito chocado e confuso. Resolveu não dizer nada para sua mãe naquele instante, pois estava sob fortes emoções. Os fatos narrados por ela lhe remeteram a um passado assombroso. Seus sentimentos ficaram abalados. Os seus olhos procuraram nos olhos de sua mãe a infância que se perdeu. Olharam-se profundamente por um longo tempo. Naquele momento ele percebeu que os olhos dela perderam a espontaneidade e a alegria dos últimos tempos. Agora eram olhos assustados com as lembranças tenebrosas de um passado tenebroso. O rosto de Murilo já não era mais o mesmo.

A conversa terminou e cada um retirou-se para os seus aposentos. Distantes um do outro, poderiam ficar quietos, sem ser perturbados.

No dia seguinte, no final da tarde, Murilo, após conversar horas com o conselheiro Clemente, sem hesitar procurou sua mãe Isabel na ala das crianças e disse-lhe:

– Pensei muito durante a noite sobre tudo o que me contou, e agora pouco conversei com o conselheiro Clemente, ele queria saber como eu estava. Saiba que, por mais que eu tenha me esforçado, a mãe que me abandonou eu não consegui encontrar em você. Na minha frente só enxerguei a mãe corajosa que com a força estrondosa do seu coração me salvou daquele inferno. Só enxerguei a mãe que aprendi a amar...

– Meu filho... perdoe-me... – ela murmurou emocionada com suas palavras, com os olhos cheios de lágrimas, não controlando o seu mental.

– É engraçado Agora, por exemplo, quando olho para você só tenho lembranças felizes. A dor do seu abandono e dos maus tratos se desfez no ar com o seu amor, cuidado, proteção e carinho. Mãe, não chore... – ele disse enxugando-lhe o rosto com um lenço. – Esse passado para mim é inexistente, ficou enterrado na sua sepultura. Se algum dia, de fato, fui esse homem perverso, arrogante, golpista, saiba que o seu amor me transformou em um homem bom e dócil. Não conheço essa Isabel e esse Murilo que me apresentou ontem. Para mim eles não existem. Muitas pessoas não acreditam que quem pratica o mal é capaz de mudar sua postura. Outras dizem que existem algumas situações que podem desencadear uma profunda transformação pessoal, entre eles o choque da dor, um grande amor e a religião. Pela misericórdia divina, experimentei essas três situações. Assim, fui capaz de mudar bruscamente a minha postura, a minha forma de ser, pensar, sentir e agir.

– Meu filho, muito obrigada! Muito obrigada por superar o passado e me perdoar – ela disse em lágrimas, muito emocionada.

– Mãe, eu que tenho que lhe agradecer a oportunidade que me concedeu indo me tirar daquele lugar. A oportunidade de ficar com você aqui e ter aprendido que anjos não caem do céu; Deus os coloca ao nosso lado... Ontem a senhora me disse que era culpada pelo meu destino. Não concordo com isso. Compreendi que o que fui e fiz na última existência foi resultado das minhas escolhas. Seria muito mais cômodo eu continuar culpando todo mundo, isso me pouparia dos esforços de operar minha reforma íntima... Por isso, acalme esse seu coração de mãe tão sofrido e lembre-se das palavras de Allan Kardec citadas pelo conselheiro Clemente na semana passada: "Cada um, em virtude do seu livre-arbítrio, pode escolher a sorte que quer correr, mas não poderá queixar-se senão de si mesmo pelas consequências de suas escolhas". Assim, aceitei que as experiências que vivi foram traumáticas e saí do comodismo, cresci e amadureci e tenho uma visão bem diferente da sua, sobretudo o que nos aconteceu. Mãe, precisamos seguir em frente. Esqueça o nosso passado...

Ao ouvir as palavras do seu filho, Isabel, no meio do pátio da ala das crianças, caiu de joelhos em fervorosa oração, com as duas mãos unidas e trêmulas, agradecendo a Deus e a Jesus por seu filho ter perdoado os seus erros passados.

Em seguida, levantou-se com um entusiasmo contagiante que tomou conta de todo o seu ser. Feliz, sorridente e muito emocionada, com lágrimas nos olhos, abraçou o filho e o convidou para que a ajudasse com as crianças. Ele atendeu ao seu convite prontamente e pediu que ela detalhasse melhor sobre cada um dos seus filhos, sobre o seu pai e sua ex-esposa. Ele queria conhecer a história de cada um e saber como estavam passando. Após terminar seus afazeres, ele se dirigiu à biblioteca. Já era tarde da noite e o céu estava muito estrelado quando ele encerrou seus estudos e se retirou para o seu quarto, para descansar e refletir profundamente a respeito de tudo o que acabara de saber sobre a sua família no plano terreno.

Algum tempo se passou desde que Murilo soube sobre o seu passado, e desde esse dia ele nunca mais foi o mesmo. Agora, estudava com afinco tudo sobre a espiritualidade e trabalhava incansavelmente na enfermaria e com as crianças. Esforçava-se ao máximo para operar a reforma íntima e para ter condições de visitar seus filhos no plano terreno. Sem se abrir com ninguém, havia decidido ir ajudá-los.

Em um final de tarde tranquilo, ao pôr do sol, todos ficaram muito agitados no Pronto-Socorro Espiritual Esperança.

– Depressa, depressa, ajudem-me a encontrar o conselheiro Clemente ou a dona Eulália! Ajudem-me! – gritava Isabel desesperada, correndo pelas ruas do pronto-socorro, dirigindo-se a alguns irmãos que imediatamente se propuseram a ajudá-la.

– O que aconteceu? Por que está tão desnorteada? – questionou dona Eulália, quando chegou ofegante próximo a Isabel, diante da biblioteca, após ter sido localizada.

– Uma tragédia! O Murilo... o Murilo desapareceu! Procurei por todos os lugares, ele sumiu! Não consigo encontrá-lo em parte alguma! – ela disse aflita.

– Calma, calma, minha amiga! Pode ser que ele tenha saído a serviço com um dos mensageiros e esqueceu de lhe avisar. Afinal, ele já é um homem. Para que esse desespero se você bem sabe que ele se colocou à disposição para ir até os arredores do umbral com os socorristas auxiliar os nossos irmãos? E mais, você também tem conhecimento que no último mês o Murilo se inscreveu no curso sobre garimpar almas no umbral em missão de resgate, com o mensageiro Marcus Vinícius quando ele se hospedou aqui...

– Eu sei, dona Eulália, mas fui até a central dos socorristas e o Juarez me disse que hoje não é o dia do curso e que não viu o Murilo por lá...

Por muito tempo elas procuraram Murilo por todos os lugares do pronto-socorro, mas não tiveram sucesso. Não existia nenhum indício do seu paradeiro.

– Creio que ele retornou ao plano terreno em busca do pai, da esposa e dos filhos... – disse Isabel com o rosto triste.

– Pode ser... Após ouvir a sua história sentiu-se na obrigação de ir ajudá-los. Não se preocupe. Vamos orar para que ele consiga ir e vir sem nenhum arranhão, afinal, ele fez todos os nossos cursos, foi um dos melhores alunos do Clemente e começou o curso com o Marcus. Ele aprendeu a controlar suas emoções e seus pensamentos, criando defesas psíquicas. Tranquilize o seu coração, ele está preparado para ir até a crosta terrestre e não deve ter ido sozinho. E, além do mais, ele evoluiu muito... Ele já tem condições de se defender dos zombeteiros, dos vingadores e dos vampiros de energias.

A noite para Isabel foi interminável. Rolou de um lado para o outro na cama por horas, sem conseguir pregar os olhos. Seu coração vibrava, frágil de preocupação com o filho amado. Depois de muito relutar, finalmente adormeceu, orando por ele.

– Não se preocupe, estou junto dele... Vou ensinar-lhe muita coisa para que ele tenha condições de realizar o seu projeto...

Isabel acordou sobressaltada, mas, assim que se lembrou do sonho, acalmou seu coração e sorriu. Agora ela sabia que o seu filho Murilo estava em boas mãos, afinal ele era um caçador de diamantes e esmeraldas no umbral...

– Seu filho foi entregue e lapidado no umbral para adquirir luz e brilhar intensamente. Foi lapidado de acordo com as suas necessidades, tal qual as pedras preciosas, que também são lapidadas de formas variadas para que brilhem, transformando-se em uma joia valiosa e rara. Não se preocupe, vou acompanhá-lo em suas aventuras terrenas, passar todo o meu conhecimento e treiná-lo. Ele será meu discípulo e em breve um caçador de diamantes, como eu...

Isabel, muito satisfeita com a revelação, adormeceu serena.

capítulo 18

MILAGRES COTIDIANOS

"Quando se crê em Deus, não há cotidiano sem milagres."
(Nikos Kazantzakis)

– Mãe! Mãeeeeeeee! – gritava Júlia feliz, entrando em casa e jogando a bolsa em cima do sofá. – A senhora não vai acreditar! Consegui o melhor emprego da minha vida!

– Nossa filha, que maravilha! – disse Valquíria saindo da cozinha e indo se encontrar com Júlia na sala.

A moça estava eufórica. Parecia que havia ganhado na loteria. Sua alegria era imensa, seus olhos brilhavam de tanta felicidade.

– Não falei? Não falei que quando vejo vultos vestidos de branco, no dia seguinte temos boas notícias? Não é a primeira vez que isso acontece nestas últimas semanas. Primeiro foi com o Ricardo, e agora com você! – disse Valquíria empolgada.

– É mesmo... Agora que a senhora relacionou os fatos, estou me lembrando que um dia antes de o Ricardo fechar a sociedade com o advogado Luiz Fernando, ele me disse que sentiu a presença de alguém em seu quarto.

– E tem mais: um dia antes de o Eduardo prestar o vestibular, o vovô também sentiu a presença de um vulto andando pela casa... – disse Valquíria sorrindo.

– Alguém do plano espiritual está nos ajudando! Só pode ser isso! E é muito estranho que de repente, de uma hora para outra, esse vulto esteja aparecendo aqui em casa... Quem será?

– Nossa! Será que é seu pai? Já faz cinco anos que ele faleceu, será que já está em condições espirituais de vir ajudar vocês? – questionou Valquíria com a expressão espantada.

– A senhora está louca? Imagina que aquele verme faria alguma coisa boa na vida... – replicou Júlia com tom irritado e rosto bravo.

– Filha, qualquer um pode mudar, inclusive o seu pai. Basta querer! – respondeu Valquíria.

– Bicho ruim não muda! "Pau que nasce torto morre torto" e fica eternamente torto! – replicou Júlia.

– Não fala bobagem! Pau que nasce torto se for colocado em uma máquina apropriada, endireita! – respondeu Valquíria.

– A senhora tem cada uma... Endireita como? – perguntou a moça, boquiaberta.

– A máquina fatia os pedaços de madeira de forma rápida e eficiente e rompe as fibras revoltas, eliminando as torceduras e os empenos. As madeiras que passam por essa máquina nunca mais serão as mesmas, mudam o seu formato e são utilizadas para fazer lindas portas, janelas, mesas, cadeiras, casas, entre outras coisas! – respondeu Valquíria rindo da expressão de espanto da filha.

– Está certo, entendi a sua comparação. Sou muito esperta! Então, acredita que o seu ex-marido Murilo possa ter passado por um processo semelhante ao dessa máquina no plano espiritual e "endireitou" a sua maneira de ser? – ela questionou.

– Sim! O "seu pai" pode ter sido acolhido, amparado por algum antepassado, ter recebido ajuda, e agora retornou para pedir perdão e ajudar os filhos! – respondeu Valquíria com o rosto sério.

– Hum... Só se ele ficou no inferno um bom tempo e lá deram um jeito nele... – Júlia respondeu com tom sarcástico.

– Não brinca com coisa séria. Caso o seu pai tenha ido para o umbral, com certeza, com as centenas de orações que fizemos, ele já saiu de lá há muito tempo... – respondeu Valquíria, aflita com as colocações da filha.

– Não acredito que seja ele. Acho que Deus cansou de nos ver sofrer e enviou algum de seus anjos para nos ajudar; afinal, a senhora e o vovô, incansavelmente, atuam naquele centro espírita fazendo todo tipo de caridade. Em um momento estão socorrendo as crianças da favela, em outro estão cuidando das mães solteiras, dos idosos, sem falar nos cursos, nas palestras e nos atendimentos individuais. Vocês são incansáveis. Pode ter certeza que é isso! Deus está devolvendo aos seus filhos o que faz para os filhos dos outros! – disse Júlia convicta.

– Não sei não... – disse Paulo, entrando na sala com sua xícara de café na mão e muito agitado. – Essa noite eu sonhei com o Murilo. Ele estava mais jovem, lindo, vestido de branco e sorrindo me pediu perdão. Quando o vi, corri para os seus braços e lhe dei um longo abraço. Foi lindo! Acordei com as forças renovadas! Sei que era o meu filho!

– Todos nós estamos melhores, mais calmos, tranquilos e equilibrados! Finalmente uma fase boa nesta casa... – disse Valquíria em tom alegre.

– Onde está o Eduardo? – questionou Paulo em tom preocupado.

– Estudando, agora podemos esquecer que ele existe. Decidiu fazer Medicina para se especializar em psiquiatria em vez de Psicologia. Prestou vestibular este mês como treineiro e foi muito bem – disse Valquíria em tom de orgulho.

– Eu sei, ele me contou todo feliz. Isso o animou. Depois que ganhou a bolsa de estudos integral no cursinho, não faz outra coisa a não ser estudar. Não o vejo mais. Sai às seis horas da manhã, fica o dia inteiro na escola e depois, à noite, vai para o cursinho – disse Paulo.

– Eu não o vejo morando na mesma casa há quase uma semana! – exclamou Júlia.

Nesse momento a conversa foi interrompida com o soar aflito da campainha. Valquíria atendeu à porta e se surpreendeu com a presença do advogado Luís Felipe, atual sócio de Ricardo.

– Dona Valquíria, perdoe-me a intromissão, a ousadia em vir até aqui, mas estou desesperado e o Ricardo me disse que a senhora poderia me ajudar! – ele declarou ofegante.

– Entre! Acomode-se no sofá! Fique à vontade! – ela disse colocando-o imediatamente para dentro.

– Estou desesperado! – ele disse novamente.

– Em que podemos ajudá-lo? – ela perguntou ansiosa, sob o testemunho não menos ansioso de Paulo e Júlia.

– Acho que estou enlouquecendo! – ele disse.

– Como assim? O que está acontecendo para crer nisso? – questionou Paulo com o rosto assombrado com a situação do moço.

– Preciso que a senhora e o seu Paulo deem um pulo no nosso escritório e façam algumas orações! – ele disse todo trêmulo. – Há alguns dias tenho visto um vulto vestido de branco. No começo não fiquei assustado, mas agora estou muito inquieto, pois vejo esse moço no mínimo uma vez por dia! Apesar de eu ser católico, acredito na vida após a morte, e o Ricardo me disse que são kardecistas e trabalham em um centro. Por isso vim pedir a ajuda de vocês. Gostaria que fossem até o escritório para ver se veem alguma coisa e para eu ter certeza de que não estou ficando louco.

– O senhor já teve algum tipo de distúrbio mental? – Paulo questionou preocupado.

– Não, nunca! Essa é a primeira vez que tenho alucinações... – ele respondeu cabisbaixo e chateado.

– Tem algum caso na família?

– Não! Que eu saiba ninguém tem problemas desse tipo – ele respondeu.

— Que bom, então pode ser um fenômeno espiritual mesmo! – disse Paulo com o ar tranquilo.

— Nossa! Que coisa mais esquisita. Antes de você chegar estávamos falando exatamente sobre isso. Todos nós, com exceção da mamãe, estamos vendo, sonhando e sentindo a presença de um vulto parecido com esse. Será que são parentes? – Júlia disse em tom de brincadeira.

— Respeite os mortos, menina! – disse Paulo em tom sério, olhando bem dentro dos olhos da moça, repreendendo-a.

— Pelo que ele está nos contando, parece que esses vultos estão bem vivos, vovô! – ela retrucou.

Paulo nada respondeu e, apesar de resistir, não aguentou e acabou rindo da neta. Afinal, ela estava dizendo a verdade. O vulto estava bem vivo e por isso apavorando o rapaz.

— Luís Felipe, fique calmo, você não está tendo alucinações visuais e não é um louco coisa nenhuma. No mundo espiritual isso é comum, não é nada grave. Os mortos estão mais vivos do que podemos imaginar! Precisamos descobrir o motivo de ele estar aparecendo para você. Diga-me uma coisa, o senhor perdeu algum parente ou amigo recentemente? – questionou Valquíria com tom de investigadora.

— Não! Ninguém que eu me lembre... – ele respondeu.

— A sua esposa perdeu algum ente querido? Tem alguém muito doente na família?

— Que eu saiba não, mas vou ligar e confirmar com ela. De repente... Quem sabe... Um momento, por favor, que já volto com a resposta – ele disse, levantando-se e indo falar com a esposa pelo telefone na sala de jantar.

— O que será que está acontecendo? – questionou Paulo para Valquíria com ar preocupado. – Você bem sabe que os espíritos não aparecem para nós humanos à toa. Eles sempre têm uma boa razão para se materializarem desse jeito. Uma pendência, uma preocupação...

— Pode ser auxílio também! Algum espírito de luz por ordem divina está ajudando esse rapaz! – Valquíria respondeu.

— É, pode ser. Mas, por via das dúvidas, precisamos orar para o Murilo por um bom período e fazermos o Evangelho no lar. Ah! Não podemos nos esquecer de colocar o nome dele lá no centro, na lista de orações, para que ele receba boas vibrações. Ele pode estar perturbado e por isso está aparecendo para nós desse jeito – Paulo comentou.

– Sim, nesse caso, significa que ele deseja reparar os seus erros e ser perdoado por nós... – disse Valquíria.

– Cruz credo! Cada macaco no seu galho! Lugar de morto é no cemitério e não no meio da gente. E, além do mais, depois de toda patifaria que ele fez, não adianta ficar aparecendo, agora é tarde, como diz o velho ditado popular, "agora Inês é morta"... – disse Júlia com os olhos arregalados, temerosa.

– Isso é jeito de falar, menina? Lugar de morto é nas dimensões espirituais que mais se afinam com as suas vibrações! E se eles aparecem é porque desejam o nosso perdão, estão com alguma pendência para resolver ou retornaram para nos ajudar. E saiba, mocinha, que nunca é tarde para resgatarmos os nossos erros, mudarmos e recomeçarmos! – respondeu o avô com o rosto sério.

– Paulo, ela está tirando um sarro. Ela sabe de tudo isso – Valquíria comentou. – ela está brincando.

– Dona Valquíria! Minha esposa me disse que não se lembra de ter perdido ninguém da família e me falou que não tem ninguém doente também – disse o advogado entrando na sala assim que desligou o telefone.

– Pode me chamar de você. Aconteceu alguma coisa ruim depois que viu esse vulto? – ela questionou.

– Não! Nada, absolutamente nada de ruim, muito pelo contrário... – ele respondeu.

– Aconteceu alguma coisa extraordinária com você desde que começou a ver esse vulto de branco?

– Hum... Pensando bem, aconteceu muita coisa boa. Fechei contratos com várias empresas desde que ele apareceu pela primeira vez! – ele respondeu contente.

– Que máximo! Comigo acontece a mesma coisa desde menina.

Quando sonho ou vejo um vulto branco, posso esperar que em breve terei uma boa notícia. Ontem vi o vulto e hoje a Júlia arrumou emprego e, meses atrás, vi também um vulto de branco e três dias depois o Ricardo foi trabalhar com você.

– E quando isso começou a acontecer no escritório? – Perguntou Paulo, com ar intrigado.

– Faz uns seis meses mais ou menos... – ele respondeu.

– Que coincidência, desde que o Ricardo começou a trabalhar com você? – Valquíria disse com ar de impressionada.

– Sim, e confesso que a minha sorte mudou desde que o Ricardo foi contratado, e saiba que não foi uma decisão nada fácil, pois ele tinha uma péssima reputação e já havia sido preso... Mas quando o entrevistei, é como se alguém estivesse ao meu lado dizendo: dá uma chance para ele, vocês vão crescer juntos, ele mudou, dá uma chance... Segui essa voz interior e tudo passou a dar certo. Ele está realizando um trabalho maravilhoso, com muita atenção e dedicação. Os clientes estão adorando a prestação de serviços do nosso escritório de advocacia e estamos crescendo a cada dia. Até contratamos essa semana uma secretária para nos ajudar! – ele respondeu empolgado.

– Interessante... – Paulo respondeu arqueando as sobrancelhas, levantando-se do sofá e indo admirar o céu.

– Luís Felipe, isso que está acontecendo com você não é nada de negativo. Algum mensageiro divino o está ajudando. E outra coisa, talvez você esteja vendo esse vulto para ter certeza da existência da vida após a morte, para que elimine suas dúvidas e se interesse pelo assunto, estude e cumpra a sua missão espiritual. Só isso! Pode ficar sossegado... – disse Valquíria.

– Só isso? Que missão? – ele questionou surpreso.

– A missão de se transformar em um servo de Cristo, pois, pelo que me relatou, é um médium vidente. Assim, começou a ver os mortos apenas para estudar e desenvolver seus dons e colocá-los a seu serviço divino – ela disse.

— Para perceber a transitoriedade da vida e a importância de conquistarmos bens espirituais. Em outras palavras, a sua mediunidade amadureceu e precisa cuidar dela... – complementou Paulo.

— Hum... Mas é quase impossível conseguir tempo para fazer isso, o escritório consome toda a minha atenção. Minha vida é uma loucura! Não tenho tempo nem para respirar! – ele respondeu em tom agitado.

— Eu sei, todos nós temos a tendência de focar as nossas conquistas no universo material e deixamos as conquistas espirituais para depois da morte, quando o rosto está pálido na cova – disse Valquíria.

— Credo, mãe, isso é jeito de falar? – exclamou Júlia.

— Infelizmente, poucas são as pessoas que se interessam espontaneamente pelos deveres do coração. Deixe-me lhe fazer uma pergunta: quando um amigo lhe presta um favor, ajudando-o de alguma forma, você fica grato? – Valquíria questionou.

— Óbvio que sim! – ele respondeu.

— Quando alguém lhe dá algum presente, você fica grato e se sente no dever de retribuir de alguma maneira?

— Sem dúvida! – ele respondeu sem hesitar.

— Então agora, medite sobre a generosidade de Deus e sobre todos os presentes que ele lhe deu até agora. Reveja toda a sua vida como se estivesse assistindo a um filme. Veja as cenas das suas conquistas...

O rapaz enrubesceu e nada respondeu, e Valquíria continuou a falar:

— Consegue perceber quantos presentes você recebeu de Deus e seu filho Jesus? Portanto, não é justo que retribua? Quanto tempo precisa para encarar que pode e deve retribuir seus favores? Nesta Terra inóspita, cheia de dor provocada por fome, sede, violência, doenças e desemprego, quantas pessoas não precisam de consolo, de uma palavra de carinho para curar as fraquezas da alma e as moléstias da personalidade?

— Muitas! Muitas pessoas mesmo! – respondeu Paulo.

— Quando, de alguma forma, ajudamos os nossos irmãos a se curarem, permitimos que despertem a sua alma e fazemos com que deem o melhor de si para os outros, para si mesmos e para Deus. Assim, a mediunidade quando se manifesta nos convida a realizar um trabalho espiritual em honra a Deus e seu filho Jesus, como forma de retribuição, um simples agradecimento por todos os seus favores, sem esperarmos qualquer tipo de remuneração.

– Isso mesmo, Valquíria. Quanto mais favores, maior deveria ser o nosso senso de dever! – disse Paulo

– Você, com a visão desse vulto, recebeu o convite oficial divino para ser um discípulo de Cristo. Parafraseando Eclesiastes 10:1, digo: "Assim como o óleo perfumado se torna putrefato, sob efeito de insetos mortos que nele venham a cair", a mediunidade sem obra caridosa é sobrepujada pela insensatez dos próprios médiuns, que descuidados se tornam presas dos espíritos inferiores.

– Como assim? Não entendi... – disse o rapaz.

– Quando nossa mediunidade aflora, é sinal de que nossa alma precisa estar atenta às verdades divinas e prestar serviços nos canteiros do nosso Pai. Cuidar das suas flores humanas que estão murchando! Assim como a flor tem sede, precisa ser regada com água para sobreviver, a alma humana também resseca, tem sede e precisa ser regada com as verdades de Jesus para responder às suas mais ocultas inquietações. Diga-me uma coisa, você acabou de contratar uma secretária, não é mesmo? – disse Valquíria sorrindo.

– Sim... – ele respondeu.

– Então, a partir de agora ela vai trabalhar no seu escritório. Por acaso ela não vai ter que lhe obedecer? Seguir suas regras e fazer tudo o que você desejar que ela faça durante o expediente? – ela questionou.

– Lógico! Ela terá de fazer tudo o que for referente ao seu trabalho de secretária – ele respondeu com ar intrigado.

– Hum... E por que será que nós temos tanta dificuldade em nos portar perante o nosso maior patrão, que é Jesus, da mesma forma que gostaríamos que os nossos funcionários se portassem diante de nós?

– Uau! Nunca parei para refletir sobre isso... – disse Júlia com tom pasmo.

– Que tipo de conduta espera que sua secretária tenha no trabalho? – questionou Valquíria para o moço ignorando o comentário da filha.

– Ora, que ela evite faltar, que seja honesta, dedicada, esforçada, pontual, humilde, generosa com os colegas, criativa...

– O que mais? – questionou Paulo, gostando do exemplo de Valquíria.

– Que se relacione bem com os outros, que saiba administrar conflitos, que seja gentil... Ora, a lista é imensa. Mas não estou compreendendo aonde vocês dois querem chegar – ele disse inseguro.

– O tipo de conduta que espera da sua secretária é a mesma que Deus e Jesus esperam de você! Que não falte ao trabalho espiritual, que seja pontual, dedicado, esforçado, gentil... Quando vivemos fenômenos espirituais nos bons tempos, como foi o seu caso, é momento de desenvolvermos fé em Deus e profunda gratidão por suas bênçãos. É sinal de que você antes de encarnar se comprometeu a ser um funcionário divino e começou a ver espíritos para se lembrar desse seu compromisso maravilhoso! Não adianta negar ou temer o fenômeno, é melhor aprender a conviver em harmonia com ele – ela disse animada.

– Nossa! Nunca me disseram nada isso... – ele respondeu preocupado.

– Tudo tem um motivo, o Ricardo não apareceu na sua vida à toa. O que está acontecendo com você é um simples convite para servir à humanidade junto de Jesus, com devoção e alegria. É uma maneira de recuperar o mal que possa ter causado por sua conduta em outras existências...

– O que me preocupa é a falta de tempo mesmo... – ele respondeu.

– Luís Felipe, enquanto o seu espírito habitar o seu corpo como um funcionário divino, terá três tarefas: a de cuidar da sua casa para que não caia e possa abrigá-lo, a de cuidar do seu trabalho para que não lhe falte o sustento e a de cuidar do seu espírito para que não sucumba aos desafios existenciais.

– Não compreendo...

– Os seres humanos devem cuidar da sua vida material, sua casa e seu trabalho e deve cuidar da sua vida espiritual. Não existe justificativa para se apegar apenas às coisas materiais e por preguiça descuidar das divinas, ignorando os preceitos de Jesus para a formação contínua do caráter e à boa conduta. Verdadeiros tesouros ocultos são revelados ao estudarmos *O Evangelho Segundo o Espiritismo* e ao praticarmos a caridade. Precisamos irrigar o jardim do nosso coração com as águas das verdades divinas para que possamos florescer à luz do nosso espírito e dos nossos irmãos de caminhada...

– Vou pensar sobre tudo isso que a senhora está me dizendo... – ele respondeu pensativo.

– Vou lhe dar outro exemplo, meu rapaz – disse Paulo empolgado. – Imagine que você é um engenheiro de obras e precisa executar um projeto, a construção de um prédio, acompanhando toda a obra, a compra dos materiais, as licenças na prefeitura, a contratação da mão de obra etc. Por ser engenheiro, um especialista na área, tem o dever de fazer com que a construção seja feita da maneira correta. Agora imagine que por preguiça, negligência e falta de tempo e dedicação ao seu dever, não acompanhe a obra. Tempos depois o prédio desmorona. Quem foi o responsável por tal calamidade?

– Eu fui o responsável, é claro! – ele respondeu rapidamente.

– O mesmo se aplica aos deveres espirituais. Aperfeiçoar a conduta e o caráter é um projeto interno do seu coração para a construção de um mundo melhor. Se por preguiça, não se dedica a esse projeto divino; por negligência para com Jesus, um dia a sua casa interna poderá cair...

– Agora eu entendi perfeitamente! – ele respondeu com ar preocupado.

– Luís Felipe, quando desejar vá até o nosso centro. Lá fará uma entrevista e depois encaminharão você para cursos, palestras e para um tratamento de acordo com as suas necessidades. Em pouco tempo essas visões desaparecerão. Cuide-se! Nós também vamos – ela disse essa última frase olhando bem dentro dos olhos da Júlia.

– Está bem, eu vou! Claro! Afinal hoje é um dia maravilhoso! Arrumei o melhor emprego do mundo! E agora vou poder fazer o meu enxoval e em breve me casar! – ela disse rindo.

– Falarei com a minha esposa, e quem sabe na próxima semana aparecemos por lá! – ele respondeu mais tranquilo.

Após tomar um café delicioso com bolachas, servido por Valquíria, o moço, mais calmo, agradeceu a todos e se retirou para o seu local de trabalho.

capítulo 19

CURANDO O PASSADO

"O Cristo não pediu muita coisa, não exigiu que as pessoas escalassem o Everest ou fizessem grandes sacrifícios. Ele só pediu que nos amássemos uns aos outros."
Chico Xavier

Após a saída de Luís Felipe, Murilo sorriu de contentamento e aproximou-se de sua filha com muito amor. Concentrou-se, mentalizou Jesus e lhe doou energias, a fim de ajudá-la a mudar seus padrões mentais, libertando-a de alguns obsessores e a aliviar o seu centro cerebral das imagens negativas da infância e os seus distúrbios emocionais. Há seis meses, todos os dias Murilo incansavelmente aplicava aquele tipo de tratamento em seu pai, na Valquíria e em seus filhos, em casa e no ambiente de trabalho. E eu higienizava todo o ambiente à nossa volta para que eles recebessem os passes magnéticos sem interferências negativas. Não eram poucos os inimigos que Murilo contraiu enquanto encarnado e que prejudicavam os seus filhos para vingar-se dele. Não é à toa que Ricardo e Júlia, após os passes recebidos, mais confiantes e equilibrados, tenham conseguido, depois de muito tempo desempregados, uma nova colocação no mercado de trabalho, e Eduardo, cada vez mais firme, livre de certos obsessores e do medo, dedicava-se com afinco aos estudos para prestar vestibular.

– Pronto! O seu tempo acabou. Vamos retornar agora mesmo para o plano espiritual – eu, Marcus Vinícius, disse para Murilo assim que ele terminou de doar energias para a Júlia.

– Calma, meu amigo, agora preciso cuidar do meu pai. Preciso fortalecê-lo, o coração dele está querendo falhar... – ele respondeu indo em direção ao pai.

– Assim que terminar de energizá-lo, vamos embora! – eu disse em tom firme.

– De jeito nenhum! Tem a Valquíria e o Eduardo. E quando eu sair daqui preciso acompanhar o Ricardo em mais algumas reuniões de negócios. Enquanto ele negocia, eu fortaleço as suas energias, aumentando o seu magnetismo, e afasto aqueles obsessores. Foi o que fiz na entrevista e em algumas reuniões de negócios e deu certo.

– Não foi só isso, nós sabemos... Influenciou o atual sócio, Luís Felipe, a contratá-lo – eu disse.

– Você disse bem, influenciei, mas não forcei. Na verdade me empenhei em ajudá-lo. Coloquei aqueles obsessores para correr e só disse a verdade, dá uma chance para ele... Vocês vão crescer juntos... Ele mudou... E por acaso eu não estava certo? O menino não está se esforçando e trabalhando feito um doido? Já leu a pergunta 464 de *O Livro dos Espíritos*? – questionou ele, em tom desafiador.

– Faz muito tempo, não me lembro. O que diz? – eu perguntei.

– "Os bons espíritos apenas aconselham o bem; cabe aos humanos fazer a distinção". Compreendeu? Eu apenas dei um bom conselho ao Luís Felipe e ele ouviu. A decisão de contratar o Ricardo foi dele! Não interferi no seu livre-arbítrio.

– Entendi...

– Todo mundo aqui no plano terreno sabe que os espíritos imperfeitos conduzem os homens ao mal, para fazê-los sofrer, por vingança, por inveja, não é verdade? Às vezes até provocam situações terríveis que os fazem cometer graves erros, não é mesmo? Dizem que os trevosos estão cada vez mais competentes na arte de atormentar e obsidiar os humanos e que utilizam até técnicas avançadas, com chipes sofisticados. Li vários livros sobre esse assunto enquanto estava no plano espiritual. Eles descrevem de forma tenebrosa o mundo das trevas, apavorando os incautos. De certa forma, todo mundo acredita que vive cercado de espíritos vingativos e destruidores que prejudicam a sua vida afetiva, profissional, financeira e até a sua saúde, e que as coisas ficarão cada vez pior. Isso é bem divulgado...

– Sim – eu respondi.

– Então, eu só estou fazendo a mesma coisa... – ele disse em tom sério.

– Como assim? – eu perguntei abismado.

– Alguns espíritos obsessores ficam anos após anos, vidas após vidas perseguindo determinada pessoa. A Lei Divina permite, em função da Lei de Causa e Efeito, ou seja, dos erros cometidos por essa pessoa em outras existências, certo?

– Certo! – eu respondi convicto.

– Então... Eu estou fazendo a mesma coisa. Estou ajudando, amparando, protegendo e cuidando com muito amor dos meus filhos, do meu pai e da Valquíria, pelos erros que cometi no passado. E desejo fazer isso anos após anos, vidas após vidas. Sou um obsessor do bem, já ouviu falar? – Murilo disse em tom descontraído.

– Não! Nesses termos nunca ouvi falar... – eu respondi rindo.

– Por que será que acreditam que somente os espíritos trevosos têm o direito de permanecer ao lado dos humanos destruindo as suas vidas, e todo mundo acha a coisa mais natural do mundo? Nós sabemos que muitos obsessores levam anos para desistir de se vingar de um sujeito. Da mesma forma, levarei anos para desistir de proteger e ajudar os meus familiares. É a justiça divina em ação. Vou reparar os meus erros, curando o passado, permanecendo ao lado dos meus filhos, até que estejam bem – ele disse em tom de satisfação.

Eu ri e nada respondi. E ele continuou:

– Enquanto estava no plano espiritual, estudei muitos textos, e no *Livro dos Espíritos*, de Kardec, chamou-me a atenção uma questão que levantava por que a influência dos maus espíritos sobrepuja a dos bons. E os benfeitores responderam que era por causa das fraquezas dos bons. Quando eles quisessem venceriam. Essa resposta deixou claro por que as coisas estão como estão. A falta de fé e ousadia dos bons permite que os maus dominem o mundo. A verdade é que as pessoas acreditam muito mais nos obsessores negativos e no fundo duvidam do auxílio dos espíritos de luz. Muitos deles, por viverem insatisfeitos, deprimidos e entristecidos, alimentando todo tipo de pensamento mórbido, acreditam que a luz não os protege como deveria. Diante dos desafios da vida, como uma separação, a perda de um emprego, conflitos, as pessoas duvidam de Deus...

– Isso é verdade! No fundo não se sentem merecedores de milagres cotidianos. Lamentavelmente, muitas pessoas se deixam levar pela crença no negativo, permitindo a simbiose mental com espíritos trevosos, e poucas são as que de fato alimentam os pensamentos positivos diante das catástrofes e creem na constante ajuda dos espíritos iluminados. Muitas acham que Deus tirou férias, que o céu está fechado para balanço... – eu disse rindo.

– Isso mesmo! As pessoas precisam compreender que quando algo de ruim acontece é para que revejam algumas coisas dentro de si mesmas, pois têm saldos negativos com o banco divino. E quando algo bom acontece, recebem uma benção por mérito, seu saldo positivo. Assim, se existem os trevosos criando exércitos do outro lado para atormentar a humanidade, existem os espíritos de luz criando exércitos poderosos para curá-la. A verdade é que a humanidade não tem noção de que milhões de espíritos iluminados atuam a seu favor diariamente, combatendo o mal por misericórdia em nome de Deus e de Jesus – disse Murilo.

– Eu sei... Aliás, se as pessoas olharem para as suas origens, testemunharão a realização de verdadeiros milagres. Quantas pessoas nasceram muito pobres, sem condições de estudar, e trabalharam nas mais humildes e variadas profissões, como pedreiros, faxineiros, cozinheiras, ajudantes gerais, e hoje os seus filhos se formaram e muitos são doutores, com uma vida excelente? Se pararem para refletir de onde saíram e aonde chegaram, aonde seus filhos e netos chegaram, verão que a ajuda espiritual, que o bem, o amor e a bondade divina sempre estiveram presentes e que os milagres em suas vidas foram e continuam sendo muito maiores que os seus problemas – eu disse risonho.

– Eu acho que muitos deles ainda não creem na força do bem tanto quanto deveriam. Sabe por quê? Aqui nesse planeta eles divulgam mais as obras dos seres trevosos do que dos seres de luz. Você tem noção de quantos homens de bem fazem caridade neste planeta e não aparecem nas manchetes de jornais e na televisão? São milhões de pessoas boas fazendo apenas o bem, mudando o mundo para melhor. Mas elas não dão ibope. As pessoas preferem notícias de desgraças.

– Isso é verdade. Quantas pessoas adotam crianças abandonadas, doam dinheiro para causas humanitárias, socorrem as vítimas de catástrofes, alimentam com doações os refugiados, cuidam dos cegos, crianças órfãs, idosos, paraplégicos, dos pacientes com câncer. A lista é interminável – eu respondi.

– Isso se aplica aos espíritos iluminados. Existem centenas, milhares de pessoas com sorte na vida. Para elas tudo dá certo, porque existem milhares de espíritos de luz ajudando-as o tempo todo e elas se dão conta dessa verdade... Elas creem nos milagres. Elas pensam e vibram o tempo todo positivamente. Elas oram. Elas não têm vergonha de pedir ajuda e favores para Deus, Jesus e aos seus anjos e para toda a espiritualidade quando as coisas não vão bem. Sabem que tudo passa. Mas existem muitas pessoas que não enxergam esses milagres. Passam por algum tipo de problema e se desesperam, perdem a fé. Sabe a diferença entre quem tem sorte e quem tem azar?

– Claro que sei! Quem tem sorte normalmente é alguém que acredita em si mesmo, alimenta sonhos, é entusiasmado com a vida, tem paixão pelos seus projetos. São pessoas ousadas que fazem as coisas acontecerem; são dedicadas, determinadas, têm força de vontade, tomam decisões. Acreditam que são abençoadas. Nunca desistem e sem medo vão à luta! Quem tem azar são pessoas que não sonham, não se acreditam, fazem muito pouco, não se dedicam, têm medo de tomar decisões, invejam aqueles que fazem, desistem com facilidade, desprezam a si mesmos, andam pela estrada da autoderrota e da subvalorização; e mais, normalmente esperam que as coisas caiam do céu, mas acham que Deus e a espiritualidade têm coisa mais importante para fazer do que cuidar delas. No fundo, duvidam de si e de Deus...

– Isso mesmo! A maioria das pessoas que têm sorte acredita firmemente no bem e por isso recebe constantemente a influência espiritual dos bons espíritos, em vez de receber a influência dos espíritos trevosos que tentam influenciá-las negativamente. Essas pessoas vibram na mesma energia desses espíritos, permitindo dessa forma que as virtudes do caráter dos espíritos elevados, como a fé, a paciência, a determinação, a tolerância, a compaixão, o perdão, a humildade, a força, a coragem, o amor, o altruísmo, manifestem-se na sua personalidade como muros alicerçados, invioláveis, para a proteção irrefutável do seu espírito.

– Sabe de uma coisa? Acho que o mundo está cada vez pior porque as pessoas acreditam que os bons sobem, desaparecem e os maus não descem, permanecem. Sem ingenuidade, as pessoas precisam de fato acreditar que a falange do bem não é menor que a do mal e que tudo o que elas desejarem realizar com determinação e força de vontade, com as próprias mãos, em prol de si mesmas e da humanidade, serão abençoadas por Deus, Jesus e toda a espiritualidade. Elas precisam fortalecer a sua vontade e a sua fé no bem, no amor, na luz e não no temor das trevas. A luta contra o mal é para quem tem dúvida com relação ao bem!

– Não sei nem o que responder, só está faltando você dizer agora: *Espíritos do bem, uni-vos!*

– Engraçadinho... Mas pode acreditar que neste planeta está faltando um manifesto dos bons mesmo! Imagine se as pessoas exigissem dos meios de comunicação notícias sobre o bem que se realizam todos os dias, em todos os países do planeta? Que para cada notícia ruim apresentada, eles fossem obrigados a apresentar duas notícias boas? Consegue imaginar?

– Claro! Seria uma revolução! Acho que o mundo seria outro! As crianças e os jovens voltariam a acreditar no ser humano. Porque do jeito que as coisas estão, só divulgam tragédias, sequestrando a esperança do coração dos jovens. Eu queria que as pessoas pudessem ouvir isso que estamos falando e que cada uma delas se comprometesse a partir desse momento a se transformar em um semeador de esperança, divulgando em suas conversas cotidianas, nos meios de comunicação, no mínimo uma ação positiva que viram alguém praticar. Seria a ação prática de separar o joio do trigo. As pessoas precisam reforçar a sua crença no bem, pois Jesus semeou boas sementes de trigo em seu campo, e depende de nós separar o joio desse trigo...

– A vida seria mais leve... E perceberiam que a felicidade ou infelicidade não depende apenas dos desígnios divinos, mas da fé em si mesmos, em seus talentos e em suas ações cotidianas no planeta, confirmando a premissa "Ajuda-te que o céu te ajudará".

– É certo que as pessoas atraem os espíritos que ficam ao seu redor de acordo com o que pensam, sentem e fazem, mas elas precisam aprender a confiar mais em Deus, a acreditar que existem espíritos de luz que as ajudam, mesmo quando estão em crise, desesperadas, e não creem em nada. Veja o meu caso, por exemplo. Atualmente eu estou ao lado dos meus filhos na alegria, na tristeza, na dor, na doença, na saúde, nas conquistas e nas perdas, e isso não depende do que eles estejam pensando, sentindo ou vibrando. Estou ao lado deles pelo uso da minha vontade e em nome de Jesus para reparar o mal que lhes fiz na infância.

Você mesmo ouviu a Júlia me chamar de verme inúmeras vezes e eu não me importei! Porque ela está certa, fui um verme nojento e estou aqui porque deixei de ser esse verme! Eu aprendi com o exemplo da minha mãe, ao me resgatar do umbral, que para reparar os nossos erros e demonstrar o nosso amor não basta nos arrependermos, lermos vários livros ou artigos espíritas ou ainda o Evangelho. Não basta querer ou falar em reparar os erros; precisamos agir!

– Sim, você voltou para socorrê-los e resolver algumas questões. Isso foi permitido por um período, até resolver suas pendências. Depois será convidado a retornar ao plano espiritual! – eu disse.

– Não! Vou ficar por aqui por muitos anos... – ele respondeu.

– Você precisa deixá-los viver com as forças das próprias energias, dos próprios pensamentos e sentimentos! E o dia em que parar de ministrar passes e doar energia, o que será deles na vida e nos negócios?

– Eles já estarão tão bem, que voltarão a acreditar em si mesmos, e assim, com a autoestima no lugar e dinheiro no bolso, alimentarão cada vez mais crenças positivas, que funcionarão como uma enorme fonte energética, como uma usina elétrica interna que nunca os deixará sem energia, força e luz. Nesse dia, eles não precisarão mais de mim. Caro Marcus Vinícius, não se esqueça daquele ditado antigo que diz: "O homem é aquilo que acredita", ou aquele outro ainda: "O homem se torna aquilo que faz repetidas vezes". As pessoas mudam na dor, mas também mudam no amor! Eu escolhi ajudar meus filhos a mudarem no amor! Se todos os desencarnados pensassem assim, existiria um número bem menor de almas penadas perambulando sem rumo pelo planeta e menos sofrimento na vida dos encarnados.

– Ah! Isso é verdade! Eles aceitariam a luz, seguiriam com sua jornada; teriam a oportunidade de estudar, aprender e evoluir no plano espiritual e condições de voltar para ajudar os seus familiares, como você fez – eu disse.

– Lamento que muitos deles permanecem centenas de anos presos aos problemas vividos no passado, em situações mentais terríveis, nos desejos de vingança, apegados ao mundo da matéria, aos vícios, sem interesses sinceros pelas verdades espirituais, o que lhes atrasa o progresso e o dos seus familiares. – respondeu Murilo com pesar na voz.

– É, meu amigo, o homem ainda está distante de desejar ser curado de si mesmo, de se libertar do egoísmo, da teimosia, preguiça e intransigência e se deixar guiar pelas verdades divinas.

– Sonho com o dia em que toda a humanidade será capaz de compreender a importância de se desapegarem das experiências vividas, encarando a verdade sobre o que realmente são, simples experiências e nada mais, e assim sejam capazes de superarem as suas dores, focando nas lições aprendidas, seguindo em frente. E que todos percebessem a importância de perdoarmos os nossos antepassados e orar por eles, pois às vezes não conseguem imaginar que é justamente aquele pai, mãe, irmão ou sócio desencarnado que continuam odiando, que os machucaram em um determinado momento da existência, que voltaram e os estão ajudando em tudo o que podem no momento.

– Como você está fazendo, não é mesmo, meu amigo? A Júlia nem de longe consegue imaginar que é você o vulto de branco a operar pequenos milagres... – eu disse.

– Ela herdou a minha teimosia – ele disse.

E por falar em teimosia, prepare-se, em breve estaremos retornando para o plano espiritual. E não se iluda, sozinho não conseguirá perambular por aí com a mesma facilidade que tem encontrado ao meu lado. Você bem viu os meus protetores, a quantidade de armas e técnicas que utilizo para me desviar dos trevosos.

– Sim, eu vi. Peço mais alguns meses, ainda não resolvi todos os problemas que preciso resolver... – ele disse em tom agoniado, levantando as sobrancelhas.

– Como não? Ajudou o Ricardo a encontrar um sócio. A Júlia a encontrar o melhor emprego da vida dela e a ter condições de se preparar para se casar. O Eduardo a estudar cada vez mais para passar no vestibular. Solicitou ajuda dos médicos do plano espiritual para operarem o coração do seu pai. Com esse seu empurrão, daqui para a frente todos eles ficarão cada vez melhores!

– Tem o meu assassinato, lembra-se? Se eu não ajudar a desvendá-lo, você bem sabe que o meu filho ou o meu pai serão acusados e presos, dependendo do desenrolar das investigações...

– Nossa! É mesmo! Tinha me esquecido... Você precisa dar um empurrãozinho nessas investigações – eu disse com tom apreensivo.

capítulo 20

PEQUENOS DETALHES FAZEM TODA A DIFERENÇA

"Quem confia na justiça divina e sabe que carrega dentro de si uma alma do bem não precisa ser protagonista de nenhum tipo de vingança nem sequer criar expectativas diante de outras pessoas: o tempo, por si só, cuida de tudo... pode demorar... mas ele cuida..."
Penélope Duplat

– Nossa! Você descobriu coisas a respeito do assassinato do Murilo e do Gilberto que para mim foram impossíveis de perceber e por isso ficaram invisíveis... – observou Francisco.

– Coisas que não eram conhecidas por nós, Francisco, por isso ninguém imaginou. No começo não soubemos olhar para o todo da vida do

Murilo, desde a sua infância, por isso perdemos as pistas. A verdade, meu amigo, é que aprendi ao acaso, devido a algum tipo de ajuda extra, "lá de cima" – Olavo disse rindo, apontando o céu –, que não podemos desprezar a importância de uma simples fotografia na casa da vítima ou nos pertences de quem interrogamos, e que às vezes tudo para se esclarecer depende de uma pequena pista, um simples pedaço de unha ou uma bituca de cigarro. Diga-me, foi uma surpresa para você?

– Bem, confesso que toda essa trama me confundiu. Eu imaginei que fosse todo mundo, menos essa pessoa... Como você descobriu o envolvimento dela?

Olavo ergueu as sobrancelhas e riu.

– Na última vez em que estivemos na casa da Valquíria para conversar com a Júlia e com o Paulo sobre a briga que tiveram com o Murilo, estranhamente o Paulo deixou cair das mãos uma carteira. Seus pertences se espalharam pelo chão. Era como se a carteira tivesse voado da mão dele com a ajuda de uma força invisível. Até ele se assustou... Enquanto ele juntava as suas coisas, observei uma foto. Nela, uma mulher de preto com quase a mesma idade que o Paulo, acompanhada de outra mulher mais jovem vestida de azul me chamaram a atenção. A primeira tinha o ar de uma pessoa muito cruel, então lhe observei as mãos e as suas unhas e pensei, será possível? Lembra-se que foi encontrado um pedaço de unha com esmalte cravada no corpo dele e uma bituca de cigarro com batom?

– Sim, e durante as investigações não encontramos vestígios da mulher que deixou a unha e a bituca...

– Pois é... O engraçado é que a cor do esmalte nas unhas da mulher na fotografia era a mesma da unha encontrada no corpo de Murilo – disse Olavo com ar surpreso.

– Nossa! Coincidência! – exclamou o investigador Francisco.

– Meu amigo, em investigações, coincidências não existem; por isso não perdi tempo, imediatamente investiguei e descobri quem eram aquelas mulheres e onde estavam localizadas. Percorri várias cidades do Sul do país. Em Santa Catarina, finalmente descobri quem era a mulher vestida de azul e descobri que havia falecido há muitos anos. Depois de muito bater a cabeça, em Florianópolis encontrei a misteriosa dama de preto. Interroguei-a sem pressa, ouvi toda a sua história enquanto ela fumava um cigarro atrás do outro e tomava água.

– E, depois disso, o que você fez? – ele questionou.

– Não pensei duas vezes, recolhi outra bituca de cigarro e o copo, e é claro, mandei analisar imediatamente as suas digitais – respondeu o investigador Olavo. – As digitais coincidiram com as encontradas no corpo do Murilo e com na bituca de cigarro, a que foi encontrada próxima ao corpo dele, lembra-se?

O investigador Francisco assentiu com a cabeça, boquiaberto, mas nada respondeu para não atrapalhar a narrativa do amigo.

– Assim, com a confirmação das digitais, solicitei um mandato de busca e pude entrar no apartamento alugado onde ela morava, e tal foi a minha surpresa quando encontrei no fundo do armário do quarto a arma do crime. A balística confirmou ser a arma que matou Murilo. Tudo se encaixou como uma luva. Confesso que o desfecho desse caso surpreendeu a mim também. A fotografia que caiu da carteira foi a chave para eu decifrar esse mistério... – disse Olavo com ar orgulhoso e satisfeito com o seu próprio trabalho.

– É, meu amigo, essa trama não era nada evidente! E o Ricardo e o Paulo confirmaram suas descobertas?

– Na quarta-feira, quando os interroguei, ficaram com medo e mais uma vez negaram, mas depois do resultado dos exames que saíram ontem, eles não tiveram outra opção a não ser falar a verdade sobre tudo o que aconteceu, pois as digitais do Paulo e do Ricardo estavam na arma também. Eles me mostraram onde estava o bilhete que a mulher escreveu às pressas e enviou para o Paulo, antes de ir ao encontro do Murilo no beco das prostitutas naquela noite... – disse Olavo com ar de contentamento.

– Demos uma geral na casa e nos computadores conforme a sua solicitação e encontramos hoje o bilhete digitado e salvo no computador do Ricardo – disse o investigador Francisco com os olhos brilhando.

– Se você não tivesse me explicado detalhadamente essa trama toda, eu estaria confuso até agora, porque é muito difícil deduzir como esse bilhete e essa arma esclarecem o caso, já que não foi ela quem atirou no Murilo. Que bom que você seguiu o seu instinto! Quem é essa mulher misteriosa?

– Pois é... Enquanto estava em Florianópolis, solicitei aos nossos parceiros que fizessem uma busca no hotel em que ela ficou hospedada aqui em São Paulo e você não imagina o que aconteceu...

– O quê? – questionou Francisco curioso.

– Encontramos uma faca cheia de sangue. Mandei examinar as digitais e o sangue, depois comparamos com o sangue do Gilberto. Adivinha? Era o sangue dele e as digitais bateram com as dela. Acho que ela matou os dois. Hoje à tarde, às quinze horas, todos irão até a delegacia e terão uma bela surpresa. Todos saberão quem foi a mulher que matou o Gilberto, e vamos descobrir quem matou o Murilo.

Naquela mesma tarde, sob uma forte chuva, com os trovões ressoando e os raios rasgando o céu, Valquíria e sua família enfrentaram um trânsito imenso para chegar à delegacia. Os investigadores esperavam ansiosos.

– Oh, essa história está me enlouquecendo! Não durmo há dias, desde que soube que o Paulo e o Ricardo estão envolvidos no assassinato do Murilo. E eu que pensei que essas investigações depois de quase cinco anos já haviam sido arquivadas... – disse Valquíria soluçando profundamente na sala de interrogatório na delegacia, cabisbaixa, sem encarar os investigadores.

– Não se desespere e tampouco se apresse em seu julgamento. E outra coisa, a nossa justiça demora mas nem sempre falha – disse o investigador Olavo levantando-se da cadeira e andando de um lado para o outro na sala ansioso –, não tenha dúvida de que chegaremos a uma conclusão definitiva daqui a pouco. Deixe todos os envolvidos chegarem.

– Quem está faltando? – ela questionou enxugando suas lágrimas com um lenço.

O Paulo e o Ricardo sabiam quem estava para chegar, mas nada disseram. Permaneceram silenciosos e encolhidos no canto da sala um do lado do outro. Júlia e Eduardo não escondiam seu nervosismo e angústia. Queriam que tudo aquilo fosse um pesadelo. Como seu querido avô e seu irmão estavam envolvidos naquele crime hediondo? Aquilo não parecia ser real. Seus corações estavam cheios de indagações e dúvidas.

– Estamos aguardando a chegada de uma convidada muito interessante – ele respondeu. – Ela está vindo de Florianópolis. A viagem é longa. Não demora e ela entrará por aquela porta e tudo será esclarecido.

– Tudo isso parece um filme de ficção – disse Valquíria entristecida.

– A questão aqui é esclarecer o caso, revelar o culpado e impedir que ele cometa outros crimes – disse o investigador Francisco na tentativa de acalmar os ânimos de todos.

– Daqui a pouco você saberá quem matou seu marido e o Gilberto. Eu já decretei a sua prisão, essa pessoa está vindo da cidade de Florianópolis.

– Quem é? – questionou Júlia aflita.

– Pronto! Chegou quem estava faltando. Acabaram de me avisar pelo rádio, ela acabou de entrar na delegacia acompanhada dos policiais.

Para espanto de Valquíria e de seus filhos, não demorou e uma mulher idosa, com ar tenebroso, entrou na sala de interrogatório algemada e foi colocada sentada em uma das cadeiras.

– Ora, ora, há quanto tempo, hein? Duas semanas? Você viu que fantástico? Suas digitais coincidiram com as digitais na bituca de cigarro que foi encontrada próximo ao corpo do Murilo, na faca e na arma – disse o investigador Olavo para ela com ar triunfante. – Agora, por favor, apresente-se. Valquíria e seus filhos desejam conhecer a mulher que foi responsável pela morte do Murilo e do Gilberto. Em seguida, revele tudo exatamente como aconteceu naquela noite tensa em que Murilo foi assassinado no beco das prostitutas. Não poupe os detalhes sórdidos... Seja clara, porque se o fizer, eu poderei ajudá-la.

Os olhos de Valquíria, Júlia, Eduardo e do investigador Francisco se dirigiram para ela e brilhavam de curiosidade.

– O meu nome é Bernadete. Sou irmã do Paulo, a tia do Murilo. Acho que posso ser poupada desse blá-blá-blá. Tenho certeza de que vocês conhecem a minha história com aquele rato de esgoto – ela disse com expressão de nojo e raiva.

Valquíria e seus filhos ficaram petrificados e nada disseram, permaneceram em silêncio para ouvir o que ela tinha para dizer.

– Tenho uma vaga lembrança daquele momento, mas tenho a lembrança vívida do que ele me fez naqueles dias e que me obrigou a ir tirar satisfação na porta da boate naquela noite. Vocês sabem que cuidei do Murilo quando criança e que a minha forma de educá-lo não foi aceita por ele e pelo Paulo? – ela questionou aos presentes.

– Educá-lo? – questionou Paulo em tom de revolta. – Você torturou friamente o meu filho, sua megera irresponsável. Eu fui um tolo de acreditar em você e principalmente em demorar para perceber o que fazia com ele, que o torturava sem dó...

– O que para você parecia tortura, na minha opinião era a forma que eu tinha de conter os seus malditos impulsos de criança mimada – ela respondeu secamente.

– Não nos reunimos hoje para discutir a educação durante a infância do Murilo, e sim para desvendar a sua morte, o seu assassinato – disse o investigador Francisco levemente irritado com aquela discussão. – Retroceda um pouco, conte-nos tudo.

– Está bem. O Murilo me odiou a vida inteira. Ainda adolescente, jurou um dia se vingar de mim e foi isso o que ele fez. Procurou pelo meu paradeiro por muitos anos e me encontrou em Florianópolis. Falsificou a minha assinatura e vendeu minha loja, a minha casa e o meu carro. Fiquei em uma situação desgraçada, passei até fome e dependi da caridade dos outros.

– Como descobriu que foi ele quem vendeu os seus bens? – questionou o investigador Francisco.

– Já contei tudo para o investigador Olavo em Florianópolis. Fiz um boletim de ocorrência na delegacia contra os compradores e também entrei com um processo contra eles para provar que as assinaturas em toda a documentação eram falsas. Eles se defenderam, alegaram que mandaram os documentos serem analisados pelo advogado da imobiliária e ele garantiu que estava tudo certo. O advogado da imobiliária que aceitou os documentos do Murilo e os compradores, na delegacia, fizeram um retrato falado dele. Após a denúncia do crime de estelionato, a polícia intensificou as investigações. Não demorou muito tempo para a polícia identificá-lo em seus arquivos e reconhecer o golpe. O Murilo era um estelionatário famoso e procurado.

– Isso é verdade – murmurou o investigador Francisco.

– Como esses processos demoram anos, viajei até São Paulo atrás dele na tentativa de reaver o meu dinheiro. Liguei para o Paulo, contei o ocorrido e a contragosto ele foi me buscar na rodoviária e me instalou em um quarto de hotel barato, de quinta categoria – ela disse com expressão de nojo do irmão.

O Paulo percebeu a sua provocação, mas nada respondeu. Ela continuou sua narrativa:

– Não demorou mais de três dias para eu localizar o Murilo. No bairro onde ele morava, que é o mesmo em que o Paulo ainda mora, o Murilo era muito conhecido. Perguntei nos bares e um tal de Tonhão me deu o endereço de um amigo dele, um tal de Gilberto, e este me deu o endereço da boate que o Murilo frequentava. Fui até lá, mas antes escrevi um bilhete para o Paulo, pedindo para ele me acompanhar. Temia pela minha vida, pois o Murilo era muito violento.

– É verdade. Após ler o bilhete corri para a boate para evitar briga entre vocês dois – disse Paulo –, mas não foi possível. Quando eu cheguei, o Murilo estava discutindo com a Bernadete. Os dois brigaram feio, chegaram a se agredir fisicamente. A Bernadete, completamente fora de si, deu-lhe socos, chutes e pontapés e ele revidou. A briga foi horrível.

Naquele instante algumas imagens desfilaram na mente de Bernadete.

– Você não presta! Seu cafajeste! Devolve já todo o meu dinheiro! Seu verme, nojento! – ela gritava desesperada.

– Você merece isso e muito mais, sua ordinária! Que bom que ficou sem nada! Agora vai ter que fazer faxina se quiser sobreviver! – ele gritava gargalhando.

– Seu traste imprestável! Seu ladrão miserável! – ela gritava abalada com a indiferença e frieza do moço.

– Em um dado momento, muito nervosa, completamente fora de si, ela tirou uma arma da bolsa e apontou para ele – disse o Paulo com o rosto abatido. – Nesse exato momento eu corri como um louco para defendê-lo, colocando-me na frente dele para protegê-lo. Ela gritou para eu sair da frente do Murilo, dizendo estar disposta a atirar nos dois. Naquela confusão, do nada apareceu o Ricardo, que ao ver aquela mulher com a arma na mão, lutou terrivelmente com ela na tentativa de proteger a mim e ao pai.

O ódio dela era tanto que quase estrangulou o menino. Saí da frente do Murilo para ir socorrer o Ricardo, separar os dois. Ricardo deu um golpe nela, ela caiu no chão, e enquanto ele tomava a arma das mãos dela, a arma disparou. Tudo aconteceu muito rápido. Tenho uma terrível lembrança daquele momento: o desespero e o horror expressados nos olhos dele ao ver o pai tombar morto no chão. Apesar de até pouco tempo ter se comportado como o pai, ser um errante na vida, ele carrega até hoje a culpa de ter matado o pai sem querer, tentando nos salvar. Foi um trágico acidente. Imediatamente tirei a arma da mão dele e fugimos. Ele voltou para o Paraná. A Valquíria não sabia que ele veio me ver em são Paulo para pedir dinheiro emprestado, apenas disse que eu havia recebido um bilhete e tinha me dirigido à boate...

– Foi assim mesmo que tudo aconteceu – confirmou Ricardo com um ar desesperado. – Vim pedir dinheiro emprestado para o meu avô e nunca havia sofrido na vida trauma pior. Todos aqui sabemos que o meu pai não valia nada, como eu, mas nunca desejei a sua morte. Fiquei muito abalado e acho que isso me amaldiçoou. Tudo passou a dar errado. É imensa a culpa que carrego. Não sei o que aconteceu, se a arma disparou sozinha, se eu sem desejar disparei ou se ela apertou o gatilho. Essa dúvida corrói a minha alma.

– E por que não chamaram imediatamente a polícia? – questionou o investigador Olavo.

– Bem que eu desejei chamar a polícia para essa louca ir presa, mas não pude, senti medo das ameaças dela. Ela jurou matar nós dois. E, outra coisa, quem iria acreditar que foi um acidente? Seria a palavra dela contra a minha e a do Ricardo. Com certeza ela o acusaria para se safar. Ela é ardilosa. Ele acabara de começar uma linda carreira no Paraná e podia ser preso, se dar muito mal por causa dessa mulher... Naquela época ela não confirmaria a nossa história e não sei se encontrariam todas as provas contra ela...

– E então, Bernadete, confirma a versão do seu irmão? Confesse que foi você quem apertou o gatilho da arma enquanto brigavam. Nem tente negar, que será muito pior para você. Não se esqueça de que tenho a faca que matou o Gilberto com o sangue dele e as suas digitais, a digital na arma que matou o Murilo e na bituca de cigarro. Ah! Sem falar que temos o depoimento dos dois envolvidos.

– O que eu ganho em troca? – ela questionou friamente.

– Nada! Mas posso tentar ajudá-la – ele respondeu indignado com o tom cínico dela.

– Sim, foi exatamente assim que tudo aconteceu. A arma disparou acidentalmente durante a briga! – ela exclamou. – Nenhum de nós apertou o gatilho, foi sem querer...

Nesse momento, Valquíria, Júlia, Eduardo, Paulo e Ricardo sorriram aliviados.

– E o Gilberto, por que ele foi morto? – questionou o investigador Francisco para Bernadete com tom ansioso..

– Porque ele estava na boate e saiu atrás do Murilo. Ele viu tudo o que aconteceu. Quando vocês estavam investigando o crime, eu o procurei no bar e pedi para ele ficar calado; mas ele me disse que não seria cúmplice e contaria tudo para vocês. Naquele mesmo dia, à noite, fui até a casa dele, nós discutimos novamente e ele me apontou uma faca. Na briga fui mais rápida, consegui me defender dele, pois ele estava bêbado feito um gambá. Parece mentira, mas ele caiu em cima da faca, foi um terrível acidente também! Não fui até a casa dele para matá-lo, não tive essa intenção.

– E por que novamente não chamou a polícia? Ao contrário, escondeu a arma do crime no armário do quarto do hotel – questionou o investigador Olavo com ar desconfiado.

– Senti medo... – ela murmurou.

– *Hum...* A senhora sentiu medo? – questionou o investigador Olavo em tom cínico, indignado com as mentiras e a frieza da narrativa daquela mulher.

– Ela será presa? – questionou Valquíria.

– Com certeza! Acabou de confessar o crime contra o Gilberto. E quanto ao Murilo, deixou claro que foi conversar com a vítima com uma arma. Isso caracteriza intenção de matar, ou seja, homicídio doloso. Ela responderá pelos dois crimes. Seu filho e seu sogro pela força do dever também serão indiciados. Afinal, ocultaram a verdade por muito tempo. Obstruíram a justiça. Vão responder por ocultação de crime.

– Meu Deus do céu! Minha Nossa Senhora! Eu pensei que por ter sido um acidente eles sairiam ilesos! – exclamou Valquíria inconformada e com profundo pesar na voz.

– Isso aconteceria se tivessem chamado a polícia na hora, enfrentando a verdade. Não precisavam ter nos dado todo esse trabalho de investigação. São quase cinco anos! Agora, fique calma e se contente por eles não responderem por homicídio doloso como ela e eu não os denunciar como cúmplices. Não farei isso porque sei que eles não colaboraram em absolutamente nada para que Murilo fosse assassinado. Contrate um bom advogado! Cabe ao magistrado analisar a situação do caso, julgar a ação deles para proteger a vítima tentando impedir o crime. Fiquem todos calmos, acredito que a pena será irrelevante. E, outra coisa, eles são réus primários, podem apresentar atenuantes, recorrer da sentença após o julgamento e lutar por uma pena leve e quem sabe responder em liberdade. Afinal, temos a confissão dela registrada nos autos – disse o investigador Olavo com um sorriso de satisfação nos lábios por ter resolvido os dois casos.

– Eu já tive várias passagens na polícia – murmurou Ricardo não escondendo a sua decepção e a tristeza no rosto.

– É verdade, mas apesar de você ter várias passagens na polícia, nunca foi julgado e condenado, assim continua sendo réu primário – disse o investigador Olavo, que percebeu a expressão de alívio no rosto do rapaz.

– Essa situação me fez lembrar um ditado de Santo Agostinho – disse Paulo chateado: – "*Não* faço o bem que quero, mas o mal que *não* quero".

– Com certeza! – exclamou o investigador Olavo. – O Ricardo até consigo compreender que tenha optado por fugir, pois é imaturo, muito jovem e tem muito que aprender; mas o senhor, seu Paulo? Confesso que eu não esperava uma atitude como essa vinda do senhor... Eu não me conformo! A omissão é uma falha imperdoável. Eu sei que o medo acovarda as pessoas. Mas enquanto não abandonarmos o medo evitando sermos omissos, os bandidos triunfarão no mundo.

– O senhor tem razão, não tem desculpa para o que eu fiz – ele respondeu desapontado consigo mesmo e com os olhos cheios de lágrimas. – A duras penas estou reaprendendo o que já havia aprendido com a espiritualidade, de que sem a verdade não somos nada! Não fiz por mal, temi pelo destino do menino e como já havia falhado com meu filho em sua infância não quis errar com o meu neto. Tive receio de destruir a sua vida como destruí a do meu Murilo...

– O que vocês fizeram foi um ato de violência – disse o investigador Francisco com a expressão séria.

– Como assim? – questionou Júlia curiosa, olhando firmemente para o detetive.

– Todos os dias nós atendemos pessoas nessa delegacia com graves danos emocionais provocados por omissões de todo tipo de violência, incluindo crimes hediondos como esses. E com os psicólogos que os atendem, aprendemos que a omissão é um tipo de violência psicológica. Foram omissos, guardaram um segredo e com certeza se machucaram por dentro e se não se cuidarem ficarão com marcas que carregarão por toda a vida – respondeu o investigador Francisco. – A cada dia fico mais chocado com a capacidade que tem o ser humano de conviver com as falcatruas alheias, sem se incomodar, sem se propor a fazer algo para reverter a situação. Será que o Gilberto estaria morto se vocês tivessem denunciado a Bernadete no momento em que ela cometeu o crime contra o Murilo?

Após ouvir aquelas palavras do investigador, Valquíria debulhou-se em lágrimas, desesperada, e seu rosto tornou-se sombrio. Afinal, amava o ex-sogro e o filho, que apesar de estar bem melhor ainda estava se recuperando de uma grave cirurgia. E a última coisa que ela desejava era ver aqueles dois na prisão. Júlia e Eduardo também ficaram muito preocupados com os dois. Paulo ficou totalmente desnorteado com o questionamento do investigador e começou a passar mal, levando a mão em seu coração, demonstrando sentir dor no peito e dizendo:

– Que Deus tenha compaixão da minha alma! Nunca havia associado os fatos até agora. Como eu pude ser tão tolo e negligente com as verdades divinas, com essa idade e com todos os estudos que realizei? Sempre soube que para fazer o bem é preciso a ação da vontade, mas para praticar o mal, basta a inércia ou a despreocupação. No meu caso, bastou a omissão! Sou responsável pela morte desse rapaz! Não tinha enxergado essa realidade... – ele disse, envergonhado.

– Vovô, o senhor é um ser humano e como tal, apesar de um bom espírita, sujeito a cometer erros! Estava emocionalmente envolvido, afinal era o seu neto e a sua irmã. Estava inconsciente dessa situação, não fez por mal. Tentou salvar o seu neto. Tentou protegê-lo. Não podia imaginar que a Bernadete iria atrás do Gilberto para matá-lo. Outra coisa, ela disse que foi um acidente, que ele caiu em cima da faca! Vai ver foi mesmo! Duas fatalidades! Agora, fique calmo. Tome o seu remédio – Júlia disse pegando rapidamente o remédio que estava na carteira dele e colando embaixo da sua língua.

– Estou perdido! Cometi um crime! A justiça divina punirá essa minha omissão diante desse mal que causei, mas que tinha condições de impedir! Demorei em enxergar os maus-tratos que ela cometeu com o Murilo na infância e agora não vislumbrei que ela era uma assassina fria e calculista e que com minha omissão eu estava ajudando-a a cometer outro crime! Sou tão culpado quanto ela! – ele disse completamente atordoado.

– Paulo, se acalme, agora não adianta se culpar. Não concordo que seja culpado pela morte do Gilberto. Ela foi lá na casa dele à noite, calá-

-lo porque é maldosa mesmo. Responda-me uma pergunta, na noite do crime você e o Ricardo também não viram o Gilberto sair da boate?

– Sim! Nós vimos. Ele passou por nós quando estávamos saindo do beco e nos disse: "Corram mais rápido antes que a polícia chegue. Vai sobrar para todo mundo!" Ele saiu em disparada. Depois disso nunca mais o vimos – disse Ricardo complementando a fala do avô.

– Então, Paulo... Vocês dois viram o Gilberto saindo da boate, sabiam que ele havia visto a briga e o assassinato, mas nunca foram atrás dele com o intuito de silenciá-lo, com medo de serem denunciados. Se ele tivesse denunciado o crime, vocês contariam a verdade para a polícia e enfrentariam o que tivessem que enfrentar – disse Valquíria em tom terno tentando acalmá-lo.

– Isso mesmo! Eu até esperava que ele contasse, mas deixei por conta dele – respondeu Paulo, acalmando-se.

– Sem dúvida, é uma tragédia tudo o que aconteceu – disse Valquíria. – Você errou em omitir os fatos, mas não é culpado pelas ações da sua irmã. Controle suas emoções e se acalme!

– Não sei como viverei com isso dentro de mim, sem enlouquecer – Paulo murmurou com a voz triste.

– Pedindo perdão a Deus por seus erros, aprendendo com eles, arcando com as consequências de cabeça erguida e recomeçando! Acredite que você é forte! Superará tudo isso! Estarei ao seu lado o tempo todo! – ela respondeu.

No final da conversa, Paulo, Ricardo, Valquíria, Júlia e Eduardo se abraçaram em sinal de união. Sabiam que precisariam de muita coragem e força para enfrentar as terríveis consequências de seus atos.

capítulo 21

FATALIDADE

"Devemos aceitar a chegada da chamada morte, assim como o dia aceita a chegada da noite – tendo confiança que, em breve, de novo há de raiar o sol..."

Chico Xavier

No corredor da delegacia, Murilo caminhava sorrindo e com expressão serena ao meu lado rumo à porta de saída, satisfeito com a solução do seu assassinato.

– Bom trabalho, Murilo! Tudo foi resolvido. Agora podemos partir para o plano espiritual – eu disse em tom empolgado por finalmente chegar a hora de deixar a crosta terrestre.

– Estou orgulhoso de ter ajudado nas investigações quando empurrei, das mãos do meu pai, a carteira para o chão. Apesar de toda a boa vontade do mundo, os investigadores jamais teriam desvendado o caso, pois ninguém se lembrava da existência da Bernadete... – ele disse com ar de satisfação.

– Bom, a sua questão mal resolvida que o mantinha preso nesta dimensão foi solucionada. Agora vamos embora! – solicitei impaciente.

– Por favor, espere até o meu pai e o Ricardo se livrarem da prisão. Pretendo ajudá-los durante as audiências. Enquanto isso, eu vou fazer o levantamento que me pediu sobre os meninos desencarnados de rua... – ele pediu.

– Você é terrível! Mas está bem. Vou aguardar mais um pouco. Inicialmente, faça todo o levantamento sobre os espíritos dos meninos desencarnados de rua nas principais capitais do Brasil – eu disse satisfeito com a iniciativa dele em realizar as pesquisas.

– Deixa comigo! Farei um excelente trabalho! Você sentirá orgulho! – ele disse.

A nossa conversa foi bruscamente interrompida em função de uma fatalidade estar prestes a acontecer. Os gritos dentro daquela delegacia eram assustadores. Com a gritaria, Murilo e eu voltamos imediatamente para a sala dos investigadores a fim de entendermos o que estava acontecendo. Ao chegarmos, não acreditamos no que vimos. Uma confusão danada se armou em questão de segundos quando Bernadete tirou a arma que trazia escondida nos seios e apontou para o Eduardo e a Júlia, que ficaram apavorados, assim que o investigador deu a ordem de sua prisão. Bernadete, completamente fora de si, não percebeu que estava acompanhada de vários trevosos que insuflavam com veemência a sua ira, para que cometesse o pecado mortal de se vingar de Murilo, matando os seus filhos. Imediatamente nós dois começamos a emanar energia de amor para que ela se acalmasse e a ordem se restabelecesse, sem ninguém sair ferido.

Valquíria, desesperada, abraçou Paulo e começou a chorar copiosamente. Paulo, aos gritos, implorava para a sua irmã abaixar a arma. Ele sabia que naquele momento ninguém estava a salvo. Nesse instante, Ricardo, percebendo o perigo de os irmãos serem atingidos, em um salto se colocou na frente deles com os braços abertos, acobertando-os, para protegê-los.

Enquanto isso, os investigadores colocaram-se rapidamente em pé e cercaram Bernadete. O investigador Olavo bem diante dela, encarando seus olhos medonhos, desfigurados pelo ódio e desejo de vingança, pronunciava em tom bem alto e firme:

– Abaixe essa arma já!

– Não vou abaixar a arma coisa nenhuma! Jurei me vingar do Murilo! Vou matar toda a sua família! Ele desgraçou a minha vida quando vendeu todos os meus bens. Eu perdi tudo! E ainda por cima vocês não aceitam que tudo foi um acidente e querem me prender? Cadê a justiça? O Murilo acabou com a minha vida e eu é que sou presa? – ela respondeu irredutível.

– Largue a arma! Pare ou eu atiro! – dizia de forma severa e em tom alto o investigador Francisco, atrás dela, apontando uma arma para a sua nuca.

– Sua louca! Pare com isso já! Escute o que o investigador está falando! Abaixe essa arma! – gritava Ricardo apavorado!

– Podem atirar! Não ligo se eu morrer; aliás, é melhor que ficar presa, mas levo vocês comigo! – ela gritou totalmente descontrolada, atirando impiedosamente e acertando de raspão o ombro do policial, que ficou indefeso, mas acertando no peito de Ricardo, que imediatamente tombou morto, todo ensanguentado. Quando ela ia dar o seu segundo tiro, para atingir Júlia ou Eduardo, o investigador Francisco, que a mantinha na mira, foi obrigado a atirar evitando a morte de mais uma vítima. Bernadete foi gravemente ferida e encaminhada para o hospital.

Valquíria, mesmo em estado de choque, jogou-se em cima do corpo do filho morto e chorava inconformada. Impossível encontrar palavras para dimensionar o tamanho do seu sofrimento. Paulo se abalou e passou muito mal, necessitando ser levado às pressas para o hospital. Júlia e Eduardo, boquiabertos com a tragédia, não saíram do lado da mãe.

– Que tragédia! – dizia o investigador Francisco inconformado com o que acontecera.

– Ainda bem que você atirou naquela velha louca e impediu um segundo assassinato – disse o investigador Olavo. – Daqui a pouco chegará a ambulância que levará o corpo para o hospital, onde o médico dará o laudo, e depois o corpo será liberado para o velório.

Ao ouvir as falas do investigador, Júlia, toda trêmula, afastou-se da mãe e dos irmãos e disse:

– Pode deixar que eu providenciarei o enterro assim que sair o laudo médico. Posso usar o telefone? – Júlia pediu receosa. – Preciso ligar para a esposa do Ricardo, ela está trabalhando e precisa ser avisada da sua morte.

– Claro, fique à vontade! – disse o detetive Olavo.

– Não diga nada pelo telefone – disse Eduardo. – Ela está grávida, pode levar um choque e perder o bebê.

– Nossa, é mesmo! Com essa confusão eu me esqueci... – ela respondeu.

– Eu vou até o trabalho dela e a trago para cá – ele disse. – Fique com a mamãe! Vou até o hospital para ver como está o vovô também. Não demoro.

– Está bem – ela respondeu.

Valquíria assentiu com a cabeça, concordando que Eduardo fosse buscar a sua nora e ver como estava passando o seu ex-sogro, mas não disse nada. Em poucas horas, o corpo de Ricardo foi liberado e encaminhado para o hospital onde seria realizado o velório.

– Não acredito! Não acredito! – gritava Murilo do outro lado da vida, inconformado com a forma como o seu filho fora assassinado.

– Fique calmo, coloque agora em ação tudo o que aprendeu. Socorra o seu filho, mas não entre na vibração negativa de sua assassina e seus obsessores. Caso contrário, se permitir a entrada do ódio no seu coração, destruirá tudo o que conquistou até o momento. Meu amigo, não permita que a sua tia Bernadete, pela segunda vez, seja a causa da sua queda. Lembre-se dos horrores que viveu. Entregue toda a sua dor para Jesus, Ele o confortará. Lembre-se de suas palavras: "Bem-aventurados os que têm ocasião de provar sua fé, sua firmeza, sua perseverança e sua submissão à vontade de Deus, porque terão centuplicada a alegria que lhes falta na Terra, porque depois do labor virá o repouso".[3]

---
3 - Kardec, Allan. *O Evangelho Segundo o Espiritismo*. Rio de Janeiro: FEB, 2002. Capítulo V - item 18.

Murilo, que acabara de sentir seu espírito ferver, ouvindo as sábias palavras do seu amigo, imediatamente se acalmou. Respirou fundo, mentalizou Jesus, pediu forças para aceitar os fatos e em seguida correu para junto do corpo, socorrer o espírito do seu amado filho. Afinal, Murilo sabia que daquele instante em diante, Ricardo entraria em um período de perturbação e depois em um período de sono, perdendo a noção de tempo e espaço. O tempo necessário para desenlace do espírito do corpo material, não conseguia prever, mas sabia que não seria rápido e o seu despertar seria de acordo com a sua evolução moral. Mas acreditava que em algumas horas ele seria libertado do corpo físico, recolhido e encaminhado para um lugar em conformidade com a sua vibração.

Murilo não saía do lado do corpo do filho por um só minuto, queria estar ao seu lado no momento do desligamento, para evitar que o processo de transição entre os dois mundos fosse acompanhado de tormentos, perturbações, ansiedades e angústias. Afinal, ele estava ali para ampará-lo.

– Marcus, eu não posso deixá-lo por um minuto sequer! Por favor, peça ajuda aos mensageiros divinos para socorrer Valquíria, Paulo e os meninos. Neste momento todos estão precisando de auxílio, pois estão desesperados. Temo por meu pai – ele disse profundamente abalado.

– Fique tranquilo, eu já pedi e eles já chegaram. O seu pai está passando bem – eu respondi.

No dia seguinte, o céu estava acinzentado e a chuva fina cobria toda a cidade de São Paulo, na hora do enterro de Ricardo. A cerimônia do enterro foi simples, sem pompas. Alguns amigos e clientes compareceram e deixaram lágrimas sinceras, inclusive Luís Felipe, o sócio de Ricardo. Paulo fez uma oração lembrando a todos sobre a importância de aceitarmos os desígnios de Deus. Ana Luiza, esposa de Ricardo, estava inconsolável, afinal, o bebê estava para nascer. Apesar de Valquíria estar atordoada com a profunda dor pela perda do filho, cuidou dela o tempo todo, tranquilizando-a, garantindo que ela não estaria sozinha e que a ajudaria com a criança. Eduardo e Júlia consolavam um ao outro. Após o enterro, todos se retiraram em luto em suas casas.

No plano espiritual, Murilo cuidava do seu filho.

– Estou inconformado! Não consegui trazê-lo de volta a si. Parece que ele perdeu o controle da sua consciência após o desencarne – Murilo disse a sua mãe Isabel, entristecido.

– Não fique assim! Por ora ele está vagando dentro de si mesmo porque ficou preso ao momento mórbido da sua morte e do seu próprio assassinato... – respondeu Isabel com pesar na voz.

– Estou desesperado. Eu e o Marcus Vinícius já tentamos de tudo para tirar o menino desse estado de alienação, mas fracassamos. Ele perdeu a noção de realidade, não diz coisa com coisa. Raros são os momentos de lucidez – ele disse agoniado.

– Vamos orar todos os dias para que um fio de luz consiga penetrar em sua mente e trazê-lo de volta... – Isabel recomendou.

– Será que ele ficará muito tempo alienado? – Murilo questionou aflito.

– Não sabemos, filho, se esse estado será prolongado, pois ele se tornou o seu próprio carrasco, sofrendo e se atormentando. Ainda bem que ele não está totalmente inconsciente e despertará quando parar de se depreciar, de se culpar, de se cobrar demais, se criticar, percebendo apenas os seus defeitos – ela respondeu.

– O Marcus me disse que ele em alguns momentos apresenta profunda sonolência, desorientação e desorganização mental e estupor, e em outros momentos se agita muito e tem convulsões – Murilo disse.

– Estupor? Então nesses momentos o seu estado é mórbido, fica imóvel e não reage aos estímulos externos de fala e toque... – ela disse com pesar na voz.

– O Marcus captou os seus pensamentos e o interrogou mentalmente. Assim, ele percebeu que Ricardo perdeu o controle da sua consciência, mergulhou no seu mundo inconsciente, e transita entre os dois. Por isso algumas vezes a sua fala é enigmática, fruto do conteúdo do seu inconsciente. Ele percebeu que, de um lado, o menino se corrói de remorso, pois mesmo apertando o gatilho sem querer, eu, seu pai, fui morto, e de outro, se revolta e se atormenta com as cenas da sua própria morte, com um profundo sentimento de injustiça por essa fatalidade. Ele só consegue ver as cenas da briga com a Bernadete no beco e a arma disparando e me matando, e na sequência a cena na delegacia, dela atirando em seu peito. É como se ele estivesse preso em duas cenas de um filme e as vivesse repetidas vezes, dia após dia, ininterruptamente – disse Murilo em tom inconformado.

– Sim, foi lamentável logo após se regenerar, se livrar da prisão, construir um negócio bem-sucedido, recém-casado, perto de o seu filho nascer, sem mais nem menos, ser morto. A Valquíria e os meninos ficaram inconformados, mas receberam o seu auxílio e de toda a equipe de cura e parece que já se equilibraram. Estão bem mais calmos... – disse Isabel.

– Meu pai também ficou transtornado com a morte do neto e, se ele não se cuidar, em breve se juntará a nós... O coração dele está falhando – murmurou Murilo em tom de pesar. – Estou preocupado com o seu estado mental. Apesar de ser um espírita maravilhoso, sente-se culpado pela morte do neto, pois foi sua irmã que o matou, e sente-se também culpado pela morte do Gilberto.

– Uma verdadeira tragédia a forma como ele desencarnou e o estado em que agora se encontra. Parece que toda a nossa família tem um sério problema com essa tal da culpa! – afirmou Isabel em tom de lamento.

– Nem me diga! O Ricardo, por causa dessa maldita culpa pela minha morte, está vivenciando após o seu desencarne essa experiência da sua ruptura mental com uma carga de dor insuportável! – disse Murilo angustiado.

– O seu estado não foi provocado pelas lembranças, e sim pela forma como ele reagiu aos conteúdos de tais lembranças, e o mesmo está se repetindo com o Paulo – disse Isabel.

– O maior problema do Ricardo é a perda da própria vontade em retomar a consciência. Ele se tornou refém dos acontecimentos dilacerantes com os quais não conseguiu lidar – ele disse.

– Filho, tenho certeza de que ele superará tudo isso! Agendei uma entrevista e daqui a pouco conversarei com o conselheiro Clemente sobre como poderemos ajudar ainda mais o Ricardo a se recuperar. Ele é especialista nesses assuntos! – ela disse em tom animado.

– Que bom! Então, não vá se atrasar. Pode ir tranquila que fico cuidando do Ricardo – disse Murilo.

– Não demoro – ela disse beijando a testa do filho e em seguida se retirando.

No horário marcado, Isabel se dirigiu à sala do conselheiro Clemente. Após a longa conversa com ele, Isabel retornou para o quarto do neto. Ao chegar, ficou tremendamente emocionada ao testemunhar o sofrimento do seu filho Murilo ao lidar com ele naquele estado psíquico lastimável.

Murilo, em pé, ao lado da cama em que Ricardo estava confortavelmente instalado, com lençóis bem branquinhos, enxugava o suor da sua testa e o observava em silêncio.

Ricardo, inquieto, com o seu coração tomado pelo terror e pela angústia, completamente fragilizado, murmurava frases sem nexo. Subitamente ele ficou muito agitado, começou a respirar ofegante, perdeu o controle motor e começou a se debater e a gritar. Murilo abraçou o filho, segurou-o forte entre seus braços e lhe disse:

– Calma, meu filho, calma... Não tenha medo. Estou aqui, vou protegê-lo. Não se preocupe com nada, o tempo vai curar toda essa sua dor... Esqueça tudo o que se passou... Você está seguro. Eu te amo.

O moço, parecendo entender o que o seu pai lhe dizia, mesmo o olhando com um olhar parado, sem brilho, fixo e sem contato com o ambiente, sem a mínima expressão, com o tom da ternura da sua voz, acalmou-se e voltou a ficar imóvel.

– Mãe, eu não sei mais o que fazer. Uma equipe acabou de ministrar passes, estou dando a água fluídica há dias, mas ele não reage. Eles terminaram o diagnóstico e disseram que não é um processo obsessivo complexo – disse Murilo, olhando bem dentro dos olhos da mãe com ar de desesperado assim que a viu entrando no quarto.

– Eu sei, o conselheiro Clemente me disse há pouco que investigou o seu mental e, pelos sintomas que ele apresenta, está experimentando a auto-obsessão. Sua mente está doentia, fechou-se em si mesma e se fixou no passado. Ele mergulhou em um verdadeiro campo de batalha interior, atraindo forças destrutivas. Ele pensa que é o responsável pela sua morte; assim, o sentimento de culpa, de recriminação, somado aos sentimentos de vitimismo pela sua morte brutal, fez com que desistisse de si mesmo e da vida. É como se ele viajasse para uma terra estranha dentro do seu interior e não conseguisse sair – ela explicou –, e isso não acontece só com os desencarnados, existem muitos encarnados nessa situação. Fixados no passado, se culpam, se cobram, deixam de viver...

– Ele está sofrendo muito! O que podemos fazer para ajudá-lo? – ele questionou ansioso.

– O conselheiro Clemente me disse que as nossas orações e os passes magnetizadores não serão suficientes para curá-lo. Para se curar, ele precisará desejar a cura e precisará de uma reforma interna moral urgente, para que não entre em sintonia com outros espíritos e agrave seu estado com sérias perturbações. Quanto ao fato de ele estar sofrendo, lembre-se das palavras de Kardec: "A felicidade dos espíritos é sempre proporcional à sua elevação". Nesse sentido, você poderá fazer muito por ele. O conselheiro me disse que você precisa começar a ajudá-lo a entender o que "ele" precisa fazer para libertar-se desse mal.

– Como eu faço isso? – ele questionou desnorteado.

– Nos momentos em que ele estiver calmo, pela manhã e à noite, mesmo ele estando "fora do ar", faça leituras edificantes, com mensagens doutrinárias – ela disse – ressalte as suas qualidades, faça com que ele se perdoe e perdoe a sua assassina. Ajude-o a reformular o conceito sobre si mesmo. Deixe claro que ele não é uma vítima abandonada por Deus. Ajude-o a superar o dogma de crime e castigo. Ensine-o a encarar os próprios erros e estimule-o a corrigi-los. Com paciência, carinho, dedicação e amor, em pouco tempo você o ajudará a resgatar a confiança em si mesmo. Passe-lhe segurança e firmeza com mansidão e esperança. Conte-lhe histórias. Transforme suas palavras enigmáticas, seus gritos, em palavras. Traduza para ele todo esse conteúdo interno reprimido, não tenha medo de ressignificá-lo, ou seja, atribua um novo significado para as suas tristes experiências terrenas que se transformaram em memórias carrascas, pois o aprisionaram no tempo e no espaço. Os sintomas que ele apresenta são o efeito dos seus conteúdos internos, dessas memórias infelizes que escondem o seu mais profundo desejo: o de ter sido bom, um ser humano melhor do que conseguiu ser.

– Nossa, mãe! Que sábios conselhos recebeu hoje do conselheiro Clemente! Mas será que consigo fazer tudo isso e ver resultados?

– Meu filho, no plano terreno esse é o trabalho missionário das casas espíritas e de seus médiuns abnegados que acolhem com amor os seus irmãos adoentados e, por meio da intervenção dos espíritos iluminados, através dos passes, das águas fluídicas, das palestras, das entrevistas individuais, ressignificam o conteúdo interno desses seres mediante as verdades do Cristo, orientando-lhes a conduta, incentivando-lhes o perdão, o serviço ao próximo, a coragem, a força, a garra, a determinação, o amor, aumentando-lhes a fé e a esperança em dias melhores.

– Entendi, vou começar hoje mesmo! – ele respondeu com tom animado e esperançoso de recuperar o filho.

– Não queira resultados imediatos. Superar-se exige paciência, tempo e dedicação. Quantos deficientes físicos superam a si mesmos e se tornam campeões nos esportes, mesmo sem pernas e braços? Quantos cegos se tornam músicos, tocando piano, violão, saxofone entre outros instrumentos musicais? Quantos cadeirantes levam a dança para o mundo? Quantos pacientes em coma que do nada recobram a consciência? Você não conheceu nenhum deles?.

– Sim, muitos deles – ele respondeu.

– Então, ajude-o a se superar, a ter coragem, força e a se sentir amado e capaz! Desperte-lhe o arrependimento e o desejo de servir a causa do bem.

– Pode deixar, farei tudo isso!

– Cuide dele, que continuarei com Marcus Vinícius e com a equipe de cura a cuidar da Valquíria, do Paulo e dos seus outros filhos, para que eles tenham condições de seguir com as suas vidas, sem irradiar desespero para Ricardo, em função das saudades, prejudicando o seu tratamento.

– Por falar em Marcus Vinícius, onde ele está? Não o vejo há dias... – questionou Murilo.

– Viajando, como sempre, mas logo estará de volta. Foi socorrer uma família na crosta terrestre – ela disse se retirando.

Naquela mesma noite, Murilo sentou-se ao lado da cama de Ricardo e leu para ele um texto edificante, depois fez uma prece e adormeceu na cadeira. Depois de algumas horas, subitamente Murilo foi acordado com a chegada de mansinho na porta do quarto de um índio, que há pouco se juntara ao grupo. Ele veio transferido de uma colônia distante para ajudar na formação das crianças; ele adorava contar histórias. Um homem alto, forte, robusto e com um coração valente.

– Murilo, sua mãe pediu para eu vir lhe ajudar com o moço. Sou contador de histórias e tenho ajudado muitas pessoas nos prontos-socorros em que estagiei. Agora fui transferido para cá. Cheguei há algumas horas, por isso não me conhece. Deseja que eu o ajude? Posso entrar? – ele questionou receoso.

– Claro! Toda ajuda é bem-vinda! Como se chama? – ele respondeu contente. – Aproxime-se e sente-se ao meu lado. Fique à vontade. Agora Ricardo está dormindo.

– Eu me chamo Pena Dourada – ele respondeu tímido.

– Estou feliz com a sua ajuda, mas vamos nos conhecer um pouco. Conte-me um pouco sobre a sua história e por que resolveu manter o nome e a aparência de um índio neste lado da vida... – disse Murilo sorrindo.

– A história é longa... – ele disse.

– Aqui temos todo tempo do mundo... – Murilo respondeu.

– Está bem... Eu fui índio na minha última encarnação, na região Norte do Brasil. Minha tribo sofreu com a luta pela posse de terras, muitos morreram guerreando e outros pelo contágio de doenças, até que a minha tribo se rendeu, foi pacificada e passou a viver confinada em terras demarcadas. Nossa cultura mudou, fomos catequisados. Viramos um grupo de índios domésticos e dependentes. Muitos abas passaram a beber e outros a se drogar, algumas das nossas cunhãs começaram a se prostituir.

– Abas? Cunhãs? – Murilo questionou.

– Abas são os homens e cunhãs, as mulheres – ele respondeu e continuou: – As condições de vida eram desumanas. Com a morte dos meus pais, adolescente abandonei a tribo e arrumei trabalho em uma fazenda. Aprendi a ler e a escrever e, com o tempo de serviços prestados, tornei-me capataz. Tive uma vida até certo ponto tranquila. Fazia o meu trabalho com eficiência. O meu patrão me tratava muito bem. Casei com uma empregada da fazenda, a Maria das Dores, e tive quatro filhos, mas nunca abandonei as minhas raízes.

– Como conseguiu isso? – Murilo questionou.

– Educando os meus filhos, respeitando a tradição oral do meu povo. Na nossa tribo tínhamos o hábito de, nas noites enluaradas e estreladas, nos reunirmos em volta da fogueira e contar histórias para os nossos curumins, nossas crianças. Era uma forma eficiente de acalmar os seus corações, oferecer respostas sobre as permanências e impermanências da vida. Quando envelheci e já não tinha forças para trabalhar na fazenda, meus filhos assumiram meu trabalho e comecei a contar histórias para os doentes para não ser um inútil. Alguns deles chegaram a melhorar. Em pouco tempo, isso se espalhou pela região. Quando tinha uma criança ou alguém muito doente logo chamavam Pena Dourada para contar histórias. Após meu desencarne, fui socorrido e encaminhado para um pronto-socorro. Quando despertei, decidi permanecer com a forma de índio em homenagem ao meu povo, uma forma de lutar, sem armas e sem palavras, pelo fim do preconceito étnico. Um belo dia, quando já estava completamente restabelecido e andando pelo pronto-socorro, comecei a contar histórias para os pacientes. Alguns se acalmaram rapidamente, apresentando melhora no seu quadro psíquico. Daí não parei mais. Com o apoio dos conselheiros, meus mestres, tornei-me um contador de histórias e comecei a formar outros contadores em todos os prontos-socorros que estagiei – ele disse.

– E funcionava mesmo? Eles se acalmavam e se curavam? – Murilo questionou extasiado.

– E como! As histórias auxiliavam os curumins, os adultos e os doentes do plano terreno a darem sentido às experiências críticas da vida. O mesmo aconteceu neste lado da vida. No caso do seu filho, acredito que as histórias com o tempo funcionarão como uma ponte, o ajudarão a sair desse labirinto e a progressivamente se ligar com a vida novamente.

– Nossa! As histórias são capazes de despertar os pacientes? – Murilo questionou novamente com ar de inconformado.

– Isso e muito mais! Sabemos que os embates da vida terrena acabam por restringir a memória dos momentos felizes. Acabam embotando a esperança, a alegria e a motivação para se viver. As histórias são mágicas, elas acabam encantando, fascinando os seres desencantados com a vida. Desenvolvem uma função simbólica, o que permite abstração para o bem, resgatando os sonhos, resolvendo conflitos, aproximando as pessoas.

– Nunca imaginei uma coisa dessas... Ouvi poucas histórias... – ele respondeu baixinho.

– Murilo, as histórias auxiliam a diminuir as tristezas dos pacientes, a ansiedade e as suas angústias. Promovem a sensação de acolhimento em um ambiente afetivo, despertando sentimentos positivos. As histórias mudam crenças, fortalecem a ética, libertam o espírito, auxiliando na reconstrução da história pessoal e no controle dos impulsos. No plano terreno, as pessoas deveriam contar mais histórias para as suas crianças e para os doentes. Podemos começar? – questionou Pena Dourada animado.

– Sim! Pode começar agora mesmo. Precisa que eu me retire? – Murilo questionou.

– De jeito nenhum! É bom você ouvir também... – ele respondeu.

Murilo carinhosamente tocou o filho tentando acordá-lo. Ele mexeu os braços, revirou-se de um lado para o outro, abriu os olhos e se agitou muito. Murilo pacientemente conversou com ele até acalmá-lo. Colocou-o sentado na cama. Ele ficou imóvel. Pena Dourada não se importou com o estado do moço e pegou alguns apetrechos da sua mochila para contar a sua história...

– Conta-se que em uma tribo indígena no plano terreno, um jovem índio viu um dia o seu povo massacrado, sua família assassinada, suas terras tomadas, o caeté queimado e os animais caçados. Nesse trágico dia, quando os trovões gritavam no céu, ele viu a mãe-terra tremer, com os corpos que tombaram, doentes e explorados. Algumas luas se passaram e em uma bela noite ele sonhou com os seus antepassados e no sonho lhe disseram: – Acauã, meu jovem, não se desespere. Nós, os ianomâmi, sabemos que Tupã colocou dentro do coração dos nossos curumins uma caixa, repleta de riquezas com verdadeiras joias raras. Temos ainda esperança. O mundo se transformará e o amor vencerá dentro de todos os corações quando os homens do mundo inteiro abrirem suas caixas e fizerem uso de toda essa riqueza ofertada, como os nossos curumins fazem! Eles abrem a sua caixa e tiram de dentro dela todas as joias que precisam para serem felizes e fazerem feliz quem os cerca. Não se revolte com o que aconteceu com o seu povo. Espalhe pelo mundo essa verdade! Torne-se um mensageiro da esperança! Não deixe ofuscar as joias do amor que Tupã colocou dentro da caixa do seu coração ao nascer. Não cegue o seu coração com o rancor e com o ódio, deixando-a fechada. Não se sinta culpado por não ter conseguido impedir a morte do seu povo. Vá e diga para os homens que Deus também colocou dentro do coração de cada um deles, ao nascer, uma caixa repleta de riquezas. Ambas têm o mesmo valor. Diga-lhes que suas vidas brilharão, quando abrirem a caixa do seu coração e usarem as joias que estão dentro dela... Acauã ouviu os sábios conselhos dos seus ancestrais e seguiu sua vida espalhando a boa-nova por onde passava: – Abram a caixa do seu coração e tirem de dentro dela as joias que Deus colocou para que sejam felizes! "Que joias são essas?" um homem questionou. A joia do amor, do perdão, da paciência, da tolerância, da verdade, do respeito pela natureza e por toda forma de vida, a joia da sabedoria! Saiba que a felicidade não conseguirá chegar à sua vida se a sua caixa estiver fechada. Fique atento, não compare as riquezas que estão dentro do seu coração com a dos corações dos outros. Não acredite que a sua caixa é menor ou pior que a dos outros. Pare de cometer o mesmo erro que vem cometendo vida após vida: abrir a caixa dos outros, achar que a dos outros é mais bonita, mais forte, mais poderosa que a sua! Reconheça as riquezas que estão dentro da caixa do seu coração! Acredite que você é muito importante para Deus, Ele te ama! Como a flor precisa da água, como os pássaros do céu, como a criança da mãe, Deus precisa de você rico em virtudes para manter a sua criação! Desperte desse sono profundo...

Após terminar de contar sua história, Pena Dourada recebeu um forte abraço de Murilo que, feliz, não escondeu sua satisfação com a eloquência, com os sentimentos, com a entonação da voz e caracterização dos personagens, das pausas, do mistério e suspense que deram vida e ação à sua narração. Ele agradeceu emocionado e disse que o esperaria ansioso no dia seguinte.

Nas semanas que se seguiram, Pena Dourada retornou várias vezes, com outras histórias, dando continuidade ao seu trabalho. Murilo continuou suas preces, a equipe com os passes e a água fluídica. Por incrível que pareça, quase um mês depois, Ricardo, aos poucos, começou a retomar o controle motor, a diminuir os ataques, a movimentar normalmente os olhos, a falar algumas frases, mas ainda não reconhecia ninguém.

Isabel, Murilo e todos os outros estavam radiantes e gratos com a melhora progressiva dele.

Apesar da fraqueza da convalescença, Ricardo melhorava a cada dia. Certa manhã, subitamente olhou para Murilo e começou a gritar desesperado:

– Eu conheço você! Eu me lembro de você! O que você está fazendo aqui? Onde estou? Cadê minha mãe e meus irmãos? Não me bata! Não me machuque! Eu não fiz nada!

Murilo ficou abalado com as palavras pronunciadas por Ricardo. Não escondeu sua angústia e seus olhos se encheram de lágrimas. Calmamente se aproximou do filho e disse-lhe:

– Perdoe-me meu filho, por você ter me matado! Perdoe-me meu filho, por minha tia Bernadete ter lhe matado!

Qual não foi a surpresa de Ricardo com o que acabara de ouvir dos lábios do seu pai? Então ele não havia tido pesadelos, era verdade, ele havia apertado o gatilho e assassinado o próprio pai sem querer durante a briga. E ele havia morrido também. E agora seu pai estava ali na sua frente, pedindo-lhe perdão por tudo o que acontecera. Ricardo ficou atordoado e em silêncio por algum tempo, tentando compreender a frase pronunciada por seu pai, mas nada respondeu. Depois de ouvir essa frase, em questão de minutos Ricardo começou a recuperar a memória e o total controle de sua consciência. Naquele instante ele se libertou. Com aquela frase, não foi difícil perceber que o seu pai não era mais o seu pai. Agora, era outro pai! Um pai que a morte, não a vida, transformou completamente. "O que será que havia acontecido deste lado da vida e que foi capaz de transformar da água para o vinho aquele homem insensível e violento?" Perguntava Ricardo, repleto de inquietudes.

Ele sabia que era preciso muita coragem para assumir os erros de uma existência inteira e todas as suas consequências. Seu pai não estava lamentando o passado, mas consciente dele. Pela primeira vez, Ricardo sentiu o seu coração bater forte por seu pai. Sem conseguir controlar, sentiu uma imensa admiração pelo homem que havia odiado por muitos anos. Não era fácil esquecer o passado. Mas naquele momento Ricardo se sentiu motivado a entrar nas cavernas da sua alma e trazer toda a sua força interna para conseguir superar a sua história pregressa. Naquele instante deixou de se sentir um fracassado quando olhou para dentro de si mesmo e descobriu sua capacidade de superação. É muito mais fácil odiar que amar, é muito mais fácil olhar para trás e culpar os outros pelo nosso destino, mas raramente temos coragem de enfrentar os monstros que moram dentro de nós. Com certeza seu pai havia enfrentado todos os seus monstros internos e aos seus olhos, naquele instante, com aquela frase que lhe trouxe um novo conceito, transformado-se no seu herói, pois seu pai acabara de libertar a sua alma.

Depois de algum tempo, ele olhou bem dentro dos olhos do pai, sorriu e lhe disse em tom alto e firme:

– Onde estou?

– No Pronto-Socorro Esperança. Está se recuperando – respondi.

– Hum... pelo que me lembro, estou me recuperando da morte...

– Sim, você ficou por um período fora do ar... – eu disse.

– Percebi... Mas agora estou me lembrando de tudo. A imagem da mãe, dos irmãos, do avô e de como morreu vieram à sua mente.

– O que aconteceu com o senhor que o fez mudar tanto? – Ricardo questionou.

– É uma longa história – ele respondeu.

Murilo contou para o filho tudo o que lhe aconteceu desde o dia do seu desencarne até aquele momento. Ricardo ficou admirado com tudo o que seu pai passou.

Isabel entrou no quarto para vê-lo e Murilo explicou que ela era sua avó.

– Entre, vó, sente-se do meu lado – Ricardo disse com tom feliz na voz por conhecer a heroína que salvou seu pai do umbral.

– Ricardo, você vai gostar deste lugar, aqui é lindo! Amanhã, se estiver bem disposto, vou lhe apresentar todos os ambientes, a biblioteca, a sala de vídeos, a praça florida e o grupo de jovens – ela disse.

– Ficarei muito feliz em conhecer tudo e fazer novas amizades – ele respondeu. – Vó, minha mãe, meu vô e meus irmãos, eles estão bem?

– Sim, eles estão lutando para aceitar o seu desencarne. Não vou dizer que esteja sendo fácil, mas eles se uniram, um apoia o outro. Quando a dor é demais, eles oram pelo seu bem-estar.

Murilo não conseguiu conter as lágrimas; afinal, sentia-se responsável pelo triste destino do seu filho. Ricardo percebeu e disse-lhe:

– Meu pai, eu lhe perdoo e peço que me perdoe...

Os três, emocionados, se abraçaram. Conversaram por horas sobre vários assuntos, riram, cantaram, oraram, choraram e sonharam com uma vida melhor. Ricardo adormeceu como um menino, segurando forte a mão de seu pai e recebendo afagos de sua avó.

capítulo 22

SEMEANDO ESPERANÇAS

"Se você odeia alguém, é porque odeia alguma coisa nessa pessoa que faz parte de você. O que não faz parte de nós não nos perturba."

Hermann Hesse

– Meu amigo, nada como um dia após o outro – eu disse em tom animado. – Foi notória a melhora gradativa do Ricardo com todo o tratamento que ele recebeu nos últimos meses. Nesta última semana ele voltou completamente ao normal. Já está perambulando de um lugar para o outro no pronto-socorro inteiro com a avó a tiracolo! Já fez amizades, escutou várias palestras, participou de oficinas de música. Os seus olhos voltaram a brilhar!

– Isso reforça as palavras de Jesus: "O justo é libertado da angústia...". Na recuperação do meu filho, testemunhamos a realidade da libertação plena do justo à luz da eternidade, tendo a certeza de que a angústia para o justo é algo temporário. "E lhes enxugará dos olhos toda lágrima, e a morte já não existirá, já não haverá luto, nem pranto, nem dor, porque as primeiras coisas passaram." (Apocalipse 21:4) – ele respondeu com serenidade no olhar.

– Sem dúvida, meu amigo, que ele foi libertado e que você recebeu ajuda e inspiração divina para curá-lo. O que você disse a ele o despertou de vez! – eu disse.

– Aquela frase não foi dita de forma ingênua, eu tinha uma mensagem para lhe passar....

– Eu sei... E que mensagem, meu amigo! Que bela mensagem! – eu disse sorrindo.

– Você bem sabe que essa questão tem duas dimensões reflexivas, ou seja, ela pode ser interpretada de duas formas. Acredito que a melhora dele revela que ele compreendeu pelo menos uma dessas dimensões. Será que ele alcançou o âmago do que tentei lhe dizer?

– Creio que sim, mas você perceberá até onde foi o seu raciocínio se dialogar calmamente com ele, revendo os dois lados da moeda.

– Isso mesmo, meu amigo! Fique aí, termine suas anotações que vou chamá-lo para conversarmos.

– Está certo – eu respondi.

Não demorou e Murilo voltou com Ricardo, que estava radiante com tudo o que viu no pronto-socorro.

– Nossa! Pai, esse lugar é maravilhoso! O pronto-socorro é grande, limpo, arejado, iluminado, as casas em volta são aconchegantes e confortáveis, o prédio de estudos tem uma biblioteca enorme, as ruas são arborizadas e floridas, as praças com bancos e fontes de água. O riacho no fundo das casas é lindo... – Ricardo disse em tom surpreso.

– Que bom que gostou, assim vai se adaptar logo a essa sua nova vida de desencarnado – eu respondi.

– Com meu pai e minha avó me ajudando, já estou me adaptando. O que me incomoda é a saudade que sinto da minha esposa, da minha mãe, de meus irmãos e do meu querido avô Paulo. Sem falar na preocupação com o meu filho que nasceu sem o pai... – ele disse.

– É normal que sinta saudade, e só o tempo amenizará esse seu sentimento. O importante é não mergulhar no desespero. Quanto ao seu filho, fique tranquilo; se aceitar, fará um curso especial com a duração de quatro anos em uma colônia e depois será o seu protetor até os vinte e um anos. Isso lhe foi permitido pelo seu grande mérito em ter dado a sua vida para salvar os seus irmãos. Há pouco o conselheiro Clemente me autorizou a lhe comunicar essa sugestão que veio do Alto – disse Murilo sorrindo.

– O senhor tem alguma dúvida de que aceitarei essa tarefa, a de ser o guardião do meu próprio filho? Nem acredito que vou poder ficar ao seu lado o tempo todo, inspirando bons pensamentos, motivando-o, orientando-o e protegendo os seus caminhos de vida. Vou poder acompanhar de perto o seu desenvolvimento! – ele disse contente. – Isso é uma bênção!

– Eu não tinha dúvidas de que aceitaria ficar ao lado do seu filho. Assim, começará alguns cursos básicos aqui no pronto-socorro e depois dará continuidade na colônia, certo? – disse o Murilo.

– Certo! Quando vou começar? – ele questionou aflito.

– Podemos começar agora mesmo – eu respondi. – Ricardo, a natureza não é ética, ela é bruta, e ir contra a brutalidade da nossa própria natureza é a única forma de evoluirmos e superarmos a Lei de Causa e Efeito. Isso só é possível refinando o nosso caráter, tornando-nos seres éticos.

– É fazermos o que é correto perante as leis de Deus, e não o que desejamos. Um cavalo quando sente medo dá coice, segue seus instintos e se defende. Muitos seres humanos agem como os animais, deixam-se dominar pela sua natureza bruta. Por isso muitas pessoas matam e são mortas. O natural é agir de acordo com o instinto, ser bruto em um mundo de brutos, mas o sobrenatural é ser superior, é agir de acordo com as Leis Divinas, é sermos seres divinos. Esse é o nosso maior desafio – Murilo complementou.

– Diga-me uma coisa: o que fez a Bernadete matar você? – eu perguntei.

– Ora, é óbvio que o ódio que ela sentia pelo meu pai, pelo que ele fez para ela – Ricardo respondeu.

– O que o seu pai sentia por ela para ele fazer o que fez? – eu perguntei em seguida.

– Ódio por ela tê-lo torturado quando ele era criança – ele respondeu.

– Duas mortes aconteceram e o que as desencadeou foi o sentimento de ódio – eu disse. – O que o seu pai fez para provocar o ódio dela?

– Ele provocou o ódio dela quando falsificou a sua assinatura e vendeu os seus bens.

– Seguindo essa linha de raciocínio, me responda: o que ela fez para provocar o ódio dele? – eu perguntei.

– O queimou com cigarros, o agrediu, o trancou no armário na infância – ele respondeu.

– Ambos apresentaram fortes distorções no caráter, atitudes vingativas, e provocaram o ódio do qual foram vitimas. Tiveram mérito para serem odiados. Eu estou lhe dizendo isso, porque normalmente as pessoas nunca param para refletir sobre o porquê elas são odiadas. Somente os filósofos discutem essa questão. Dificilmente alguém se sente responsável pelo ódio provocado no outro. A maioria das pessoas acredita que o mal está sempre no mundo externo, no outro, nas condições de vida, no governo, no marido, na mãe, no pai, no vizinho, no patrão, no chefe, na colega de trabalho, nunca dentro delas. Evoluir é ter a capacidade de não se achar um anjo ou um santo e conseguir reconhecer o mal dentro de si. Reconhecer que somos agentes motivadores de quem nos odeia, porque de alguma forma lhe negamos respeito, afeto, o nosso amor, não reconhecendo as suas necessidades e o seu valor. Murilo podia não amar Bernadete no âmbito do sentimento, mas se fosse um ser ético, movido pelo amor divino, teria sido capaz de um ato amoroso, deixando para Deus o ajuste de contas com ela, e jamais teria feito justiça com as próprias mãos, falsificado a assinatura dela e vendido os seus bens.

– Hum... Por isso meu pai me disse "me perdoe, meu filho, por você ter me matado!" – ele exclamou.

– Sim, nesse momento seu pai assumiu a responsabilidade moral pelos próprios atos, que foram corresponsáveis pelo ódio e pelos atos da Bernadete. Ele reconheceu que foram as suas próprias ações, o seu mau-caratismo, e não os maus-tratos dela, os responsáveis pelo seu ato de vingança. Ele semeou o ódio dentro dela ao lhe tirar os bens, provocando a sua falência, que culminou em outro ato de vingança da parte dela, resultando na sua morte. Assim, ele compreendeu que com os seus atos ele criou uma assassina. Compreendeu também que foi responsável pelo ódio no seu coração e dos seus irmãos, pois se tivesse seguido a orientação de Jesus, "Não fazer aos outros o que não queremos que nos façam", não teria sido violento com a sua mãe e com vocês, pois ele não gostou de ser vitima da sua tia Bernadete. Era sua obrigação não odiar, mesmo tendo motivos. A duras penas, no umbral compreendeu que a vida não é passiva. Que respeitar uma tia mesmo quando ela não merece ser respeitada é seguir as leis de Deus. Respeitar o pai, a mãe ou o vizinho mesmo quando nos maltratam é nossa obrigação – eu disse empolgado.

– Demorou para eu descobrir que nós não somos como as paredes que simplesmente rebatem as bolas quando lançadas. Não somos seres inanimados e passivos, temos a responsabilidade moral diante dos fatos e atos, pois temos consciência. Temos escolha. Temos obrigação de reagir ao que nos acontece de forma a sermos melhores que os nossos algozes – disse Murilo.

– Murilo não se vingou da tia Bernadete porque ela o maltratou, ele se vingou dela porque não a respeitou, não acreditou em Deus e na sua justiça, por lhe faltar um bom caráter. Bernadete, da mesma forma, acabou matando Gilberto, e você, Ricardo, por não ter um bom caráter, por não ter respeitado um dos mandamentos divinos, "Não matarás". E hoje na prisão ela está tendo tempo para refletir, como é que ela chegou a esse ponto, o de esfaquear e atirar em alguém. Porque mesmo ao sermos provocados, tendo motivos, não devemos praticar o mal – eu disse.

– Entendi... – Ricardo disse olhando para Murilo, que assentiu com a cabeça concordando, mas nada respondeu.

– Os seres humanos costumam agradecer as honrarias quando são homenageados por algum feito extraordinário. Acreditam ter os méritos ao recebê-los, pois foram dedicados, esforçados e competentes. Da mesma forma, todos os seres humanos, encarnados e desencarnados, deveriam encarar que quando recebem o ódio de alguém também tiveram mérito em recebê-lo, ou seja, suas atitudes de alguma forma provocaram a ira no outro. E o mais grave, às vezes provocamos ódio por nós mesmos. Não aceitamos algo que fizemos e passamos a nos odiar, a sentir repugnância pelos nossos atos, experiências ou escolhas. Refletir sobre a questão do ódio é importante, precisamos verificar se de alguma forma nos odiamos – eu disse.

– E se descobrirmos que nos odiamos, temos nojo ou vergonha de algo que tenhamos feito, como conviver com isso?– questionou Ricardo.

– Aceitando que somos seres humanos sujeitos a erros, aprendendo com eles, seguindo em frente, não os repetindo, nos perdoando. A culpa é inútil. Conheci no umbral uma jovem que se odiava porque cometeu um aborto, outra porque traiu o marido, um homem que havia praticado o incesto. No umbral percebi que mais difícil que perdoar os outros é perdoar a si mesmo, e esses espíritos ficaram anos se punindo até que compreenderam a misericórdia divina. Se Deus, que é nosso Pai, nos perdoa e nos renova as oportunidades, por que não nos perdoamos e seguimos em frente mais experientes e maduros? – eu disse.

– Esse assunto é muito complicado. Nunca parei para pensar no ódio que provoquei em mim mesmo por atos inadequados ou no ódio que provoquei nas pessoas. E você tem razão, sempre achei que os outros é que não prestavam e que eu era um pobre coitado, vítima de monstros cruéis, e eu um verdadeiro santo, só faltando as asas... – disse Ricardo com tom desolado.

– Ricardo, meu jovem, ninguém nasce sabendo amar, da mesma forma, ninguém nasce sabendo odiar. O ódio é fruto das coisas que não deram certo, das escolhas erradas, das relações mal vividas, do acúmulo de mágoas, ressentimentos, frustrações, que transformam as pessoas em bombas-relógio, que por muito pouco explodem em atos cruéis. O ódio é uma construção sentimental e moral nas relações humanas que escondem seus pontos fracos. Uma estrada de mão dupla. O amor é uma construção moral que revela os nossos pontos fortes, a nossa força de caráter, as nossas virtudes.

– Você tem razão. Quando odiei minha mãe na infância, evitei o confronto com a dor do abandono e do desamparo que senti. Na verdade, o ódio funcionou como defesa, escondendo uma dor insuportável – disse Murilo.

– Sua mãe foi responsável pelo ódio em seu coração, por causa dela viveu sob a égide do ódio da sua tia – respondeu Ricardo olhando dentro dos olhos de Murilo. – E você, pai, foi o responsável pelo ódio em meu coração. Mas as coisas erradas que fiz foi porque escolhi a estrada do mau-caratismo.

– Uma saga de ódio que atingiu três gerações. Moral da história da saga da sua família: não façam coisas erradas para o outro lhe odiar.

– Isso é um pequeno exemplo da complexidade dos sentimentos humanos que se enlaçam na trama da existência. De um lado, o ódio estruturou a personalidade frágil de Murilo, defendendo-o da dor do abandono e da sensação de desamparo; de outro, destruiu a sua vida e a dos filhos com a própria personalidade destrutiva que criou – eu disse olhando para Ricardo –, e, em uma escala menor, você repetiu os mesmos atos do seu pai. Ambos.

– Então, muitas pessoas que carregam o ódio no coração e alimentam uma postura violenta nos relacionamentos no fundo estão escondendo um sentimento enorme de desamparo – disse Ricardo com ar de espanto.

– Sim, mas muitas negam o ódio em si, não procuram conhecer as causas e assumir o mal que está dentro delas, que na verdade não é um mal, apenas um sentimento que expressa desprazer, uma forma de protesto quando o ego se sente ferido por não ter conquistado o que desejava. Esse ódio, sentimento passageiro expressado em um momento de fúria ou prolongado, expressado no ressentimento, impede as pessoas de estruturar uma personalidade equilibrada, capaz de passar segurança e confiança para quem os cerca, quer seja nos relacionamentos pessoais, quer seja nos profissionais. Essas pessoas se transformam em adultos agressivos, inseguros e infantilizados porque muitas vezes o desenvolvimento da sua personalidade foi tolhido no convívio familiar – eu disse.

– No umbral aprendi que muitas são as causas do ódio que desencadeia atos perversos e destrutivos. O ódio surgido como defesa do abandono e do desamparo, o ódio advindo de rivalidades, de vinganças, do desejo de superioridade, o ódio advindo do sentimento de inferioridade, da inveja, do orgulho, da vaidade, do despeito, do desejo de dominação, da satisfação dos caprichos, da ilusão do triunfo, do fanatismo religioso, da xenofobia, dos preconceitos, das expectativas não cumpridas, da intolerância religiosa, do egoísmo, do desejo de ser o dono da verdade, do desejo de reconhecimento ou de ser amado, cuidado e protegido, do ciúme doentio, ódio de si mesmo e do mundo, entre muitas outras causas – disse Murilo.

– Os seres encarnados e desencarnados para evoluírem, amadurecerem, precisam olhar para dentro de si mesmos, encarar o ódio oculto, os sentimentos de raiva e ressentimentos e esboçarem uma relação com os fatores que o desencadearam. Somente reconhecendo a carência ou a dor que o gerou terão condições de transformá-los – eu disse.

– Como fazer isso? – indagou Ricardo.

– Experimente fazer uma lista de todas as pessoas que você odiou na sua última existência, e outra lista das pessoas que odiaram você. Procure as causas do seu ódio e do delas. Identifique as qualidades negativas que geraram o ódio, tanto em você quanto nelas. Exemplo: você mentiu e foi odiado por isso, você enganou, iludiu, roubou, traiu etc.; ou mentiram para você e você odiou quem o fez – eu disse.

– Está certo, espere um pouco, deixe-me pensar... – ele disse.

Depois de algum tempo, Ricardo fez várias anotações e disse:

– Marcus, eu fiz uma rápida visualização e identifiquei algumas pessoas que eu odiei e que me odiaram. Percebi que a maioria foi determinada pela carência de afeto. Uma carência tão intensa que ultrapassou a capacidade de suportarem minha recusa. Em seguida, identifiquei algumas pessoas que me odiaram porque eram inseguras, temiam a minha capacidade, achavam-me melhor do que elas. Outras me odiaram porque eu fui arrogante e orgulhoso e alimentava um complexo de superioridade, eu me achava melhor do que elas; outras eu desrespeitei, humilhei, maltratei... Algumas pessoas eu odiei porque não me respeitaram, violaram os meus princípios, outras não me valorizaram. É engraçado, você tem razão, tudo gira em torno do afeto, do respeito, do reconhecimento ou da ausência deles...

– Muito bem, refaça a tarefa com calma e levante os sentimentos envolvidos com todas essas pessoas. Isso lhe fornecerá um mapa interessante das atitudes negativas que precisa abandonar e substituir por positivas.

– Pode deixar, ainda hoje, antes de dormir, farei a tarefa completa – ele respondeu.

– As grandes questões levantadas com essa nossa conversa de hoje são: O que fazemos ou deixamos de fazer que desperta o ódio nos outros e em nós mesmos? Como evitar odiar e ser odiado? O que eu posso fazer para não odiar, mesmo tendo motivo para odiar? Como lidar com o ódio? – eu disse.

– Pelo que percebi, ao identificar as pessoas que odiei e que me odiaram, adotando novas atitudes diminuirei consideravelmente a lista. Nessa nossa reflexão, compreendi que preciso aprender a respeitar e valorizar as pessoas, a não brincar com os sentimentos dos outros, não prometer o que não posso cumprir, não usar as pessoas e depois descartá-las, ser sincero, honesto, verdadeiro. Mesmo tendo motivos para odiar, se eu respeitar as palavras de Jesus encontrarei força moral interna para vencer o meu instinto bruto de revidar. E será possível lidar melhor com o ódio se eu não julgar as pessoas e tentar compreender o que o ódio delas está tentando me mostrar. Não odiar à toa. Por exemplo, se me encontrar com um espírito muito nervoso, relevo, imagino que ele esteja com um problemão ou que está com saudades da família, e não revido qualquer malcriação que ele me faça, ignoro, não levo para o lado pessoal, tento ser imparcial e compreender o seu problema. – Ricardo respondeu com ar animado.

– Isso mesmo, meu filho, se todas as pessoas refletirem dessa forma sobre o ato de odiar, em breve o umbral se esvaziará, pois lá existem milhões de espíritos que não perdoam os outros, os culpam por seus infortúnios, não perdoam os próprios atos cruéis e sentem repulsa pela humanidade e por si mesmos, se autoflagelam devido à culpa e ao remorso e flagelam suas vítimas em função do desejo de vingança. São espíritos brutos, dominados por seus instintos, que nunca conseguiram enfrentar as causas do seu ódio e do ódio dos outros e principalmente ter consciência da necessidade de superá-los – disse Murilo.

– O ódio é um sentimento destrutivo responsável pelas obsessões que geram todo tipo de doenças, desequilíbrios mentais e físicos, mas pode ser muito útil se canalizado para a ação, o mundo do fazer – eu disse.

– Os seres humanos precisam aprender a assumir sua responsabilidade moral diante dos desatinos alheios. Precisam adotar novas atitudes para conviver pacificamente. Nós, espíritos em evolução, temos a obrigação de sermos semeadores de esperança. Temos a responsabilidade de gritar aos quatro cantos do plano terreno e do umbral que os valores e a ética precisam ser resgatados. Só nos libertaremos da dor e alcançaremos um pouco de paz quando agirmos corretamente, mudando a nossa mentalidade – disse Murilo.

– É, meu amigo, não podemos mais achar natural as pessoas serem maltratadas, espancadas, humilhadas e terem sua dignidade desrespeitada e os seus direitos violados. Os seres humanos não podem continuar a ser desumanos. Precisamos ajudar as pessoas a se encontrarem novamente com os valores divinos para a construção de uma sociedade sem preconceitos, mais harmônica, pautada no respeito mútuo, na solidariedade entre os diferentes, no respeito à natureza, de forma a garantirmos a sobrevivência do nosso planeta – eu disse.

Após a aula, os três se retiraram para os seus aposentos, para descansar e se preparar para assistir a palestra do conselheiro Clemente após a refeição noturna. Ricardo estava empolgado e feliz com os seus estudos; afinal, estava se preparando para em breve ser o guardião do seu filho!

capítulo 23

SEMPRE HAVERÁ UM NOVO AMANHÃ

depois de cinco anos

"Enquanto houver um por cento de chance, teremos noventa e nove por cento de fé"

Autor desconhecido

– Que bom que tudo deu certo, dona Eulália! É um sonho tudo o que estamos vivendo. Murilo me perdoou pelo abandono, Ricardo perdoou o Murilo pelo assassinato e está estudando para ser o guardião do filho. Ambos perdoaram a Bernadete, que se enforcou na prisão e está sendo socorrida pelo Murilo no vale dos suicidas. Aquilo que não conseguimos concluir em vida, concluímos na morte. A Júlia se casou e terá uma linda menina; o Eduardo está quase se formando em Medicina, em breve se especializará em psiquiatria. O Paulo está mais calmo, ajudando a cuidar do filho do Ricardo. A Valquíria vai se casar novamente e a Ana Luiza está namorando. Como estou feliz! – disse Isabel.

– É, minha amiga, como diz nosso amigo Pena Dourada, quando abrimos a caixa do nosso coração e espalhamos o amor, tudo se transforma! – disse dona Eulália.

– Estou feliz pela minha família, estou feliz pelo fato de todos estarmos unidos trabalhando na Casa dos Semeadores da Esperança, no pronto-socorro e no nosso educandário espiritual infantojuvenil que acabamos de fundar nos arredores do umbral! Outro sonho que realizei... Escolhemos esse nome para dar continuidade aos trabalhos desse pronto-socorro, que com o amor abnegado dos seus mensageiros divinos, uniu a todos nós – Isabel disse emocionada, com os olhos cheios de lágrimas.

– E você recebeu todo o nosso apoio para realizar esse seu sonho, porque é uma lutadora... – dona Eulália completou.

– E como recebemos auxílio! Sozinhos não teríamos conseguido. A senhora não vai acreditar, até o Ferradura nos ajudou, enviando guardas para nos proteger e mais de quinze dos meninos desencarnados de rua que moravam em seus domínios.

– Ah! Sei... O Ferradura, aquele espírito errante que a sequestrou enquanto esteve no umbral e que foi seu grande amor em outras vidas...

– Sim, ele mesmo. A propósito, ele se empolgou com o projeto. Ele não dá o braço a torcer, mas está se transformando os poucos, está se iluminando... – ela disse contente.

– Como assim? – dona Eulália questionou curiosa.

– Ele deu ordens para alguns dos seus capangas que são especialistas na arte de plasmar prédios e objetos a nos ajudarem na construção da Casa dos Semeadores da Esperança. A senhora sabe que essa não é uma tarefa nada fácil. É preciso ter habilidade para manejar a vontade, o pensamento e os fluidos espirituais necessários para a construção dos prédios, bem como dos móveis, objetos e utensílios. Uma tarefa imensa. O Murilo e o Marcus ficaram muito felizes com a ajuda dele... – Isabel disse contente.

– Claro, claro, nem todos os espíritos dominam com facilidade essa técnica. Eles treinam muitos anos para dar a cor, o formato, a duração e a aparência desejada. Que esplêndido! Esses espíritos errantes, nossos irmãos de caminhada, estarem se convertendo à pratica do bem! – ela respondeu.

– Fora ajudar na construção, o Ferradura e a sua gangue têm recolhido os meninos desencarnados que encontram perambulando pela crosta terrestre e enviado para nós – disse Isabel com os olhos brilhando.

– Nossa! Então ele já se regenerou e só não assumiu! – disse dona Eulália com tom de espanto.

– Com certeza! Sem admitir, com esse trabalho ele está servindo mais a Deus e a Jesus do que nós duas juntas – ela disse rindo em tom de satisfação. – A senhora sabe que não é fácil convencer esses jovens delinquentes a deixarem os seus núcleos e gangues das baixas dimensões espirituais, eles são muito resistentes. O Ferradura tem muito tato e jogo de cintura para falar com eles e estabelecer vínculos, por isso consegue convencer alguns deles a se desligarem dos amigos delinquentes. A senhora sabe que esses jovens costumam andar em bandos e são muito unidos, agressivos, zombeteiros e violentos...

– Sei! São jovens que entraram para o mundo das drogas, dos crimes e cujo sistema carcerário do plano terreno fracassou na reabilitação. Pelo que me relata, em pouco tempo, o trabalho do seu amigo Ferradura será imprescindível para vocês...

– Com certeza, pois ele tem muito talento para lidar com esses jovens.

– Hum... Desse jeito, com esse tom de admiração, acredito que não demorará em concretizarem esse lindo amor. Vão acabar ficando juntos... – dona Eulália disse risonha.

– Ainda não está na hora, mas creio que daqui a algum tempo isso será possível... – ela respondeu enrubescendo.

– Esse projeto de vocês é simplesmente maravilhoso! – disse dona Eulália.

– Ele é gigantesco! Atualmente temos quarenta crianças e quase trinta jovens, estes são bem mais resistentes. Em breve, formaremos uma grande colônia. Construímos o pronto-socorro e já estamos terminando a construção do educandário de regeneração e desenvolvimento da consciência e as moradias em volta. Com o tempo vamos construir praças, jardins, sala de arte, de música, de dança, de vídeos e bibliotecas. As ruas estão sendo bem planejadas. Estamos indo devagar, mas já iniciamos os cursos com as crianças e os jovens.

– Eu li o projeto. Vocês o apresentaram para o conselheiro Clemente, que o encaminhou para os nossos superiores, e por isso ele autorizou vários mensageiros a se transferirem para lá com vocês. O Clemente pediu para eu analisá-lo. Fiquei deslumbrada quando li o projeto. O programa de regeneração e integração das crianças e dos adolescentes é simplesmente espetacular.

– Nós solicitamos voluntários em todos os postos espirituais de atendimento, mas ainda não chegaram todos. Acredito que em mais alguns meses vamos inaugurar a escola. Aqui no plano espiritual, como no plano terreno, trabalho é o que não nos falta!

– O projeto dessa escola é fantástico! Vocês criaram vários núcleos de resgate na crosta terrestre e no próprio umbral das crianças e adolescentes que ainda estão mentalmente vinculadas aos seus algozes do plano terreno e que foram abandonados, abortados, estuprados, sequestrados, escravizados, assassinados de formas brutais, nas ruas, nas favelas, nas cidades e que em seus pequenos corações vibram o ódio e a revolta. Só de pensar já estou emocionada! Não é um trabalho nada fácil, mas muito importante! Analisei as diversas atividades propostas e constatei que procuram apreciar os traços positivos deles, o potencial e a motivação de cada um, transformando seus problemas em oportunidades de aprendizado, com otimismo, altruísmo, esperança e alegria. É lindo! – exclamou dona Eulália sem se conter.

– É lindo mesmo! As crianças e os jovens chegam aqui em um estado lastimável, infelizes, revoltados, descrentes, viciados, com os cabelos sebosos, maltrapilhos, sujos e famintos. Independentemente dos seus atos, comportamento autodestrutivo ou destrutivo, eles são recebidos com carinho, são tratados como seres humanos de grande valor e não como pecadores. Ao serem socorridos pelo nosso grupo eles iniciam o tratamento de acordo com as suas necessidades, com o objetivo de resgatar o seu poder pessoal. Aqui são recolhidos, acolhidos e cuidados. Por isso, muitos são transformados em pouco tempo. Cuidamos da sua aparência, desintoxicação, alimentação e estudos. Todos os jovens do grupo são responsáveis pela recuperação dos jovens que aceitam o programa de acordo com suas habilidades. Isso eleva a autoestima de todos. Temos um programa especial para ajudá-los a ampliarem a sua consciência com o objetivo de torná-los cidadãos do universo e para isso faz parte do currículo aulas sobre autoconhecimento, missão de vida no plano terreno e universal, sobre a ética, a história das religiões, a Lei de Causa e Efeito e muito mais. Estamos atendendo aos familiares também, tanto os encarnados como os desencarnados, refazendo os seus vínculos afetivos.

– Soube que vocês têm um grupo de médicos, professores e psicólogos formatando o programa das aulas – ela disse com ar de admiração.

– O Marcus Vinícius faz parte de uma colônia científica que nos enviou muitos colaboradores, pois seus superiores pretendem com o tempo formar novos grupos de cientistas capazes de aperfeiçoarem cada vez mais os aparelhos sofisticados de cura e defesa psíquica, ou seja, os aparelhos de proteção, a fim de auxiliar com tecnologia avançada os trabalhos dos médiuns de cura no plano terreno e as pessoas de bem. Da mesma forma que os trevosos se especializam no astral inferior, formando gangues de jovens e adultos para ampliarem seus processos obsessivos, a nossa futura colônia científica, chamada Semeadores da Esperança, está formando grupos de jovens e de adultos para fortalecerem os espíritos que escolhem por livre e espontânea vontade trilharem o caminho do amor do Cristo.

– Fantástico! E quanto tempo eles ficarão com vocês? – ela questionou.

– Ficarão no pronto-socorro até se libertarem das terríveis lembranças terrenas, depois irão para a escola e o tempo de sua permanência dependerá do seu aprendizado. Nesse processo sabemos que muitos retomarão sua forma adulta, se conscientizando da necessidade de retomarem suas missões no plano terreno. Depois eles serão encaminhados para outros prontos-socorros, que mais se adaptem às suas vibrações e até terem condições de aceitarem a oportunidade de uma nova encarnação – ela respondeu.

– Então alguns virão para cá...

– Com certeza! Ah! Sabe quem cuida da higiene, do vestuário e da alimentação deles? O João, meu ex-marido! Ele cuida da organização de todas as atividades das crianças e dos jovens. Ele está empolgado e se saindo muito bem. Espero que em breve a senhora possa nos visitar.

– Com certeza, e se você me permitir darei algumas aulas para as crianças e os jovens sobre os temas relativos ao desenvolvimento de habilidades emocionais e a importância da autoestima – ela disse.

– Será uma grande honra ter uma mensageira tão iluminada nos ajudando! – respondeu Isabel.

– A honra será toda minha! – respondeu dona Eulália.

Nesse momento, as duas foram interrompidas por Ricardo, que estava pronto para assumir a missão de ser o guardião do seu filho no plano terreno. Com lágrimas nos olhos, muito emocionado, ele se despediu da dona Eulália, do conselheiro Clemente e de todos os amigos.

– Vó, não demore, pois hoje é o grande dia! Eu, a senhora, o meu pai e o Marcus Vinícius vamos descer na crosta terrestre. É a formatura do meu filho. Ele terminou a pré-escola e agora vai para outro nível de aprendizado. O conselheiro Clemente autorizou todos nós descermos para assistirmos a esse momento tão importante na vida dele.

– Ah! Eu não sabia... Não me avisaram! Que alegria! Será um momento maravilhoso! Vou me arrumar para ver meu bisneto. Preciso plasmar um belo vestido, ajeitar o cabelo e em poucos minutos estarei pronta – ela disse emocionada, despedindo-se às pressas, e saiu correndo para os seus aposentos se preparar. Em questão de poucas horas, todos se reuniram e felizes entraram no aerobus rumo à crosta terrestre.

Ao chegarem ao local do evento, Murilo não se conteve em lágrimas, a emoção de rever toda a sua família foi muito forte. A família estava toda reunida e sentada na primeira fileira, aguardando com ansiedade pelo início da cerimônia. Valquíria ao lado do seu companheiro, um senhor muito simpático e culto, estava radiante, orgulhosa do seu neto, o pequeno Diego, que estava lindo, vestido naquela toga e capelo. A formatura estava para começar e o ambiente estava bem movimentado. Os pais ansiosos transitavam com as crianças de um lado para o outro. Julia demorou a chegar, levou um susto, achou que a bolsa havia estourado e o marido a caminho do evento a levou até o hospital, mas foi um alarme falso. Eduardo e Paulo conversavam alegremente.

Murilo, Isabel e Ricardo, muito emocionados, observavam um a um dos seus familiares. Eu procurei manter certa distância para que eles ficassem mais à vontade e aproveitassem aquele momento em família.

– A cerimônia foi preparada com muito esmero, nos mínimos detalhes – disse Isabel sorridente, mas com os olhos marejados de emoção.

– Como a Júlia e o Eduardo amadureceram e estão com uma expressão tranquila e feliz! – disse Murilo enxugando as lágrimas. – E que energia positiva transmite o companheiro da Valquíria.

– Ele é um bom homem, um espírita dedicado, ela o conheceu em uma das palestras que participou em um grande evento espírita no Brasil – ela disse.

– Fico muito feliz em ver que ela finalmente encontrou um homem íntegro, capaz de ser o companheiro que eu não fui – Murilo disse com certo pesar na voz.

– Estou feliz em rever Paulo tão bem. Ele está alegre e realizado em ver os netos encaminhados – ela disse.

– Sim, vovó, mas há pouco senti um golpe energético vindo dele. Ele gostaria que eu estivesse ao lado do meu filho e da minha esposa nessa cerimônia de formatura. Por alguns instantes o seu mental viajou no tempo e ele mais uma vez se culpou pela minha morte. Enviei energias de amor e ele se acalmou. Precisei inspirá-lo a se lembrar da mensagem psicografada que ele recebeu de um dos médiuns do centro espírita que ele frequenta, que informava que eu estava bem e sendo amparado pelo meu pai e pela senhora.

309

– Ele participou de várias sessões. Sua mãe também se tratou por mais de dois anos. Demorou para eles se recuperarem. É natural que nesse momento tão especial ele sinta saudade. E se observar a sua esposa, Ana Luiza, mesmo estando ao lado do novo companheiro, está nesse momento lhe enviando mensagens de gratidão. Ela também se lembrou de você; afinal, o amor de vocês era verdadeiro e você deixou-a amparada. O seu sócio Luís Felipe nunca deixou de depositar pontualmente todo mês um pró-labore para ela se manter, em respeito à sociedade e aos contratos gigantes que fechou com aquelas estatais antes de passar para este outro lado da vida. Com isso, ela teve uma gravidez tranquila, conseguiu se formar na faculdade no curso de enfermagem e está podendo dar uma educação exemplar para o seu filho Diego.

– Vó, eu senti a doçura e a gratidão energética vindo dela, assim como estou sentindo agora a energia de amor da minha mãe, que ao ver o Diego em cima do palco, com aquela toga, desmanchou-se em lágrimas... – ele disse.

A diretora da escola iniciou a formatura das crianças, suas palavras foram breves. Todos se emocionaram com a beleza das apresentações das crianças, que cantaram e dançaram; mas o momento mais marcante foi o discurso do pequeno Diego como orador da turma, antes da entrega dos diplomas. Nessa hora, Ricardo chorava e ria ao mesmo tempo.

Ao começar a falar, Diego tremia, estava nervoso. Afinal, sua responsabilidade como representante da turma era grande, sem contar que ele estava se sentindo um adulto naquela cerimônia. Apesar de ter apenas seis anos, o menino colocou sua emoção em tudo o que disse, falou com o coração as palavras que havia escrito em um papel com a ajuda de sua professora.

– Em nome dos meus amigos, agradeço a todos os nossos familiares por nos proporcionar a oportunidade de estudar e por esse momento tão belo! Estamos muito felizes por termos concluído a primeira etapa escolar da nossa vida. Agora já sabemos ler e escrever. Estamos alfabetizados e entramos em um mundo novo, o mundo das informações e da cultura humana. Agradeço a todos os que nos ajudaram a chegar até aqui. Agradeço ao Papai do Céu por estar sempre presente em nossas vidas e enviar seus anjos para nos amparar, nos proteger e nos consolar nos momentos difíceis. Em especial, agradeço ao meu papai que não pôde vir, pois ele foi morar no céu com Jesus. E se de alguma forma ele estiver me ouvindo, quero que ele saiba que ele viverá no meu coração para sempre!

Os convidados se emocionaram com as palavras de Diego e o aplaudiram em pé. Em seguida foi a entrega dos diplomas e a homenagem aos familiares, com a presença de um cantor, momento que revelou a sensibilidade de Isabel, que explodiu em lágrimas quando a música começou...

"Quando eu estou aqui, eu vivo esse momento lindo. Olhando pra você, e as mesmas emoções sentindo. São tantas já vividas, são momentos que eu não me esqueci [...]"[4]

Quando a música terminou, Isabel enxugou as lágrimas, abraçou Murilo e mergulhou fundo dentro dos seus olhos. Ele, sem que ela pronunciasse uma única palavra, compreendeu o que os seus olhos tentavam lhe dizer. Ambos haviam superado suas tragédias pessoais. Aquele momento raro de beleza foi o suficiente para confirmar que valeu a pena lutar. Murilo segurou então em suas mãos e disse-lhe:

– Obrigado por tudo. Obrigado por esse imenso coração de mãe. Eu te amo!

Isabel nada respondeu, beijou-lhe a testa em sinal de carinho e sorriu.

Após a cerimônia, todos se dirigiram para o coquetel organizado pela escola. Murilo deu um forte abraço em seu filho Ricardo e lhe disse:

– Inspire o seu filho a aprender a amar, todo o resto ele terá como consequência...

Ricardo sorriu para Murilo, assentiu com a cabeça, despediu-se de nós e radiante correu para perto do seu filho para cumprir a sua missão de guardião.

Eu me aproximei do Murilo e da Isabel, dei um forte abraço em cada um e me despedi. Não entendi por que eles ficaram tão espantados.

---

4 - CARLOS, Roberto. *Emoções*. Rio de Janeiro: CBS, 1981.

– Você não volta conosco para a Casa dos Semeadores da Esperança? – Isabel questionou atônita.

– Não – eu respondi – Nessa dimensão vocês se tornaram os caçadores de diamantes; afinal, fundaram um belo educandário. Agora que tudo está encaminhado naquela região, preciso continuar meu trabalho em dimensões ainda mais densas. Existem verdadeiras joias preciosas nas profundezas do umbral que refletem o brilho do nosso Pai e eu preciso encontrá-las...

"Se algum de vocês tem cem ovelhas e perde uma, por acaso não vai procurá-la? Assim, deixa no campo as outras noventa e nove e vai procurar a ovelha perdida até achá-la. Quando a encontra, fica muito contente e volta com ela nos ombros. Chegando à sua casa, chama os amigos e vizinhos e diz: 'Alegrem-se comigo porque achei a minha ovelha perdida'. Pois eu lhes digo que assim também vai haver mais alegria no céu por um pecador que se arrepende dos seus pecados do que por noventa e nove pessoas boas que não precisam se arrepender." (Lucas 15:4-7)

FIM

Romances do espírito Marcus Vinícius
Psicografia de Tania Queiroz

Pela estrada do perdão

Camile, jovem e bela, vivia em seu reino com os pais e irmãos. Seu pai, um rei amoroso e sua mãe, uma rainha generosa, desejosos de um futuro repleto de realizações, criaram-na com muito diálogo, carinho, amor e valores como verdade, compaixão, fé, perdão e esperança, que Camile, ao longo de sua existência, fez questão de esquecer. Em razão de terríveis perdas que a vida a submeteu, perdeu-se no ódio e no desejo de vingança, desencadeando uma lamentável saga, que a condenou à morte na fogueira e a anos no umbral. Este livro traz ensinamentos úteis para todos os que desejam conquistar realização pessoal e maestria nos relacionamentos e revela-nos que o amor divino é infinito e nos dá oportunidades de aprendizado a fim de superarmos os desafios impostos a cada encarnação e vencermos nossas imperfeições rumo à evolução.

Tudo tem um motivo

Melissa Bellucci é uma garotinha que fica órfã na Itália durante a Segunda Guerra Mundial e é salva pelo fiel cão de Caleb, um homem de bom coração que perdeu a família num assalto. Assim, Caleb assume novas responsabilidades para cuidar da menina. Passados alguns anos, por conta de dissabores, passa a beber e condena Melissa a uma infância pobre e infeliz. Tempos depois, Caleb, Melissa e suas amigas se mudam para o Brasil. No Rio de Janeiro, Caleb se torna um homem de negócios bem-sucedido; contudo, Melissa, obsidiada, perde-se na bebida, nas drogas e na prostituição. Agora ela terá de lidar com as consequências de suas escolhas erradas. Como será seu processo de renovação interior? Nesta obra, os ensinamentos, as tramas e a emoção nos levam à análise da importância do amadurecimento espiritual, da retidão de caráter e da boa conduta para a superação do egoísmo e do orgulho, através da prática da caridade e o cultivo da bondade, da compaixão e do amor.

Obras da médium Vera Lúcia Marinzeck de Carvalho
Espírito Antônio Carlos

A Intrusa
Uma envolvente história que explica o porquê de tantas pessoas, ao desencarnarem, não aceitarem o socorro imediato e retornarem ao seu ex-lar terreno.

A órfã número sete
O investigador Henrique queria prender um criminoso...
Alguns espíritos também...

O Caminho de Urze
Ramon e Zenilda são jovens e apaixonados. Os obstáculos da vida permitirão que eles vivam esse grande amor?

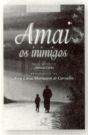

Amai os inimigos
O empresário Noel é traído pela esposa. Esse triângulo amoroso irá reproduzir cenas do passado. Após seu desencarne ainda jovem, Noel vive um novo cotidiano na espiritualidade e se surpreende ao descobrir quem era o amor de sua ex-esposa na Terra.

Véu do passado
Kim, o "menino das adivinhações", possui intensa vidência desde pequeno e vê a cena da sua própria morte.

Escravo Bernardino
Romance que retrata o período da escravidão no Brasil e apresenta o iluminado escravo Bernardino e seus esclarecimentos.

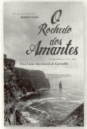

O rochedo dos amantes
Um estranha história de amor acontece no litoral brasileiro num lugar de nome singular: Rochedo dos Amantes.

Espíritos Guilherme, Leonor e José

Em missão de socorro
Histórias de diversos resgates realizados no Umbral por abne gados trabalhadores do bem.

Um novo recomeço
O que fazer quando a morte nos pega de surpresa? Nelson passou pela experiência e venceu!

Espírito Rosângela (Infantil)

O pedacinho do céu azul
História da menina cega Líliam cujo maior sonho era ver o céu azul.

Leia os romances de Schellida
Psicografia de Eliana Machado Coelho

O RESGATE DE UMA VIDA

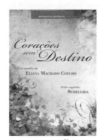
CORAÇÕES SEM DESTINO

O BRILHO DA VERDADE

UM DIÁRIO NO TEMPO

DESPERTAR PARA A VIDA

O DIREITO DE SER FELIZ

SEM REGRAS PARA AMAR

UM MOTIVO PARA VIVER

O RETORNO

FORÇA PARA RECOMEÇAR

LIÇÕES QUE A VIDA OFERECE

PONTE DAS LEMBRANÇAS

MAIS FORTE DO QUE NUNCA

MOVIDA PELA AMBIÇÃO

MINHA IMAGEM

ESPÍRITO JOÃO PEDRO

NÃO ESTAMOS ABANDONADOS

Envolventes romances do espírito Margarida da Cunha com psicografia de Sulamita Santos

Um milagre chamado perdão

Ambientado na época do coronelismo, este romance convida-nos a uma reflexão profunda acerca do valor do perdão por intermédio de uma emocionante narrativa, na qual o destino de pessoas muito diferentes em uma sociedade preconceituosa revela a necessidade dos reencontros reencarnatórios como sagradas oportunidades de harmonização entre espíritos em processo infinito de evolução.

O passado me condena

Osmar Dias, viúvo, é um rico empresário que tem dois filhos - João Vitor e Lucas. Por uma fatalidade, Osmar sofre um AVC e João Vitor tenta abreviar a vida dele. Contudo, se dá conta de que não há dinheiro que possa desculpar uma consciência ferida.

Os caminhos de uma mulher

Lucinda, uma moça simples, conhece Alberto, jovem rico e solteiro. Eles se apaixonam, mas para serem felizes terão de enfrentar Jacira, a mãe do rapaz. Um romance envolvente e cheio de emoções.

Doce entardecer

Paulo e Renato eram como irmãos. Amigos sinceros e verdadeiros. O primeiro, pobre e o segundo, filho do coronel Donato. Graças a Paulo, Renato conhece Elvira, dando início a um romance quase impossível.

À procura de um culpado

Uma mansão, uma festa à beira da piscina, e, de madrugada, um tiro. O empresário João Albuquerque de Lima estava morto. Quem o teria matado? Os espíritos vão ajudar a desvendar o mistério.

Desejo de vingança

O jovem Manoel apaixona-se por Isabel. Depois de insistir, casam-se mesmo ela não o amando. Mas Isabel era ardilosa e orgulhosa. Mais tarde, envolve-se em um caso de traição conjugal com desdobramentos inimagináveis para Manoel e os dois filhos.

Laços que não se rompem

Margarida, filha de fazendeiro, conhece Rosalina, filha de escravos, e ambas passam a nutrir grande amizade. Um dia, a moça se apaixona por um escravo. E aí começam suas maiores aflições.

Obras da médium Maria Nazareth Dória

AMAS
- as mães negras e os filhos brancos
(espírito Luís Fernando - Pai Miguel de Angola)
Livro emocionante que nos permite acompanhar de perto o sofrimento das mulheres negras e brancas que, muitas vezes, viviam dramas semelhantes e se uniam fraternalmente.

A SAGA DE UMA SINHÁ
(espírito Luís Fernando - Pai Miguel de Angola)
Sinhá Margareth tem um filho proibido com o negro Antônio. A criança escapa da morte ao nascer. Começa a saga de uma mãe em busca de seu menino.

LIÇÕES DA SENZALA
(espírito Luís Fernando - Pai Miguel de Angola)
O negro Miguel viveu a dura experiência do trabalho escravo. O sangue derramado em terras brasileiras virou luz.

MINHA VIDA EM TUAS MÃOS
(espírito Luiz Fernando - Pai Miguel de Angola)
O negro velho Tibúrcio guardou um segredo por toda a vida. Agora, antes de sua morte, tudo seria esclarecido, para a comoção geral de uma família inteira.

AMOR E AMBIÇÃO
(espírito Helena)
Loretta era uma jovem da corte de um grande reino europeu entre os séculos XVII e XVIII. Determinada e romântica, desde a adolescência guardava uma paixão por seu primo Raul.

A ESPIRITUALIDADE E OS BEBÊS
(espírito Irmã Maria)
Livro que acaricia o coração de todos os bebês, papais e mamães, sejam eles de primeira viagem ou não.

SOB O OLHAR DE DEUS
(espírito Helena)
Gilberto é um maestro de renome internacional. Casado com Maria Luíza, é pai de Angélica e Hortência. Contudo, um segredo vem modificar a vida de todos.

HERDEIRO DO CÁLICE SAGRADO
(espírito Helena)
Carlos seguiu a vida religiosa e guardou consigo a força espiritual do Cálice Sagrado. Quem seria o herdeiro daquela peça especial?

UM NOVO DESPERTAR
(espírito Helena)
Simone é uma moça simples de uma pequena cidade. Lutadora incansável, ela trabalha em uma casa de família para sustentar a mãe e os irmãos, e sempre manteve acesa a esperança de conseguir um futuro melhor.

VOZES DO CATIVEIRO
(espírito Luís Fernando - Pai Miguel de Angola)
O período da escravidão no Brasil marcou nossa História com sangue, mas também com humildade e religiosidade.

JÓIA RARA
(espírito Helena)
Leitura edificante, uma página por dia. Um roteiro diário para nossas reflexões e para a conquista de um padrão vibratório elevado, com bom ânimo e vontade de progredir.

VIDAS ROUBADAS
(espírito Irmã Maria)
Maria do Socorro, jovem do interior, é levada ao Rio de Janeiro pela tia, Teodora, para trabalhar. O que ela não sabe é qual tipo de ofício terá de exercer!

Livros de Elisa Masselli

As chances que a vida dá

Selma leva uma vida tranquila em uma pequena cidade do interior. O reencontro inesperado com uma amiga de infância traz à tona todo o peso de um passado que ela não queria recordar, e toda a segurança de seu mundo começar a ruir de um dia para o outro. Que terrível segredo Selma carrega em seu coração? Neste livro vamos descobrir que o caminho da redenção só depende de nós mesmos e que sempre é tempo de recomeçar uma nova jornada.

Apenas começando

Ao passarmos por momentos difíceis, sentimos que tudo terminou e que não há mais esperança nem um caminho para seguir. Quantas vezes sentimos que precisamos fazer uma escolha; porém, sem sabemos qual seria a melhor opção? Júlia, após manter um relacionamento com um homem comprometido, sentiu que tudo havia terminado e teve de fazer uma escolha, contando, para isso, com o carinho de amigos espirituais.

Não olhe para trás

Olavo é um empresário de sucesso e respeitado por seus funcionários. Entretanto, ninguém pode imaginar que em casa ele espanca sua mulher, Helena, e a mantém afastada do convívio social. O que motiva esse comportamento? A resposta para tal questão surge quando os personagens descobrem que erros do passado não podem ser repetidos, mas devem servir como reflexão para a construção de um futuro melhor.

Romances do espírito Alexandre Villas
Psicografia de Fátima Arnolde

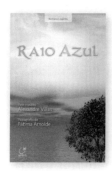

Raio Azul

O renomado pintor Raul nasceu no Brasil mas foi ainda pequeno para a Espanha. Ao se tornar adulto, algo inexplicável o impulsiona a voltar à sua terra natal. Aqui chegando, reconhece em um quadro uma mulher misteriosa que o persegue em suas inspirações. Uma história arrebatadora!

Quando setembro chegar

Silvana sai da Bahia rumo a São Paulo para crescer na vida. Ela e Sidney se tornam grandes amigos e fazem um pacto por toda a eternidade. Um belo romance, que nos ensina que somos os roteiristas da nossa própria história e evolução.

Por toda a minha vida

A família D'Moselisée é respeitada pela sociedade francesa por seus famosos vinhos. Contudo, não podem desfrutar desse conforto porque o pai acha desperdício receber amigos. Este romance nos traz uma linda história de reencontros de almas afins em constante busca de aprendizado.

Enquanto houver amor

O médico Santiago e Melânia formam um casal feliz de classe média alta. Mas Melânia desencarna em um acidente e a família começa a viver momentos tormentosos. Um romance que nos ensina que o verdadeiro amor supera todas as dificuldades.

Uma longa espera

Laura, moça humilde, envolve-se com um rapaz de classe alta. Como sabia que os pais dele jamais aceitariam, ao engravidar decide terminar o romance. Devido a complicações durante a gestação ela desencarna assim que os gêmeos nascem. Antes de partir, ela pede que sua grande amiga Isabel cuide das crianças. Assim começam suas aflições.

Memórias de uma paixão

Mariana é uma jovem de 18 anos que cursa Publicidade. Por intermédio da amiga Júlia, conhece Gustavo, e nasce uma intensa paixão. Até Gustavo ser apresentado para Maria Alice, mãe de Mariana, mulher sedutora, fútil e egoísta. Inicia-se uma estranha competição: mãe e filha apaixonadas pelo mesmo homem.

Este livro foi impresso na
LIS GRÁFICA E EDITORA LTDA.
Rua Felício Antônio Alves, 370 – Bonsucesso
CEP 07175-450 – Guarulhos – SP
Fone: (11) 3382-0777 – Fax: (11) 3382-0778
lisgrafica@lisgrafica.com.br – www.lisgrafica.com.br